本书为国家社科基金"十三五"规划2017年度教育学一般
农村学前教育基本质量保障研究（编号：BHA170116）"

大山深处的守望

幼儿园·幼儿·教师

杨莉君　吴蓉　陈佳琪　胡杨玉　曾晓 / 著

湖南师范大学出版社
长沙

图书在版编目（CIP）数据

大山深处的守望：幼儿园·幼儿·教师 / 杨莉君等著. —长沙：湖南师范大学出版社，2019.12

ISBN 978 - 7 - 5648 - 3734 - 1

Ⅰ.①大…　Ⅱ.①杨…　Ⅲ.①不发达地区—幼儿园—教育工作—研究—中国　Ⅳ.①G617

中国版本图书馆 CIP 数据核字（2019）第 263980 号

大山深处的守望——幼儿园·幼儿·教师
Dashan Shenchu de Shouwang——Youeryuan·Youer·Jiaoshi

杨莉君　吴蓉　陈佳琪　胡杨玉　曾晓　著

◇责任编辑：孙雪姣
◇责任校对：赵婧男
◇出版发行：湖南师范大学出版社
　　　　　　地址：长沙岳麓山　邮编：410081
　　　　　　电话：0731 - 88873070　88873071　传真：0731 - 88872636
　　　　　　网址：http：//press. hunnu. edu. cn
◇经销：湖南省新华书店
◇印刷：湖南雅嘉彩色印刷有限公司
◇开本：710 mm×1000 mm　1/16
◇印张：14.5
◇字数：238 千字
◇版次：2019 年 12 月第 1 版　2019 年 12 月第 1 次印刷
◇书号：ISBN 978 - 7 - 5648 - 3734 - 1
◇定价：58.00 元

目 录

第三篇　大山深处孩子王

导　论

一、研究背景

习近平总书记在 2013 年 11 月到湖南湘西考察时，首次提出了"精准扶贫"的概念和理论。扶贫先扶教，推进精准扶贫，教育是关键因素。在贫困地区，教育发展滞后、受教育程度偏低是阻碍中西部贫困农村发展的主要症结之一。补上贫困地区的短板，让贫困地区的孩子接受良好教育，是拔掉穷根、阻断贫困代际传递的重要途径。

近几年，国家先后出台了一系列偏向贫困农村地区学前教育发展的政策，农村学前教育发展问题被摆到了突出地位。党的十九大报告提出，"推动城乡义务教育一体化发展，高度重视农村义务教育，办好学前教育……努力让每个孩子都能享有公平而有质量的教育"。《国家中长期教育改革和发展规划纲要（2010—2020）》中特别强调"努力提高农村学前教育普及程度，采取多种形式扩大农村学前教育资源，支持贫困地区发展学前教育"。2018 年 11 月《中共中央国务院关于学前教育深化改革规范发展的若干意见》中明确提出，到 2020 年，全国学前三年毛入园率达到 85%，普惠性幼儿园覆盖率（公办园和普惠性民办园在园幼儿占比）达到 80%，广覆盖、保基本、有质量的学前教育公共服务体系基本建成，学前教育管理体制、办园体制和政策保障体系基本完善。教育部等四部门关于实施第三期学前教育行动计划中也提到："到 2020 年，基本建成广覆盖、保基本、有质量的学前教育公共服务体系。"[①] 实施重点不仅要扩大普惠性资源破解"入园难""入园贵"问题，同时也要建立

---

① 国务院关于印发国家教育事业发展"十三五"规划的通知 [EB/OL]. [2017 – 01 – 19]. http://www.gov.cn/zhengce/content/2017 – 01/19/content 5161341. htm.

健全幼儿园评估监管体系，全面提高幼儿园保教质量。

随着社会各界对学前教育的关注，学前教育的发展取得了显著的成效。就学前教育毛入园率来看，截至2018年，我国学前教育毛入园率达到了81.7%，且普惠性幼儿园覆盖率逐年提升。但同时我们也清醒地认识到，当前我国学前教育在质量上仍存在区域之间、城乡之间学前教育资源分布不均衡现象，发展不平衡不充分问题十分突出，中西部贫困农村特别是连片特困地区由于底子薄、欠账多，"入园难""入园贵"依然是困扰老百姓的烦心事之一。

"入园难"问题尚且突出，中西部贫困农村学前教育质量更是堪忧。中西部贫困农村尚存在无园可入的特困幼儿，新增和改扩建的幼儿园存在着环境（包括园舍设备、玩具材料等硬件条件）不达标、班额过大、幼儿园师资匮乏、班级师幼比超标、雇用不合格教师等问题，使在园幼儿的安全和健康受到威胁，教育内容不符合幼儿的年龄特点和身心发展规律，符合幼儿年龄特点的游戏活动时间少，材料没有保证，"小学化""成人化"倾向严重，中西部贫困农村堪忧的学前教育基本质量成为整个学前教育事业发展的短板。

由于中西部贫困农村地区地势偏远，在教师方面，其保障机制和发展机制都与城市教师有着较大区别，许多发展需求得不到满足。因此，教师的流动性大成为我国贫困地区"老大难"的问题，这也使得在偏远贫困农村建设一支稳定且强健的幼师队伍变得尤为困难。为此教育部门展开了"国培项目"，建立了优秀城镇幼儿园对农村幼儿园的对口支援制度等，虽然这一系列举措对促进幼儿教师的专业发展有一定作用，但山村幼儿教师却有其自身发展的特殊性，不管是从专业素养、自主发展意识还是从获得发展资源的途径来看，与城市幼儿教师都存在着较显著的差异。

除此之外，山村留守儿童过多也是掣肘中西部贫困农村地区学前教育质量提升的"老大难"问题。留守儿童所面临的问题并不单纯是一个因父母长期外出务工所引起的幼儿情感缺失和心态异常的问题，而是生活环境、父母、监护人与留守幼儿自身等多种因素交互作用所产生的问题。农村留守幼儿缺乏父母的生活照料及情感交流，再加上有限的学前教育资源，如果没有专业教育、专业人士促进其在认知、人格等方面的健全发展，则会对留守儿童潜力的开发及未来的发展造成难以逆转的影响，进而影响到社会和几代人的生存和发展。可以预见的是，随着我国城市化进程的不断发展，农村剩余劳动力转移还将继续，留守儿童的数量还会继续增加，留守儿童问题将在今后一个很长的时期内继续存在。这个将长期存在又亟待解决的问题，需要我们更多人来持续关注，并从各个层面提供支持和帮助。

有鉴于此，本研究以国家级贫困县 G 县 X 村幼儿园、X 县 S 村幼儿园教师、L 县 Z 村幼儿园幼儿为研究对象，借鉴人类学的田野调查，通过个案的描述，为中西部贫困地区学前教育描绘一个鲜活的、微观的山村幼儿园办园图景和一幅贫困地区教师与幼儿真实、生动的教育生活图卷。通过对幼儿园、幼儿教师、幼儿三者的关系探讨，剖析如何通过三者的良性互动，切实有效地提升中西部贫困山村学前教育基本质量。

二、概念界定

（一）精准扶教

反贫困是古今中外治国理政的一件大事。消除贫困、改善民生、逐步实现共同富裕，是党的重要使命，也是社会主义的本质要求。习近平总书记提出的"精准扶贫"理论，就是要求我们做好扶贫开发工作，支持困难群众脱贫致富，帮助他们排忧解难，使社会发展成果更多地更公平地惠及人民；就是要帮助每一个贫困人口都摸索出适合的致富路线，这正是"共同富裕"理论原则的发展和延伸。当前中国的扶贫脱贫已进入攻坚克难的重要阶段，不能再继续"灌水式"的传统扶贫模式，必须确保如期脱贫、杜绝返贫，因此需要精细化的扶贫思想，促使贫困地区整体脱贫、全面脱贫。

治贫先治愚，扶贫先扶教。在贫困地区，造成贫困的原因有很多，但是教育发展滞后、受教育程度偏低是老少边穷地区贫困的主要症结之一。由于没有文化、没有技术，劳动者普遍存在着"打工没技术，创业没思路，务农没出路"的状况。要补上贫困地区的短板，必须要让贫困地区的孩子接受良好的学前教育，这是拔掉穷根、阻断贫困代际传递的重要途径。

2016 年教育部等六部门印发《教育脱贫攻坚"十三五"规划》推进教育精准扶贫、精准脱贫，发展学前教育，健全学前教育资助制度，帮助山村贫困家庭幼儿接受学前教育。《国家教育事业发展"十三五"规划》提出进一步完善贫困县的教育扶持政策，提高教育扶贫精准度，让贫困家庭子女都能接受公平有质量的教育，阻断贫困代际传递。因此，推进"精准扶贫"，"精准扶教"是关键。"精准扶教"是在"精准扶贫"理论上的进一步细化，换言之，就是要通过教育来实施精细化的扶贫，是通过精准帮扶中西部贫困山村学前教育，为扶助中西部贫困山村、保障中西部贫困山村学前教育基本质量提供强有力的支持，确保其达到基本质量要求。

（二）学前教育基本质量保障

教育质量是各级各类学校办学的生命线。学前教育基本质量则是指幼儿园办园条件、师资、教育环境、资源开发、幼儿园一日活动安排和实施过程、幼儿身心发展达到基本要求。

"保障"在《现代汉语大辞典》中解释为："一是起保护防卫作用的事物；二是保护、防卫，使之不受侵犯或破坏；三是保证。"结合对"保障"内涵的理解，贫困山村学前教育基本质量保障，是指为确保贫困山村地区学前教育机构在条件、师资、教育环境、资源开发、一日活动安排和实施过程、家长工作等方面能满足适龄幼儿对人身安全、健康、心理安全感和通过活动认识环境事物的基本需求，所采取维持学前教育服务基本质量的政策、态度、行为、程序以及运行机制的总和。学前教育基本质量保障不同于高质量保障，有着"兜底线"、"保基本"和"促提高"的功能，具体是指在特殊情况下，即当幼儿正处在不利的处境中，或是意外遭受不利的处境的时候，家庭和幼儿依然能够获取基本质量的学前教育服务；另外，保证家庭和社会不利阶层子女所接受的学前教育质量处在基本质量的"底线"上，并随着日益增长的需求而不断提升。

（三）山村幼儿园

本研究中的山村幼儿园是指中国发展研究基金会针对山村贫困地区的交通条件、经济水平，为探索怎样让偏远山村的孩子就近享受到学前教育机会，探索符合中西部山区特点的学前教育普及方式，于2009年发起的"山村幼儿园计划"项目实施下设立的山村幼儿园。山村幼儿园由中国发展研究基金会提供资金、技术支持和监督指导，当地县教育局组织实施，按照"条件具备、相对集中、方便集散"的原则，在幼儿人数超过10人的村或屯开设"山村幼儿园"，幼儿园主要设置在小学闲置校舍、村委会或租用的民居里，县教育局和乡镇中心校负责在试点地区招募符合条件的幼教志愿者，志愿者经过培训赴"山村幼儿园"组织开展教学活动，提供全职服务，定期参加由县教育局安排的多种形式的培训活动，并每月享受一定的生活补助和交通补助，以"送教入村"方式为偏远山村幼儿就近提供早期启蒙教育。同时，针对山村幼儿饮食结构单一、微量营养元素缺乏的问题，2016年起中国发展研究基金会和安利公益基金会、中国少年儿童基金会合作，向幼儿提供含十多种微量元素的幼儿营养咀嚼片，对依托在小学、具备做饭条件的山村幼儿园的孩子提供一顿营养午餐。

（四）留守幼儿

以往的研究对留守儿童概念的定义基本上是一致的，但或多或少也存在着些许分歧。本研究从留守儿童的年龄、父母是否外出打工、父母外出打工的时间、户籍所在地这几个方面来对留守儿童的概念进行界定。

从年龄看，《儿童权利公约》规定了18周岁以下的任何人都能称为儿童。但本研究的研究对象是留守幼儿，即学龄前儿童，农村由于其经济、教育的落后，许多学龄前儿童7岁了还未进小学接受义务教育，仍在幼儿园大班。因此，本研究所指的幼儿是指年龄段处于3~7岁的儿童。

从父母是否外出打工看，段成荣（2005）定义的留守儿童是指父母双方或一方流动到其他地区，孩子留在户籍所在地因而不能和父母双方共同生活在一起的儿童。[①] 对此定义给出的解释是：无论父母亲中的一方还是双方外出打工，都将造成家庭结构和功能的变化，并对儿童产生深刻影响。并且，以社会学、人口学为切入口对留守现象进行分析的研究中指出：如果丈夫一人外出打工，那么家中的妻子就可以被称为留守妻子；如果妻子一人外出打工，那么家中的丈夫就可以被称为留守丈夫；同理，如果自己的子女均外出打工，那么在家中的老人就会成为留守老人。

结合2013年6月全国妇联发布的《我国农村留守儿童、城乡留守儿童状况研究报告》，本研究将留守幼儿定义为父母一方或双方外出务工每年累积时间超过半年以上，被留置在户籍所在地，由父母一方或其他监护人照顾、无人照顾的山村幼儿，且年龄界定在3~7岁的幼儿。

三、研究动态

（一）关于贫困农村学前教育问题的研究

罗仁福、赵启然等人（2009）调查了3省6个县贫困农村学前教育服务需求和供给的基本情况，发现贫困农村学前教育服务机构在选址、园舍

---

① 段成荣，周福林. 我国留守儿童状况研究［J］. 人口研究，2005（1）：29–35.

结构、室内活动设施、教玩具、儿童休息和卫生保健设施等方面存在不足或困难。① 柳倩 (2009) 通过对贫困地区农村儿童学前教育现状分析认为家庭经济因素、居住地位置和学前教育资源稀缺是导致儿童无法获得平等受教育机会的主要原因。② 哈斯其其格 (2011) 采用调查法和实地观察法，总结了中东部偏远农牧区学前教育发展的共同之处和不同之处，并从教育公平视角分析中东部偏远农牧区学前教育发展存在的差异。③ 李红霞 (2011) 探索发现在西北贫困农村地区普及学前一年教育进程中面临经济贫困、学前教育资源有限、地方政府轻视、教师队伍素质偏低等诸多的困难。④ 马春伟 (2012) 以鲁西南定陶县为例，通过实地研究总结了鲁西南定陶县普及学前三年教育存在的问题、原因，并提出了贫困农村普及学前三年教育的具有较强针对性和操作性的对策。⑤ 程丽和甘永涛 (2014) 基于松桃县学前教育规模与结构的实证研究，发现武陵山片区学前教育规模与结构目前存在办园规模不能满足幼儿入园、幼儿园类型结构不合理、幼儿园分布不合理、幼儿班级结构不合理及乡镇中心幼儿园建设滞后等问题，提出科学规划幼儿园建设、扩大公办优质学前教育资源、促进普惠性民办幼儿园发展、丰富学前教育模式四项对策措施。⑥

（二）关于农村贫困地区幼儿园的研究

1. 关于贫困地区幼儿园保教质量的研究

张家智 (2009) 调查研究了安徽省农村贫困地区幼儿保育、教育的现状，提出完善政策法规，强化政策落实，加强幼教管理来提高保教质量。⑦

---

① 罗仁福，赵启然，何敏，等. 贫困农村学前教育现状调查 [J]. 学前教育研究，2009 (1)：7-10.

② 柳倩. 贫困地区农村儿童学前教育现状分析 [J]. 幼儿教育 (教育科学)，2009 (3)：9-12.

③ 哈斯其其格. 教育公平视角下内蒙古中东部偏远农牧区学前教育的调查研究 [D]. 呼和浩特：内蒙古师范大学，2011.

④ 李红霞. 西北贫困农村地区普及学前一年教育探微 [J]. 教育与教学研究，2011，25 (1)：29-31.

⑤ 马春伟. 贫困农村地区普及学前教育面临的问题与对策研究 [D]. 重庆：西南大学，2012.

⑥ 程丽，甘永涛. 贵州省民族地区学前教育发展困境与策略研究——基于松桃县学前教育规模与结构的实证研究 [J]. 职大学报，2014 (2)：85-90.

⑦ 张家智. 关于安徽省农村贫困地区幼儿保育、教育的现状与对策——以××县××镇为例 [J]. 和田师范专科学校学报 (汉文版)，2009 (4)：42-43.

刘占兰（2015）研究发现贫困地区幼儿园教育质量存在班级规模大，个别班额超大；基本卫生差，安全隐患多；户外体育活动器械和自制玩具少，室内游戏材料缺乏；班级环境创设与幼儿教育特点不符合；作息制度与课程小学化以及教师专业能力偏低等问题。① 牛桂红（2017）研究西部农村贫困地区幼儿保育和教育提出留守幼儿群体保育状况、医疗卫生条件、幼儿园物理环境与卫生状况堪忧，教师队伍数量不足、素质不高，教育教学小学化问题严重。② 益西拉姆（2107）研究发现农村贫困地区自然交通路况复杂，国家资金匮乏，师资薄弱，课外活动种类少，器材缺乏，班级年龄分层不明确，教学方式落后，师幼比例不达标，安全隐患严重等不符合幼儿园教学的多种现象。③ 张家勇和朱玉华等（2010）以中部某省某国家级贫困县 N 镇为个案研究农村贫困地区幼儿保育和教育现状，发现祖辈们保育知识匮乏，保育方式不科学，医疗卫生条件差；幼儿园教师专业合格率偏低，小学化倾向严重；地方政府对幼儿教育缺乏重视，留守幼儿保育状况令人担忧。④

2. 关于贫困地区幼儿园课程的研究

程杨（2010）提出在农村贫困地区学前教育具体实施过程中要兼顾儿童的发展情况，注意与低结构化课程相结合，发挥农村幼儿教育的地域优势。⑤ 黄惠琼（2012）认为要提高贫困地区的教育质量，必须高度重视幼儿教育中的师幼互动，最大限度地发挥互动效能。⑥ 韩彩虹（2013）从贫困地区运用信息技术开展幼儿教育教学活动的现状入手，将幼儿园课程与信息技术资源整合，探索贫困地区利用信息技术推进幼儿教育教学改革的有效

① 刘占兰. 农村贫困地区幼儿园教育质量现状与提升建议［J］. 学前教育研究，2015（12）：13－21.

② 牛桂红. 西部农村贫困地区幼儿保育和教育现状研究——以甘肃省宕昌县为例［J］. 陕西学前师范学院学报，2017，33（7）：10－14.

③ 益西拉姆. 农村贫困地区幼儿教育质量现状与提升建议［J］. 新课程研究（上旬刊），2016（11）：123－124.

④ 张家勇，朱玉华，肖毅. 农村贫困地区幼儿保育和教育现状及其发展政策建议——以中部某省某国家级贫困县 N 镇为个案［J］. 学前教育研究，2010（4）：23－28＋33.

⑤ 程杨. 高结构化幼儿园课程在农村贫困地区学前教育中的运用［J］. 考刊，2010（21）：223－224.

⑥ 黄惠琼. 浅谈贫困地区教学中师幼互动效能［G］. 中华教育理论与实践科研论文成果选编（第三卷），2012：2.

途径和策略。① 吴志勤（2014）以贵州务川仡佬族苗族自治县为例，通过主题教育活动和环境创设等途径来开发利用西部民族地区幼儿园本土文化课程资源。② 林朝霞（2017）提出在先进办园理念的指导下整合多种教育资源，把幼儿日常生活体验和本土文化融入课程与活动中，开发贫困地区乡镇幼儿园特色园本课程资源使乡镇幼儿园得到更好的发展。③

马云燕（2011）以衡水市为例研究农村贫困地区学前教育发展问题，发现其管理不规范、经费投入不足、师资薄弱和教育教学方法不当等问题，提出制定学前教育发展的政策与制度，建立学前教育的管理、评估、督导体系，加强对幼儿园的管理与指导。④ 武耀红（2013）从贫困地区农村幼儿园的物质条件、师资、家长教育观念、资源环境利用四个方面探讨了贫困地区农村幼儿教育发展的困境。⑤ 鲁双（2013）基于生态学角度，从物力资源、财力资源、人力资源三方面来探讨农村幼儿园的生存和发展。于晓威（2013）沈阳市五种类型民办幼儿园的生存状态进行了调查，研究了不同类型民办幼儿园生存状态与支持系统。⑥ 陈沁（2014）针对J、S两所民办幼儿园生存与发展现状的进行对比，分析制约民办幼儿园发展的因素，并梳理出促进其良性发展的对策和建议。⑦ 邢杜英（2014）以公共管理为视角，针对民办幼儿园的管理、师资、经费等方面的问题，探索西安市民办幼儿园生存状况与发展路径。⑧ 李方璐（2016）基于丽江市古城区民办幼儿园使用SWOT分析法对民族地区民办幼儿园生存发展的内部优劣势、外部环境带来的机遇和挑战进行了详细分析。⑨

---

① 韩彩虹. 贫困地区幼儿园信息技术利用之我见［J］. 中国教师，2013（S2）：13.
② 吴志勤. 西部民族地区幼儿园本土文化课程资源开发与利用——以贵州务川仡佬族苗族自治县为例［J］. 才智，2014（9）：154.
③ 林朝霞. 如何让特色园本活动有"声"有"色"—浅谈贫困地区乡镇幼儿园特色园本课程资源的开发与实践［J/OL］. 学周刊，2017（12）：196－197.
④ 马云燕. 农村贫困地区学前教育发展问题及对策研究——以衡水市为例［J］. 科技信息，2011（26）：262.
⑤ 武耀红. 贫困地区农村幼儿教育发展的困境与对策［C］. 2012年幼儿教师专业与发展论坛论文集，2013：7.
⑥ 鲁双. 生态学视野下农村幼儿园的生存与发展［D］. 长沙：湖南师范大学，2013.
⑦ 陈沁. 城市民办幼儿园生存与发展现状及其对策研究［D］. 福州：福建师范大学，2014.
⑧ 邢杜英. 公共管理视角下西安市民办幼儿园生存状况与发展路径探索［D］. 西安：西北大学，2014.
⑨ 李方璐. 边疆民族地区民办幼儿园生存发展的战略选择—基于丽江市古城区民办幼儿园的SWOT个案分析［J］. 改革与开放，2016（10）：54－56.

（三）关于农村贫困地区幼师的研究

1. 关于农村贫困地区幼儿园师资队伍的研究

高丙成（2014）基于我国实情构建了幼儿园师资队伍状况评价指标体系，通过该指标体系，发现近年来我国幼儿园师资队伍人数逐年递增，但各地区师资配置和教师待遇的差距体现尤为明显，东高中西低的情况最为突出。① 黄祥祥（2014）通过自编问卷对湖南省古丈县幼儿教师队伍状况进行调查时发现，在农村幼儿教师队伍中男女比例严重失衡，这与"男性不从事幼师"的传统观念以及幼师较低的工资待遇有关。② 李小毛（2015）通过抽样调查对武陵山片区教师队伍发展现状进行调查时也发现，该地区幼儿教师队伍结构畸形；幼儿教师职业认可度不高，稳定性差；幼儿教师专业素养整体偏低；幼儿教师专业成长滞后；幼儿园缺乏幼儿教师专业成长的环境。③

2. 关于农村贫困地区幼师专业成长的研究

我国关于贫困农村幼儿教师专业发展的研究集中在农村幼儿教师专业发展的不利因素和解决策略上。黄绍文（2006）在研究中指出，在当前社会，幼儿教师没有被视为"专门化的职业"，甚至被戏谑称作"高级保姆"。④ 黎平辉（2014）在对贵州农村幼儿教师本土资源开发利用的研究中发现，乡土教育资源在农村往往被闲置，这与老师们专业能力不足且缺乏针对性的指导有巨大的关系。⑤ 诸如此类的现象被许多学者认为与农村幼师自身能力不足，社会支持不到位，以及教师生活中文化环境的缺失有关。⑥ 对此，研究者们提出了许多的策略和途径，认为农村幼儿教师若想走出专业发展困境，需要各方面协同助力，从宏观上来说，以制度促发展，加强

---

① 高丙成. 我国幼儿园师资队伍状况评价指标体系的建构和运用 [J]. 学前教育研究，2014（12）：29 – 35.

② 黄祥祥. 湘西自治州农村幼儿园师资队伍建设现状及其对策研究——以古丈县为例 [J]. 铜仁学院学报，2014，16（1）：141 – 142.

③ 李小毛. 武陵山片区幼儿教师队伍发展现状研究——以芷江侗族自治县为例 [D]. 兰州：西北师范大学，2015.

④ 黄绍文. 幼儿教师专业发展的现实困境 [J]. 学前教育研究，2006（6）：48 – 49.

⑤ 黎平辉. 贵州农村幼儿教师对民族传统文化资源的利用 [J]. 教育评论，2014（11）：135 – 137.

⑥ 郭海燕. 浅谈山区幼儿教师专业发展的瓶颈及途径——以江西省某山区幼儿教师专业发展为例 [J]. 教育导刊，2011（12）：24 – 26.

学前教育立法，保障农村幼师的合法权益，是推进农村幼儿教师专业成长的有效途径。① 姜凤华（2010）则从文化生态取向出发，认为重建教师生活文化环境能够促进教师的专业成长，文化重建包括转变教师自我意识，让教师教学回归实践，注重教师间的合作交流，构建机构制度文化四个方面。② 而刘新伢（2015）在其研究中指出，积极宣传学前教育的重要性是改变农村人们固有的、落后的思想观念的有效途径，要让老百姓认识到幼儿教师是具有专业性的教育工作者，而这一重任应由乡镇学前教育主管部门承担起来。③

3. 关于农村贫困幼师生存状况的研究

关于贫困农村幼师的研究，如何提高其专业性是以往研究者们最关注的部分，往往是就其不足之处不断地提出各种建议与要求，而对其生存状况的调查研究在近些年才开始被人们关注。因此关于贫困农村幼师生存状况的研究主要集中在两个方面，一是对外部的如工资待遇、社会地位等客观因素的研究，二是对教师内部的职业幸福感和心理健康状况等方面的研究，而关于研究方法，研究者们多采取抽样调查、深度访谈等方式。

孙彦（2015）抽样调查了陕西省宝鸡市 15 所农村幼儿园教师，发现农村幼儿园教师存在收支不平衡、社会福利待遇低、工作强度和压力过大导致职业倦怠、接受专业培训的机会少等问题，但是幼儿园管理较人性化，总体人际关系较为融洽。④ 李云淑（2018）也在问卷调查中发现，农村幼儿教师在共事关系一栏中的得分最高，大多数同事间关系较为融洽，但是工作中的教学资源相对缺乏。⑤ 李礼（2018）通过问卷调查和访谈对重庆某国家级贫困县的幼儿教师生存状态做的调查结果也显示了相似的问题：幼儿教师薪资过低，福利保障不完善；整体工作环境设施不完善；非在编教师社会

① 冯晓霞，蔡迎旗. 我国幼儿园教师队伍现状分析与政策建议 [J]. 教育导刊，2007（10）：26 – 29.

② 姜凤华. 从文化生态取向浅析幼儿教师专业发展 [J]. 科教文汇（中旬刊），2010（9）：10 – 11.

③ 刘新伢. 一名乡镇幼儿教师生涯发展的叙事研究 [D]. 昆明：云南师范大学，2015.

④ 孙彦. 农村幼儿教师生存状态与专业发展的调查与分析 [J]. 宝鸡文理学院学报，2015，35（4）：209 – 212.

⑤ 李云淑. 福建省老区农村幼儿教师精神生活状况研究 [J]. 教育研究与实验，2018（1）：71 – 77.

地位较低，亲友认同度不高；幼儿教师与幼儿家长沟通不畅；幼儿教师培训机会少，专业提升空间小；幼儿教师专业发展目标模糊，缺乏行动计划。①

（四）关于农村贫困地区留守儿童的研究

1. 关于留守儿童心理健康的研究

温馨的家庭氛围、良好的亲子关系对幼儿人格的健康形成与心理发育均有重大影响。截至目前，关于农村留守儿童心理健康的研究主要集中于以下方面：

（1）性格普遍内向，孤独感强烈。因父母长期外出打工，留守儿童缺乏情感寄托，相比非留守儿童而言，性格多呈内向且不擅长与他人沟通。正因为不擅长与他人沟通甚至将自我与他人隔离，留守儿童遇到外界刺激时，常常将负面情绪积压在内心深处而非宣泄。当负面情绪逐渐积压到一定程度而无法继续忍受时，他们会突然爆发，这种爆发将对他们自己或周围人造成伤害。刘亚、孙晓军（2004）指出留守儿童存在的心理健康问题大致体现在自卑、逆反、情绪、交往四个方面。② 田玉良（2015）调研后发现，留守儿童的心理存在不诚实、缺乏礼貌、叛逆心强、自控能力差等问题。③ 杨素苹（2004）的研究认为，农村留守儿童由于正常心理环境的缺失及落后、不理想教育环境的影响，其心理状态也产生不良变化，具体表现为：冷漠、自卑、孤僻、胆小、自闭、敏感等。④ 江荣华（2006）则认为留守儿童的心理问题主要体现在性格缺陷、心理障碍、人生观与价值观的偏移，同时还指出解决留守儿童的心理问题是全社会的责任，需要社会大家庭共同努力，为留守儿童创设良好的心理环境，社会各主体需要重视留守儿童的家庭教育、性格教育及人生观和价值观教育。⑤

（2）沟通交流不畅，关心程度较低。李鑫（2017）对舟山市农村留守儿童进行的调研结果显示：近四成的留守儿童与监护人几乎没有沟通交流，他们也无法感受到监护人对自己的关爱，并且大多数的父母也承认自己与

① 李礼. 国家级贫困县幼儿教师生存状态调查研究——以重庆市 C 县为例 [D]. 重庆：重庆师范大学，2018.

② 刘亚，孙晓军. 留守儿童"心事"向谁说 [N]. 中国教育报，2004 – 09 – 27 (3).

③ 田玉良. 浅析农村留守儿童的心理问题 [J]. 科学咨询（教育科研），2015 (2)：6.

④ 杨素苹. 关注农村留守儿童 [J]. 基础教育参考，2004 (7)：37 – 38.

⑤ 江荣华. 农村留守儿童心理问题现状及对策 [J]. 成都行政学院学报，2006，14 (1)：18.

孩子沟通其少，但绝非自己不想关心孩子，而是不清楚、也不知道该如何去关心孩子。父母外出打工后，大多数留守儿童都由祖父母抚养，但因祖父母与留守儿童年龄相差较大且人生观、价值观存在一定差异，留守儿童不愿将祖父母视为倾诉对象，从而出现沟通不畅致使关心程度不够的问题。① 吴霓（2004）等认为农村留守儿童与其监护人沟通较少，大部分监护人并不了解孩子的心理变化，也没有发现儿童在心理健康方面存在部分问题，与此同时，留守儿童常常对自己的父母表现出忧虑的情绪。②

（3）父母情感关爱缺失。为了提高孩子的生活质量，许多父母在孩子年龄尚小时便外出打工。由于我国城乡二元结构和特殊户籍制度的双重影响，有能力的家长即使将孩子接到城市生活学习，也会面临生活环境的变化、入学限制等诸多问题。最后，绝大多数父母只能向现实妥协，把孩子留在家里由祖父母或外祖父母代为抚养。而从城市到农村的往返受工作性质、工作时间、交通费等诸多因素的影响，绝大部分家长可能两三年才回家一次，这必然导致父母与子女长期分离而错过孩子成长的许多重要阶段。此外，由于工作繁忙，家长往往忽视与孩子进行情感交流，他们对孩子心理状态和成长的判断完全取决于孩子的实际监护人。对于留守儿童来说，父母情感支持和关爱的缺乏致使他们在日常生活中遇到问题时也不知道该向谁寻求帮助。叶敬忠（2005）研究发现，父母在外打工期间，留守儿童经常想念父母，对于这种心头的想念却又无可奈何，因此常常出现孤独、寂寞、不安和焦虑的情绪。留守儿童渴望得到父母的关怀、渴望与父母进行情感交流。可由于长时间与父母分离，他们之间可供交流的共同话题很少，使得他们不善于将内心想法向父母表达，从而导致留守儿童与父母的距离越来越远。③ 姜凤萍（2013）等认为，当下对留守儿童心理问题的对策研究还不足，研究对象的选择也不全面，说明各级政府和相关部门对于留

① 李鑫. 舟山渔农村留守儿童问题现状及对策研究 [D]. 舟山：浙江海洋大学，2017：31 - 35.

② 吴霓，丁杰，唐以志，等. 农村留守儿童问题调研报告 [J]. 教育研究，2004（10）：9 - 12.

③ 叶敬忠，莫瑞. 关注留守儿童：中国中西部农村地区劳动力外出务工对留守儿童的影响 [M]. 北京：社会科学文献出版社，2005：65 - 68.

守儿童心理问题还不够重视。① 不过也有学者通过研究指出留守儿童和非留守儿童在心理健康方面的差异并不显著。周宗奎（2015）指出农村留守儿童的心理问题主要是由于缺乏人际关系和自信心，在孤独感、学习适应性、社交焦虑等方面并无显著差异。②

总之，以往研究告诉我们大多数留守儿童的心理健康水平低于非留守儿童。但需要注意的是，本次讨论仅针对一般情况，而非认为所有的留守儿童均存在心理健康问题。留守儿童能否正视现实生活、能否调整自己的心态、能否以乐观积极的态度面对生活等，都是影响他们健康成长的因素。

2. 关于农村留守儿童教育的研究

关于农村留守儿童的教育的研究，我们大致可以分为两大类：家庭教育和学校教育。

（1）家庭教育重视不足。李庆丰（2002）指出父母外出务工直接导致父母与子女的沟通减少，沟通方式单一，多为电话联系，使父母在子女教育上可发挥的作用减少。③ 因祖父母与留守儿童的生活观念存在较大差异，两者间存在明显的沟通障碍，并且承担繁重家务、农活致使他们没有时间和精力关注孩子的学习。王艳波、吴新林（2003）通过个案研究发现：父母常年在外打工，农村留守儿童缺乏适当的监督和约束，学业成绩两极分化现象严重。④

（2）家庭价值导向偏差。留守儿童正处于个人人生观和价值观形成的关键时期，也是逐渐形成态度和习惯的重要阶段。帮助孩子树立正确的价值观、培养他们阳光的生活态度、养成良好的学习习惯尤为重要。留守儿童因与父母分隔两地，平时联系的方式多以电话为主，可大多数家长在电话交流中不太注意语言的使用，他们经常给孩子灌输"爸爸妈妈在外面挣钱，你应该在家里听爷爷奶奶的话，努力学习"的概念，这导致部分孩子

① 姜凤萍，王晓英. 留守儿童心理健康问题研究现状分析［J］. 中国农村卫生事业管理，2013（2）：33.

② 周宗奎. 农村留守儿童心理发展与教育研究［J］. 北京师范大学学报（社会科学版），2005（1）：24 - 25.

③ 李庆丰. 农村劳动力外出务工对留守子女发展的影响——来自湖南、河南、江西三地的调查报告［J］. 上海教育科研，2002（9）：25 - 28.

④ 王艳波，吴新林. 农村"留守孩"现象个案调查报告［J］. 青年探索，2003（4）：21 - 23.

对学习的认知发生改变，认为读书没有用、赚钱才是最重要的。随着这一价值观的深化和强化，儿童的学习态度将逐渐被影响，学习积极性也将逐渐降低。李根寿（2005）研究发现，留守儿童的监护人对于孩子的照顾还停留在物质层面，认为只要孩子吃得饱、穿得暖即已完成抚养任务。留守儿童处于自制力较差的年龄阶段，倘若对其学习情况没有即时的监督和管理，很容易产生厌学情绪。①

（3）家庭教育环境欠佳。张礼、蔡岳建（2008）指出大多数留守儿童都缺乏父母的关怀，抚养孩子的祖父母思想保守、身体状况也不够健康。②朱芳红（2006）指出因父母外出打工破坏了原有家庭结构的完整性，加之没有给孩子提供科学的家庭教育，导致家庭教育的功能降低，亲子之间的情感也被弱化。与此同时，监护人淡薄的保护意识也会致使孩子产生新的心理问题和健康问题。③赵艳杰（2009）就留守儿童家庭教育这一主题做过深入分析，认为农村留守儿童家庭教育存在以下几个主要问题：家庭教育环境欠佳、家庭教育观念的落后、家庭教育内容片面、家庭教育方法陈旧、留守儿童与父母之间长期缺乏亲子教育。④ 王冰认为农村家庭学前教育成本过高，教育负担非常重。⑤

（4）农村学校教育条件落后。郭永刚（2008）认为当前对留守儿童教育的认识不足、法律法规不健全、专业人才缺乏、师资力量不足、资金投入不足、基础设施不足等一系列问题都是导致留守儿童教育问题的原因。⑥于慎鸿（2006）在探讨学校教育方面指出因农村学校与城市学校在教育理念、教学条件、师资等方面存在较大差距，农村学校没有特别重视农村留守儿童问题，也不会采取有针对性的措施来解决留守儿童问题。⑦

---

① 李根寿，廖运生. 农村"留守子女"教育问题及对策思考［J］. 前沿，2005（12）：13 - 16.

② 张礼，蔡岳建. 农村留守儿童家庭教育的问题与对策［J］. 学前教育研究，2008（7）：63 - 65.

③ 朱芳红. 农村留守学前儿童家庭教育弱化探析［J］. 现代教育科学，2006（12）：116 - 117.

④ 赵艳杰. 农村留守儿童家庭教育问题及对策研究［D］. 重庆：西南大学，2009：3 - 8.

⑤ 王冰. 河南省农村家庭学前教育投资的现状调查与思考［J］. 教育评论，2015（7）132 - 135.

⑥ 郭永刚. 陕西农村留守儿童社会化问题研究［D］. 兰州：西北大学，2008：16 - 20.

⑦ 于慎鸿. 农村"留守儿童"教育问题探析［J］. 中州学刊，2006（3）：128 - 130.

（5）农村学校教育失重。叶敬忠（2005）认为当前农村学校教育存在诸多弊端。例如课程体系、目标、结构和内容的设计没有考虑到农村的实际情况，学校在实施教育的过程中更难照顾到留守儿童的情况。儿童，特别是留守儿童，很难有效地提高学习成绩。此外，学校教育片面追求学业成绩，忽视学生发展的其他方面，势必影响孩子的全面发展。刘妍①、但柳松②、艾春梅③针对目前我国留守儿童学前教育经费不足、幼儿园数量不足、师资水平不高、幼小衔接难度大等问题提出国家要采取加大投入，加强幼儿教师培训等措施来提高幼儿园教育水平。

（6）农村学校师资匮乏。由于教学负担沉重，许多农村学校的老师没有时间去关心留守儿童，他们采取的管理策略是"只要不发生安全事故，遵守学校的纪律，你想怎样都随便"，更加放纵了孩子的行为。甚至有教师认为留守儿童是双差生，把他们视为学校的心病。

3. 关于农村留守儿童的帮扶研究

我国的经济发展和城乡二元结构决定了农村留守儿童群体将长期存在，因此学者们已经着手研究如何优化农村留守儿童的现状，并针对政府、家庭、学校等不同的主体提出了相应的帮扶建议。

（1）建设服务型政府，促进经济社会全面发展。为了保障全体公民素质的提高和人力资源的建设，我们应关注儿童的成长。政府要突破过去把抚养孩子作为家庭责任的理念，把对留守儿童的关爱提升到国家层面，为儿童提供更好的优质的服务，同时对于福利的保障也要责任到位。张扬生（2004）认为贫困留守儿童是当前社会发展中需要我们保护的社会群体。政府应该出台相关的扶持政策、法律制度，或者提供一些物质资源予以大力支持。政府加大自身责任的同时，还要提出相关政策、动员和引导社会各界参与到贫困留守儿童的综合治理中来，然后形成比较完整、系统的综合治理体系。④

---

① 刘妍. 农村留守儿童学前教育的现状与思考 [J]. 继续教育研究, 2012 (10): 18 - 20.

② 但柳松. 普及农村学前教育: 挑战、机遇与策略 [J]. 继续教育研究, 2010 (3): 51 - 53.

③ 艾春梅. 农村留守学前儿童的教育问题与对策 [J]. 现代教育科学, 2007 (8): 121 - 122.

④ 张扬生. 国际视野中的教育公平及其借鉴作用 [J]. 青海师专: 教育科学版, 2004 (6): 35.

（2）促进农村经济增长，减少外出务工人员。齐绩（2014）认为农村留守儿童的教育问题主要是由户籍制度、城乡二元体制等方面造成的。如果政府从制度层面作出努力，调整和消除农民工子女上学的障碍，就能减少这种现象的发生。[①]虽然制度变迁和经济发展短期内难以实现，但政府可以加快发展农村第二、三产业，促进农村经济发展，提高农村人口就业率，减少外出务工人员来改善留守儿童的教育问题。

（3）加强责任意识，陪伴儿童成长。秦敏（2015）认为留守儿童的家长应该增强自身的责任感。即使相距甚远，仍能以电话、信件、视频等方式与孩子进行沟通交流和情感互动，并在适当的时间带孩子进入城市短暂生活。[②]在教育内容上，监护人应关注儿童的学习和心理健康。祖父母要通过多种途径学习先进的家庭教育理念、加强与孙子孙女的沟通、做到爱与节制并重，善与权威并重。

（4）加强学校管理，提高忧患意识。学校具有增强社会力量、完善和创新学校管理体制、提高教师教学水平和教学质量、增强教师关爱危难儿童意识、积极关爱儿童学习和生活、使其监护人履行相关职责的关键作用。所以应在第一时间承担责任和处理处于困境中的儿童。通过建立贫困留守儿童档案库，对档案进行维护和优化，教学中注意孩子的心理、学业和家庭状况，在第一时间了解留守儿童的问题，从而有效开展预防教育。[③]蒋合涛（2017）认为开展家校合作是解决农村隔代教育问题的有效途径，具体合作方式包括：通过家访建立学生家庭档案，了解学生家庭情况；开设家长培训班，帮助家长认识教育形式，更新教育观念；教师适当发挥家长的作用，帮助学生辅导家庭作业，与祖辈家长交流学生的学习情况。

（5）优化资源配置，加强队伍建设。学校要不断优化有限资源的配置，通过优化配置、关爱机制建设、生活补助、心理健康指导、关爱队伍建设，完善留守儿童教育服务机制。一是加大和改善资源配置，继续发展农村学校建设，确保留守儿童受教育权利不受侵犯，充分解决留守儿童家庭教育

---

① 齐绩. 浅析农村留守儿童的隔代教育问题 [J]. 学理论, 2012 (16)：16.

② 秦敏. 陕北农村留守儿童隔代教育低效的现状调查与对策思考 [J]. 山西农业大学学报（科学版），2015 (12)：14.

③ 中国青少年研究中心"民间儿童救助组织调查"课题组. 民间儿童救助组织调查报告——现状、问题与对策 [J]. 中国青年研究, 2006 (5)：14 - 19.

的弊端，构建健康的补偿机制；二是加大对留守儿童家庭教育的补偿力度，巩固留守儿童队伍建设和关爱机制，改善家庭功能不足，让留守儿童体验爱；三是不断巩固留守儿童心理咨询工作和心理健康教育，给予他们相应的心理帮助和指导帮助，让留守儿童在第一时间敞开心扉，纠正他们的行为偏差和精神障碍。①

（五）对已有研究的述评

从研究关注的内容来看，学者们对农村幼师、幼儿这些群体的关注力度加大，并且在研究结果上呈现出从施压性地提出专业发展策略向具有解释性理解的人文关怀发展的趋势，这一趋势使得研究者们对师生教育生活的解读不只停留在"是一种专业实践活动"的表面，而是把它视为教师生活的一部分，关注到教师、幼儿本身的生理与心理状态从而提出相应的成长建议。

从研究使用的方法来看，以往的研究为了达到样本的普适性和理论的迅速推广，大多采用量的研究来分析山村贫困地区幼儿园及师生群体所面临的问题，较少有研究者实地深入这一群体，缺乏真实的山村幼儿园、幼儿园师生教育生活来理解这些群体所面临的困境和挑战，这使研究者容易忽视城市与山村之间的差异、地域之间的差异，忽视山村幼儿教师、山村幼儿作为个体存在的自身发展的特殊性。

总结已有的研究可以发现还存在如下一些不足：

第一，缺乏从多学科的视角审视山村贫困地区学前教育质量问题。多数文献主要从教育学、心理学的角度对幼儿教师队伍建设问题进行研究，这是不够的。对同一个问题，从不同学科的视角会有不同的观点和结论。而学前教育质量问题不仅是一个教育问题，也是公共管理问题、社会问题、民生问题，需要多学科的视角，尤其是社会学、生态学、管理学、伦理学等学科视角，对山村贫困地区学前教育质量问题进行整体综合研究。

第二，缺乏对中西部山村贫困地区幼儿园的深度考察。纵观以往研究，大多采用《中国托幼机构教育质量评价量表（试用版）》、《幼儿园教育质量评价手册》以及《幼儿园教师专业能力评价手册》或自编问卷作为研究工具，通过观察测量、收集数据进行幼儿园保教质量的量性分析，总结出当

---

① 张学敏. 乡村困境儿童教育精准支持研究［D］. 沈阳：沈阳师范大学，2018：45－47.

前山村贫困地区幼儿园教育存在的突出问题，其中往往存在测量者宽严度不一，内部一致性偏低，测量者与班级、项目各侧面间的交互作用较难把握等问题。因此大范围地进行短期研究比较难以生动全面了解幼儿园保教质量。除此之外，依靠简单的调查统计和数据分析是不能反映复杂问题本身的。浮在面上的考察则很难把问题求"真"。目前的研究还缺乏深入山村、学校、政府作较深层次的考察。

在当前国家精准扶贫社会背景下的教育精准扶贫研究主要从教育在精准扶贫中的作用、推进教育精准扶贫的策略以及教育精准扶贫绩效评估等方面开展，而国家精准扶贫背景下学前教育基本质量如何保障的研究未能受到关注，尤其对中西部贫困山村学前教育基本质量保障研究基本没有涉及。因此，本研究将结合我国精准扶贫的社会背景，探索教育领域的精准扶贫，聚焦中西部贫困山村，探索提升贫困山村学前教育基本质量的保障措施。

山村幼儿园所处的世界是一个活生生的生活世界，是具体的，而非是我们在头脑中虚构的世界。因此，坐在书斋里去建构一个教育世界可能是不准确的，得出的结论可能是不可靠的，提出的政策建议可能有较大局限性。如果仅仅通过阅读文件，书斋思辨，足尖都未触及地面的研究，就把人从"生活存在"情境中孤立出来，看到的只能是"想象的事实""数字臆造的事实""你所期望的事实"。

因此本研究采用质的研究中叙事研究的方法，除了借由文献梳理已有的相关内容以外，更是扎根田野，对中西部贫困山村幼儿园进行实地深度考察，对山村教师、山村幼儿的现状进行本真描述。采用文献法、观察法、访谈法等综合获取资料的方法，通过大量的一手资料来呈现中西部贫困山村学前教育的现实样态；捕捉山村幼儿园教师与孩子在教育生活中的每一个关键事件，由此系统详尽地描述、理解乃至批判反思中西部贫困山村学前教育保教质量的物理及精神特征，进而获得对研究对象本真的认识。

四、研究方法

教育是慢的艺术，要有足够的期待，足够的耐心，减少教育浮躁与功利，研究教育就是回到教育，回到细致、持久的省悟之中。

因此，研究者走进"现场"，以 G 县 X 村幼儿园、X 县 S 村幼儿园教师、L 县 Z 村幼儿园幼儿为对象进行田野调查，呼吸"田野"里的新鲜

"空气"，回到教育本身的状态，不躲避，也不粉饰，从"田野"中获取原始而真实的资料信息，并对获取的第一手资料加以整理、分析和提升，最后撰写成文。田野调查首先需要解决文化冲突，尤其是语言的问题；其次站在研究对象的角度，以研究对象的思维方式来思考问题；再是要做到融入环境，赢得对方信任，通过参与式观察与深度访谈等方法，获得第一手资料。个案研究在方法上强调细致、深入、全面，强调研究人员与调查对象之间的协调与合作。因此，研究小组多次深入山村幼儿园，取得当地居民的信任并与之建立友善的关系，在此基础上进行长期的访谈、倾听、参与、观察、记录，与山村幼儿园相关人物或正式访谈或闲时聊天或进行相互接触的直接体验，切身体验获得第一手资料，并对获取的信息资料加以整理和深入、细致分析，抽丝剥茧剖析山村幼儿园生存与发展的困境，并在此基础上思考其未来发展。具体方法包括：

（一）文献法

通过文献分析，全面地把握当前研究现状，更详细地了解田野地。本研究通过收集和整理贫困山村幼儿园生存和发展状况研究的相关文献资料，了解国内外贫困山村学前教育的现状、问题，借鉴国外保障贫困山村幼儿接受学前教育的经验，吸取前人研究中的经验。同时，搜集和分析各地区的社会发展与"山村幼儿园计划"项目进展及各地区山村幼儿园、山村幼儿教师及山村幼儿发展状况的相关资料，了解其生存和发展的外部大环境，为研究奠定基础。

（二）深入访谈

深度访谈，能更细腻地倾听来自田野的声音。本研究的访谈对象包括 G县、X县、L县幼儿园管理者、教师、幼儿、家长、当地村民。研究者以"志愿者老师"的身份和老师一起开展活动，协助志愿教师与幼儿进行各种活动、给幼儿安排饮食、陪伴幼儿玩耍等，完全融入山村幼儿园生活，与教师和幼儿建立较为密切的关系，在此过程中对教师和家长进行正式访谈和非正式访谈（访谈内容在正文中以楷体标注）。对教师的访谈包括了解山村幼儿园的日常生活、山村幼儿的学习状况和教师的教学情况，了解教师的儿童观、教育观及工作中的困惑和难题、教师的培训情况及其培训需求等。对家长的访谈包括了解家长对山村幼儿园的看法、家长的教育观念、教育需求等情况。对幼儿的访谈包括一日生活各方面。与当地村民以聊天的形式了解当地人们对幼儿教育的看法及需求。"设身处地"地"理解"被调查者，尊重被调查者的意愿，同时保持自身的"警惕性"和客观性，从而理清山村幼儿园生存和发展的状况、问题和影响因素，在此基础上思考山村幼儿园、幼儿、幼儿教师未来的生存与发展。

（三）参与式观察

参与，能更贴近地体验和理解"局内人"的观点。客观事件反映在人的意识中时往往会融入人的主观意识，通过访谈所获得的资料也包括主观意识在内，因此，还需与研究对象中的"人"建立比较熟络的关系，参与到"局中"以"局内人"的身份亲身体验并进行观察。研究者以志愿者教师的身份融入山村幼儿园，用自己的真诚和尊重，获得当地居民尤其是家长和幼儿的习惯与认可，与山村幼儿园教师同吃、同工作，经历山村教师最真实的生活和工作情境，积极参与幼儿活动，体验幼儿生活和学习过程，在参与活动中观察教师的行为，观察幼儿的表现，细致体会其心理活动。研究者聚焦于幼儿园、幼儿、幼儿教师三个对象，结合观察所见、访谈所闻，客观地审视事实的本质，回归事实本身，呈现出山村幼儿园、幼儿、幼儿教师生存与发展的真实面貌。

第一篇 走进山村幼儿园

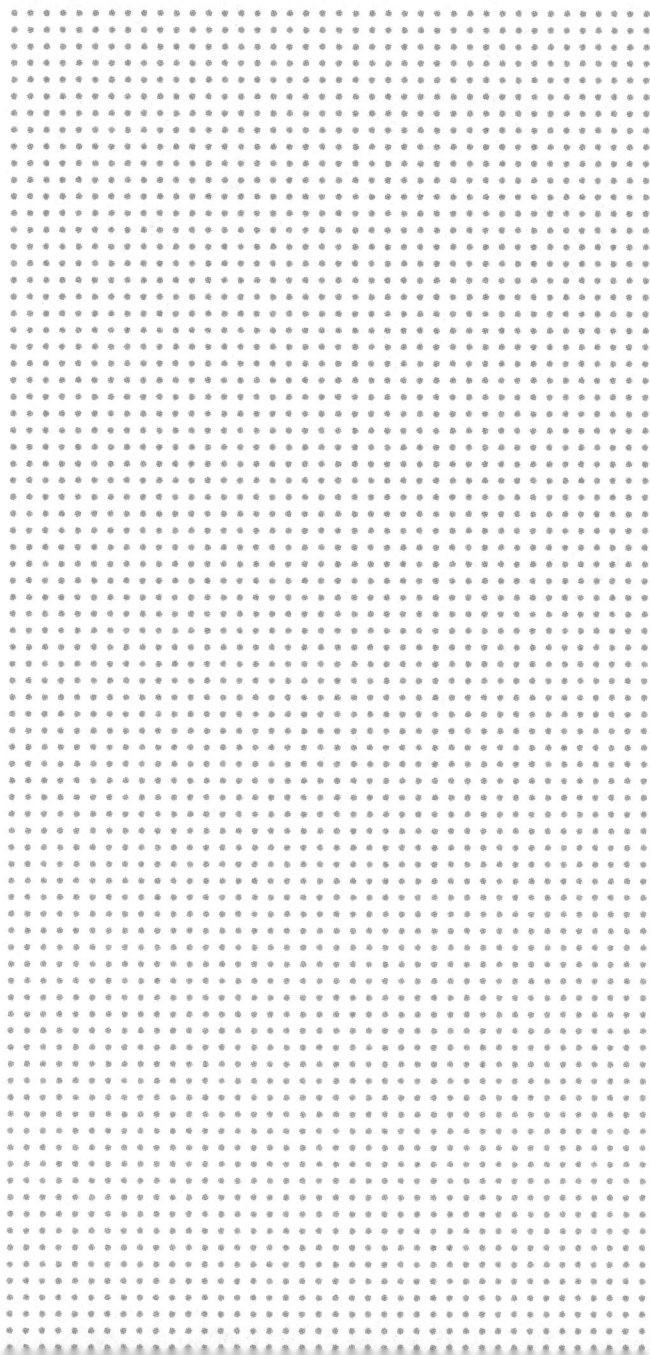

第一章
走进田野

第一节 一个踽踽独行的贫困县

一、生态环境与经济发展

"戴眼镜也难找到一块一亩的平地"，谈到 G 县地理环境时当地人们如此笑称。山势高峻、沟深谷窄的 G 县位于 N 省西部、自治州中部偏东，武陵山脉中段。横跨东经 109°4′44″ ~ 110°16′13″、北纬 28°24′05″ ~ 28°45′57″。东西宽 51.36 公里，南北长 40.52 公里，总面积 1297 平方公里。地质构造属于中国东部新华夏系构造第三隆起带中段，境内山峦重叠，最高海拔 1146 米，最低海拔 147 米，主山脉由西向南、向东、向北方向延伸形成锯状屋脊，溪河谷地错落其间，全县地形地貌形成侵蚀性构造区、剥蚀性构造区、溶蚀性构造区三种地质构造类型，漏斗状溶水洞、竖井、天窗、地下阴河等比较多，地面无溪河水系，大气降水几乎全部渗入地下阴河，因此水源奇缺。全县森林面积 160.16 万亩，占国土总面积的 89%，森林覆盖率 72.88%，活立木总蓄积 611.67 万立方米。耕地面积 10.84 万亩，其中稻田 8.72 万亩，旱地 2.12 万亩。亚热带山地型季风湿润气候下，年平均气温 16 ℃，35 ℃的高温日数每年平均 15 天左右，气温低于零下 5 ℃的严冬日数每年平均 0.7 天。全年日平均气温 10 ℃，作物生长期有 240.8 天，积温 4997 ℃。常年降水量为 1475.9 mm，雨水比较均匀，对作物生长有利，但高寒山区土壤贫瘠，气候恶劣，自然灾害频繁。从自然环境看，G 县属海拔较高山区，形成典型的"九山半水半分田"，山高坡陡、人均耕地少，土层浅薄贫瘠，自然肥力低，加上自然灾害频繁，部分地区水利设施跟不上，有效灌溉率不足，农业成本较高。

地处偏远山区的 G 县是以土家族、苗族为主的少数民族集中的地区，截至 2017 年末，全县常住人口 13.40 万人，总户数 47359 户，其中，苗族 6.7 万人，土家族 5.9 万人。G 县辖 5 镇 7 乡 140 个村。受自然条件限制，G 县人口居住分散，少数民族地区起点低、起步晚，相对比较落后，再加上自然条件比较恶劣，交通不便且信息闭塞，基础设施落后，尤其是偏远山村"生活难、行路难、求学难"，一辈子生活在山村的农民思想上因循守旧，安于现状。G 县成为集"老、少、边、穷、山、库"于一体的国家级贫困县，是国家扶贫开发工作重点县。因此，从历史人文看，G 县相对封闭，思想观念比较保守，文明程度相对较低，陈规陋俗仍然存在甚至根深蒂固。

受地理条件、交通不便等因素的影响，G 县主要种植玉米、大豆、高粱、豌豆、花生、油菜、油桐、茶油、茶叶、烟叶等各种粮食作物、经济作物和各种经济林木及用树林木，素有"林业之乡""名茶之乡"的美称。但经济生产条件差，传统农业生产占据主导地位，以第一产业为主，产业结构单一，全县 27 家规模以上企业只有 19 家正常生产，且规模企业本身规模就不大，大多数年主营业务收入仅 2000 万元左右，且大多是传统型企业，产业效益低。旅游业发展势头强劲，有世界地质遗址——金钉子、国家地质公园——红石林、国家级自然保护区——高望界、国家级森林公园——坐龙峡以及众多省级风景名胜区，形成了以"土家探源"和"神秘苗乡"两条精品旅游线带动起来的以坐龙峡红石林景区为依托的乡村旅游。但交通、信息等基础设施落后，游客难进来，特产难出去，村民人均收入仍较低。因此，从经济发展看，农民收入低，经济基础弱，村民物质生活条件贫困，更缺乏发展的能力和机会。

"走不出寨子、鼓不起袋子、挣不到票子、活不了脑子、闯不出路子、树不了样子。"G 县扶贫办有关负责人曾如此评价该县某偏远山村。自然条件恶劣，贫困人口多，"求学难、求医难"，青壮年劳动力大量外出，因病致贫、因病返贫人口多，贫困学生多，空巢老人、残疾、孤儿、留守儿童等特殊群体多，贫困发生率高。因此，自然条件差、经济基础弱、贫困程度深、贫困发生率高等使 G 县成为典型的"贫中之贫、坚中之坚"。

二、"山村幼儿园计划"项目进展

在历史、自然的制约以及政府财力匮乏、投入不足的影响下，G 县乡镇道路交通建设滞后，70% 的山村公路是泥石路，只通不畅，部分行政村自然交通工具缺乏，各行政村无幼儿园，幼儿入园困难。村组之间往来、幼儿入学全部靠步行，最远的自然组与行政村相聚 7 公里，入学路上需步行 2~3 小时。截至 2012 年上半年，全县只有 21 所幼儿园，其中公办幼儿园 3 所，18 所属于简易园和未定等级的幼儿园，学前两年、三年入园率均低于 50%。偏远山村许多幼儿没有接受学前教育，广大山村地区接受学前一年教育的幼儿也只是在附设于小学的学前班接受非正规的幼儿教育。G 县虽然全面启动学前教育三年行动计划，规划在乡镇建一所公办幼儿园，但覆盖面不宽，对于散布在大山里的幼儿来说，乡镇幼儿园路程太远，入园难问题仍无法解决。而 G 县政府也无财力大规模地在每个村建一所公办幼儿园，在村里办民办园更不现实。因此，"无园入""入园难"成了 G 县学前教育事业发展的重大问题。

2012 年的 G 县迎来了新的曙光，唤醒了沉睡的山村。中国发展研究基金会与 G 县政府合作于 2012 年 9 月开始实施"山村幼儿园计划"项目，在经过全县范围全方位的调研后确定在 4 个幼儿人数较多的乡镇各建 10 个山村幼儿园，设置 40 个幼教点，尽管如此，仍有 8 个乡镇偏远山村的幼儿不能接受早期教育，偏远山村许多幼儿入园仍不能得到保障。

"可以上学了，有老师了"，山村幼儿园获得了村民的掌声和称赞，也迎来了更偏远山村村民的期盼。2013 年 8 月，"山村幼儿园计划"项目在 G 县 7 个乡镇增加山村幼儿园 38 所，全县共开办山村幼儿园 78 所，招募幼教志愿者 78 人。2014 年，G 县 80% 的边远山村都设立了幼儿园，78 个山村幼儿园遍布在大山深处，发展迅速。村寨的 1113 名幼儿实现了入园梦，全县乡镇覆盖率达到 91.67%，行政村覆盖率近 60%，幼儿入园率提高了 20% 左右。全县 3~5 周岁幼儿入园人数为 4120 人，G 县的幼儿园毛入园率由实施前的 44.1% 升至 87.29%。在精准扶贫的帮助下，一些偏远山村进行贫困搬迁成功脱贫，再加上由于交通极不便山村年轻劳动力带着子女外出打工的影响，2015 年山村幼儿园数量减少到 72 所。与此同时，G 县与中国发展研究基金会为期 3 年的合作期满，但随后中国发展研究基金会 2 次延长项目合作期限。

孤独绽放的花朵沐浴到阳光的温暖，山间飘散出银铃般的笑声，带动着山间的灵气欢呼着跳跃。"山村幼儿园计划"实施填补了 G 县山村学前教育的空白，实现了贫困山村学前教育从无到有的历程。2016 年 5 月，湘西土家族苗族自治州全面推行 G 县发展学前教育的经验，并出台《关于进一步加快发展学前教育的意见》，计划将山村幼儿园建设与教育改革发展相结合，与实施教育脱贫战略相结合，在全州广泛推广山村幼儿园经验，用 3 年的时间在边远山村建设山村幼儿园 400 所以上，基本达到山村幼儿园全覆盖的目标，推动实现到 2020 年全州学前一年毛入园率达 98%、3 年毛入园率达 80% 以上的学前梦。

深山里的春天总是来得迟一点，但也是春风风人的。2017 年，山村幼儿园占据了 G 县全县学前教育机构数的 71.42%，70 所山村幼儿园分布在 6 个镇 56 个村。G 县全县包括山村幼儿园在内的学前教育机构 98 所，其中公办幼儿园 7 所，民办幼儿园 16 所，学前班 5 所，山村幼儿园 70 所，全县在园幼儿 4188 人中山村幼儿园有 824 人，占总人数的 19.68%。项目实施以来，山村学前幼儿入园率由原来的 44.1% 上升到 84.7%，山村 3～5 岁幼儿基本能够接受 2～3 年的学前教育。"山村幼儿园计划"实现了山村幼儿教育"从无到有"，山村幼儿园成为推动 G 县学前教育跨越性发展的主力军，G 县跨入了建设山村幼儿园、大力发展学前教育的快车道。

第二节　一所满载希望的幼儿园

一、地理位置与风土人情

G 县西北部是有着地下溶洞、绝壁天坑的 H 镇，镇区域面积 12.8 平方公里，而 X 村就坐落在 H 镇的西北方。全村辖 10 个村民小组，林业面积 9699 亩，耕地面积 1026 亩。柑橘、玉米是该村的农业支柱产业，现全村共有柑橘面积 2800 亩，烟叶种植面积 260 亩。目前该村实施精准扶贫全覆盖，但 X 村青壮年大多外出打工，留下幼儿和爷爷奶奶留守山村生活。

　　蜿蜒曲折的道路在经过一个转弯下坡后又迎来一个大转弯，紧接着又是一个上坡路，狭窄的单行道路上不能同时容下两辆小汽车，沿途绿意盎然，偶尔看到一户人家，这就是从外通往山村村寨的主道，附属在 X 村村小教学点的 X 山村幼儿园就在这条路的半山坡上，大门正对马路，右边是 T 字路口，左边是十字路口，这两条道路也是村寨居民走出大山的必经之路。因此，常有人来人往，也不时有车辆经过。学校围墙四面包围，围墙上是学校响亮的标语"高高兴兴上学来，平平安安回家去"，入园后大门紧锁，以保障孩子安全。右边的一角是垃圾池，是整个学校垃圾的终点站，最终在此焚烧。而在这个两层楼的学校中，一楼最右边为一年级的教室，中间是二年级的教室，左边是一、二年级教室办公室；整个二楼为山村幼儿园的园所，最右边是山村幼儿园的教室，中间为寝室，最左边为大型玩具活动室。

图 1-1　X 山村幼儿园

　　这里也是彭、向、田姓土家族的聚居地，流传着土家吊脚楼的传说、伏波将军的传说等许多美丽动人的民间传说和耐人寻味的民间故事如八部大王、看草鞋打架、扯谎宝等。除了汉人文化的传统节庆之外，还有许多与众不同的节庆活动，如村民过年过三次、舍巴节、"四月八，草粑粑"、五月初五百始盛、"六月六，晒龙袍"等。作为历史悠久的少数民族聚居地，X 村土家人十分注重礼节，从孩子出生的"祝米酒"到婚娶的求婚、插茅香、认亲、拜节、定日子、送日子、置嫁、娶亲、回门等，再到死亡的"白会""老龙归山"等，有整套的礼仪习俗。居住在山区的 X 村村民在劳动和生活过程中形成了许多美妙动听的山歌和情歌，如劳动歌，最著名的是挖土锣鼓歌。劳动人民在从事各类体劳动发出的以呼喊为主的土家劳动号子歌，包括起屋号子、拖木号子、船工号子等。土家情歌对唱如起歌、求婚、单身苦、订婚、莫牵挂、口难开、相思苦等。婚嫁、寿宴都离不了的流传最广、土家人民最喜爱的传统打击乐器"打镏子"，也叫"打家伙""打洽""呆配当"。此外，G县茶文化丰富多彩，与茶相关的茶歌如"采茶调""采茶甜""十二月采茶调"等。除了茶歌以外，在用茶方面也形成了具有特色的茶俗，如过赶年时喝"眼屎茶"，结婚时讲究"三茶六礼"和"三道茶"，还有祭茶、斗茶、茶戏等表演活动。X村也有土家丰富多彩的体育娱乐活动，如"抢贡鸡"，土家人也称"打草把鸡"，过年或传统节日家家户户把各种色彩的鸡毛留下扎"贡鸡"。为了适应自然环境，村民用两根杂木条或竹子做成雨天代步形成"高脚马"，又称"丐丐脚"，成为X村盛行的民间传统体育活动。这些丰富的文化资源无疑是X山村幼儿园的一大宝藏，等待着绽放光芒。

二、X山村幼儿园发展"简史"

"上山摘橘子、捡板栗，下田种稻谷、收玉米，石头、泥巴、树木是最天然的玩具，玉米地的蚂蚱和树上草上的虫子是最喜欢的玩伴。"2012年"山村幼儿园计划"项目实施之前，X村3~5岁的孩子无园可入，跟随着爷爷奶奶在上山下田，过着闲散自由的日子。2012年之前，G县只有县城一所公办园，乡镇中心园尚未建立。由于教育基础薄弱，县财政对教育的投入大多只能用于合格学校、校安工程、山村薄弱学校改造以及城区中小学扩容提质工程建设，对学前教育财力投入少，仅县城一所公办园有财政投入，政府无力在山村地区大规模举办公立幼儿园，且因大多数家庭经济存在困难，民办幼儿园在山村并无发展空间。针对幼儿没有"入园学习"，家长又忙于农事无暇照顾幼儿，X村也曾有私人开办"幼儿班"。未出嫁的山村女儿H老师在自己家中办起了帮助村民照看孩子的"幼儿班"，H老师未获得教师资格，"幼儿班"也没有执照，简陋的条件下年龄小的幼儿自己玩耍，年龄大的幼儿学习拼音、汉字和算术。随着H老师结婚生子，"幼儿班"最终停办。同时，由于村寨幼儿"上学难"，没有提前接受相关教育的儿童直接进入小学后"难管教，难适应"，难以接受一年级知识，导致一年级复读多，再加上一、二年级本身人数少，由此形成了正式上小学之前5岁儿童跟读一年级的跟班制。

"一间屋子四张桌子，一个老师一群孩子，一支铅笔一个本子"，这是2012年中国研究发展基金会与 G 县合作在 X 村考察后设立 X 山村幼儿园时的情形。2012年9月，向老师通过招聘选定为志愿者教师，在村小教学点一楼一个18平方米的教室正式设立山村幼儿园。2012年11月19个孩子就在这个18平方米只能容下4张桌子的教室里开始了自己的幼儿园生活。但由于地方太窄，放4张桌子已十分拥挤，活动开展更加困难，即使基金会分配有儿童床也没午睡的地方，所以幼儿没有午睡，跟随着一、二年级学生的作息生活和学习。中国发展基金研究会为山村幼儿园志愿者教师提供了由基金会组织设计的"山村幼儿快乐成长包"《幼儿活动方案集》教材，包括2~4岁幼儿活动方案集和5~7岁幼儿活动方案集，为山村幼儿教师开展活动提供文本参考。活动方案适合山村生活、山村探索，但刚上岗的志愿者教师向老师一人照顾19个孩子，为确保孩子安全，不敢走出校门。不善唱歌跳舞、不善画画手工的非专业志愿者向老师虽然经过一个星期的入职培训，但并不知道如何组织幼儿教学活动，只能根据自己的经验展开教学。向老师的读书经验从小学开始，也不曾上幼儿园，并不了解幼儿园教育与小学教育的差别，无教学经验的她有时向村小教师"取经"，并根据家长的要求教授幼儿拼音、汉字和数学，教学内容、教学方式仿照一年级进行，附属在小学的山村幼儿园成为为小学做铺垫的复制小学模式的学前班。

随着山村幼儿园的发展，"零收费"接受教育让越来越多的家长把幼儿送入山村幼儿园。2014年开始，3~5岁幼儿数量多，幼儿逐渐以3~4岁为主。由于山村居民农活繁重，无暇顾及孩子，而山村幼儿园零收费且专人照顾，幼儿有玩耍的伙伴，村民逐渐将2岁多的孩子送入山村幼儿园帮忙照看，"零收费"拉开了山村幼儿园年龄之差。2014年7月，N 省颁布《关于切实纠正学前教育"小学化"现象提高幼儿园保教工作质量的通知》以贯彻落实教育部《3—6岁儿童学习与发展指南》和《关于规范幼儿园保育教育工作，防止和纠正"小学化"现象的通知》，防止和纠正学前教育"小学化"在 N 省各地区得到高度重视，G 县教育局反复强调禁止山村幼儿园小学化。在教育局领导和志愿者教师的劝说下，年龄大的幼儿家长仍会要求幼儿在园学习拼音汉字，部分年龄小的幼儿家长不再强求，把山村幼儿园看作帮忙照看孩子方便自己做事的看护所，山村幼儿园打响"去小学化"

之战。

为改善山村幼儿的健康状况，中国发展研究基金会、安利公益基金会、中国儿童少年基金会和中国营养学会在 2015 年共同发起了"为 5 加油——学前儿童营养改善计划"，从营养干预、营养教育、社会倡导三方面帮助中国贫困地区 3～5 岁儿童拥有健康成长环境，以免费发送营养补充剂（儿童营养咀嚼片）的形式改善贫困儿童因营养不良导致的发育迟缓、贫血等健康问题。山村幼儿园为幼儿提供免费学前教育的同时为幼儿提供营养咀嚼片。2016 年 X 村村民村委会从村小搬出，X 山村幼儿园的孩子迎来了更宽广的活动室，并有了寝室，而志愿者老师也迎来了搭档。X 山村幼儿园成为 H 镇 5 个山村幼儿园中最好的一个，在 G 县山村幼儿园中属于中等层次，成为了 H 镇山村幼儿园的"新门面"。

"教育终究是基于生命和贯穿生命的，因而，它最终能够以更美好的生命的方式，缓慢而坚定地证明人性的胜利，证明我们内心对自由、光明、幸福不可扼制的渴求。"教育是阻断贫困代际传递的最根本、最有效之策，而学前教育又是各类教育中最基础的基础，也是人生的起点。"山村幼儿园计划"项目的实施切实解决了 G 县边远山村幼儿入园困难问题，实现了偏远山村的孩子就近享受学前教育机会的目标。在山村幼儿园，幼儿有更多的同伴、活动材料和玩具。同伴交往为幼儿构建了一个不一样的童年，幼儿在一起跳舞是快乐，一起玩玩具是快乐，一起做游戏是快乐，一起喝水、上厕所、一起吃饭和睡觉都是快乐的。山村幼儿园给山村孩子一个快乐的童年，像早晨的太阳一般，给人希望！

第二章
"山村幼儿园"生存与发展之境

过去和未来都在现在之中，我要达到现在的深度就必须装备历史的传承和学会如何记忆。我向往真实和美好的生活，从现在那里我寻找过去和未来的交往，向往团体的意志、帮助的知识，这种帮助是我所体验过的和自愿做的，这种意志和知识促使我全身心地投入现在之中，而不是脱离现在，在时间的断层中踽踽走向过去和未来。

——［德］卡尔·西奥多·雅斯贝尔斯

雅斯贝尔斯认为过去和未来都存在于现在之中，最重要的是抓住当下和现在。胡塞尔提出"回到事情本身"，在事情本身的给予性中探索事情，并摆脱一切不符合事情的前见，再返回事情本身。"回到事情本身"意味着反对偶然之见，反对任何伪问题和伪意见，需要以教育的是其所是，是其所应是，来研究教育事情的本质。那么，山村幼儿园真实的面目是什么样的？山村幼儿园当下是怎样的状态？幼儿是怎样生活和学习的？教师是怎样生活和工作的？本章以"囊中羞涩无所倚""巧妇无米难为炊""山村女儿志愿情""穿着新鞋走老路"四个情景感受当下山村幼儿园最真实的生活和教育。

第一节　囊中羞涩无所倚

一、有需难求口难言

"R 镇山村幼儿园做得好，H 镇所有山村幼儿园志愿者参观学习 R 镇山村幼儿园。"2017 年 9 月 15 日，我高兴地跟随着 H 镇所有山村幼儿园志愿者教师经过一个多小时候来到了距县城较近的 R 镇，R 镇是著名的苗族旅游景点，游客众多，十分热闹。参观了 R 镇 3 所山村幼儿园后，我了解到大家所说的 R 镇山村幼儿园做得好，主要是在三个方面：一是幼儿人数多；二是环境创设五颜六色；三是设施设备较齐全，条件比较好（市民办幼儿园与 R 镇山村幼儿园结对帮扶，有物质上的资助）。参观山村幼儿园后的总结会上，县领导人让 H 镇志愿者教师们发表感受并谈谈自己幼儿园的困难和需求。一片安静后向老师第一个说出了感受："我很感谢今天的这次参观，让我学到了很多，我的感受就是他们这边条件确实比我们好，他们有……，我那里没有这些，我也希望我那里可以有水杯和毛巾。"随后志愿者教师们的发言总结都是"缺少设备"，尽管志愿者们纷纷表达自己幼儿园的困难境况，但也都只提出一两样所需物品，境况最差的如 C 老师说："我们除了几个凳子其他都没有，我就想能有个桌子，然后想有个电视，下雨的时候可以让孩子在教室玩"。

A 领导人说："我也知道大家都有难处，大家的难处我们尽量解决，但是有些东西能够想办法的、能不用的也还是尽量想想办法，我们也有我们的难处。"

校领导人说："这边条件确实比我们好，趁着领导都在，有什么需求大家回去写个申请，2000 块以下的能解决的我尽量解决，2000 块以上的我也没有办法，再向上面申请。当然，能想办法的尽量还是先想想办法。"

虽然说"有些东西能够想办法的、能不用的也还是尽量想想办法，尽量不要"，志愿者们还是欣喜的，我也想着 X 山村幼儿园唯一的乐器电子琴没了充电线是否可以帮助解决，没有毛巾、水杯，只有一个洗手盆，孩子们手工没有剪刀，没有……太多的"没有"，我猜想申请清单是否会太多。

9月18日，刚到山村幼儿园，向老师跟我说："你看环境创设啊，还有其他方面还有哪些需要申请，不是让我们写申请吗？"并嘱咐道："有些东西我想想办法，能不要的就尽量不要吧。"之前我在设计和组织幼儿活动时总受一些条件的限制，向老师也因材料限制放弃许多活动。尽管向老师说可以向中心学校申请，但也未正式申请，有时跟校领导提及想要的东西也久久才能获得，有时几个星期，有时几个月，有时一个学期过去还没有，甚至不能获得。我本想这次有机会可以把坏了的、缺乏的东西申请下来，但向老师并不好意思申请。向老师说："我们本来就什么都没有，人家给了我们地方，给了我们这么多东西，我们又没有出钱，拿了人家这么多也不能什么都跟人家要。我们之前很多人，什么都去要，结果把人家领导都惹生气了，所以我们就知足常乐嘛。"闻言，我想起总结会上志愿者们虽然表达自己的诸多困难，但提需求时都是含蓄委婉，原来轻松的言语下是老师们的小心翼翼。

9月24日，我看到向老师列出X山村幼儿园所需物品申请清单：电视机1台，小书柜2个，水杯23个，毛巾23条，水杯架1个。10月16日为了迎接省里来的检查，校长一早送来了电视机、水杯、毛巾和两排挂钩，没有小书柜。校长嘱咐我们尽快把杯子、毛巾展示出来，于是还没来得及清洗和消毒的杯子、毛巾就标上数字排排挂好。向老师也从自己家中拿来了一个水盆，幼儿洗手终于不用和洗抹布用同一个水盆了。午睡时，我被寝室外的敲打声惊扰，怕幼儿被吵醒，急忙走出去想要制止，才知道是校长送来了由广告公司制作的"标语和幼儿园文化墙"。空荡的文化墙并不好看，校长叫我找些幼儿作品贴上，于是急急忙忙将幼儿刚做的绘画粘贴上，尽管幼儿还没来得及给自己的房子上色。下午两点四十，检查的领导来了，向老师叫醒正在午睡的幼儿急忙进教室准备游戏，幼儿也没来得及停下脚步欣赏新的变化。领导们离开后幼儿也离园了，我想好好地看看幼儿园的新变化，当我看到广告公司制作的标语是"你怕四，我拍四，最吃东西不说笑"，将这个错误跟向老师说时，向老师说："这就是为了检查，有这个东西好看嘛。"可是幼儿们并没有看到，也许明天他们会发现自己用漂亮纸画出的作品已经展出。只是楼梯间的新标语确实成为幼儿一直不知道的新变化。而向老师那份未写完、未交出的申请悄无声息地沉落了。

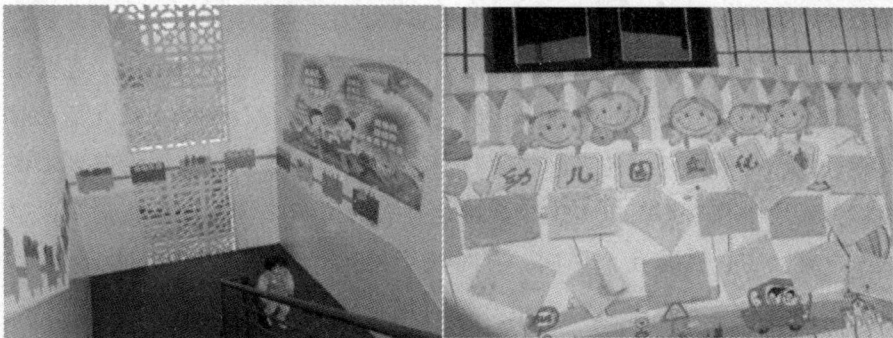

图 1 - 2 广告公司制作的标语与文化墙

11 月，我去 H 镇其他山村幼儿园参观走访，来到 C 老师的幼儿园，10 个孩子，10 张凳子（其中有的是坏的），多了一台电视，仍旧没有桌子，C 老师也没有写申请。C 老师坐在办公室叫我进去坐，我看着孩子们在操场上追赶，在墙角玩虫子，我的耳边飘荡着向老师说的那句"知足常乐"。

二、因陋就简细打算

2017 年 10 月 16 日，一早向老师告知我：今天省里来人检查。从入园开始向老师就忙碌着填写资料，搞卫生。而我从来到幼儿园就对孩子们很温柔，平日里玩成一片，今日没有了向老师的管束，孩子们也格外热闹和调皮。开展第二个活动时，孩子们太过"兴奋"，连我比平时大的声音也没有听到，我正要做点什么吸引这群没了管束就高兴得忘乎所以的小家伙时，向老师在一旁见状从一叠书下翻出了一本彩色的A 4草稿纸大声地说："看，我手上的画画纸好看吗？今天我们来画房子，看谁安静下来了，坐好了，嘴巴闭上了，我就给他发我们这个漂亮的画画纸。"孩子们迅速安静下来，眼光齐聚在彩色草稿纸上，开始找位置坐下，我很惊讶他们今天如此快速的行动力。向老师给坐好了、没说话的小露发了一张红色的画画纸，其他的孩子齐齐地看着，旁边的孩子伸手想看一看，小露立刻收到另一边。向老师一边发给幼儿，一边说："今天的纸很漂亮，那么大家也要好好地画。今天会有叔叔阿姨来看我们，大家要听话，我们把画画好了，一会儿贴到外面的墙上给叔叔阿姨看。"孩子们心满意足地拿着画画纸放在桌上，有幼儿不小心压褶了画画纸，小心翼翼地放在桌上抹平。向老师也将这本彩色的画画纸继续收起来藏在了一叠书下面，闹腾的活动室立刻安静了下来。我们不知道省里的领导何时过来，但我知道向老师想让领导们看到山村幼儿园最好的一面，看到孩子们的认真可爱而不是调皮捣蛋。

其实，画画是山村幼儿园进行得最多的活动，但这是我来到山村幼儿园这么久以来第一次看到向老师拿出了收藏已久的彩色画画纸，也是第一次看到孩子们画得那么认真。以前每次画画是一本发旧发黄的图画本，向老师给每个幼儿发一张。小小的一张纸画不完孩子想象的世界，薄薄的纸张也一不小心就弄破了，弄破了后，幼儿也做其他事去了。我问向老师："为什么要收起来呢？孩子们很喜欢。"向老师说："这个彩色纸是我自己买的，我在店里看到这个彩色的觉得好漂亮，就想着给孩子们买了一本，但是这个比较少嘛，孩子们也喜欢，不能让他们一下子就画完了，所以我收起来省着点用，隔一段时间或者重要的时候用。平时就让他们画那个纸，那些小本本是我从金老师（村小教师）那里拿过来的，我看她那里堆了一些画画本没用了，我就拿上来了，他们经常要画画嘛，需要纸。这个纸好看留着点用，有需要的时候就让他们画一下这个纸。"

在这里，两个老师、一群孩子主要靠中国研究发展基金会的经费投入维持，但经费由县教体局项目负责人分配，山村幼儿园本身没有可使用的费用，虽然可以向校长申请，但等待的过程太久。有些年龄较大的孩子，家长希望他们学写字，就准备了纸笔，但只是给孩子写字用的而不是画画的。"零收费"的山村幼儿园也不得向家长私自收取费用，哪怕是家长给孩子买学习用具的要求也不曾提出。向老师向家长收取的唯一费用是家长自愿交的10元买卫生纸的钱，这还是向老师不能让领导知道的"秘密"。向老师曾说："我一个学期收了10块钱买纸，孩子上厕所，尤其冬天擦鼻涕用纸特别多，现在纸还涨价了，10块钱都要节约着用，这本来是不能收的，也是家长同意自愿的我就收了。没办法，我自己也没什么钱，工资也就一点，有些东西不贵我自己出钱买一个就买一个，但多了我也承担不了，买了后我们就节约着用，争取用久一点。"当时听完，我只觉不容易。现在，看到孩子们脸上的满足与珍惜，只想为孩子们多做些什么。后来，我在与家长的谈话中提及幼儿园的"节俭"，家长满面笑容夸赞幼儿园表达谢意，对于孩子除学习（读书写字）以外的游戏玩乐直言"无所谓，没关系"。

这里还有聊天中许多向老师收起来舍不得用、省着用的"宝贝"。平日里孩子们看不到或是不能玩，偶尔拿出来玩一下，用一下，还没有尽兴就被收起来了。印象最深刻的是那四个变形的呼啦圈，我在山村幼儿园做志愿者期间只用过两次。在活动前向老师拿出锤子在呼啦圈断了的地方锤锤打打，虽然已破旧得无法转动，但在孩子眼中却如同至宝，孩子们兴高采烈地团团围着向老师，翘首以盼，大喊着"我要玩，我要玩"。每一次游戏，孩子们按着向老师规定的玩法玩，活动结束孩子们想自己拿着玩时，却被向老师制止道："我们下次再玩，老师收起来，别玩坏了，玩坏了以后就没得玩了。"于是，孩子们恋恋不舍地把呼啦圈乖乖交还老师。

图1－3 围观"宝贝"

看到这一幕，我忽然想起小时候家里穷，买一件新衣服后想穿着上学，但妈妈把新衣服收到木箱里告诉我新衣服要留着走亲戚的时候穿，结果随着身体的生长，舍不得穿的新衣服没过多久就不能穿，压在箱底遗憾而无力。我知道向老师将这些玩具或材料收起来不是不想让孩子们用，而是舍不得用，迫于条件的限制，将"宝贝"收起来盘算着如何用得更长，只是我的脑海中久久消散不了的是孩子们渴望的眼神、"懂事"地收起来的双手和那依稀可闻的遗憾声。

第二节　巧妇无米难为炊

人是环境的一部分，与环境之间有着密不可分的联系。人们对环境的感受与自身所处的社会文化背景有着密切的关系，民族、地域、意识形态等都影响着人们对于环境的解读和判断。人们通过自己的行为对自然环境进行改造，使其所处的环境加入社会文化的因子，而人在通过自身行为塑造环境的同时，环境也在潜移默化地塑造着人。幼儿园同样如此，活动室、运动场、寝室、教玩具以及绿化等这些教学设施、生活设施构成幼儿园的环境，既是幼儿园的教育教学活动场所，又体现着幼儿园所独有的文化特征。教师和幼儿受自身文化背景的影响塑造幼儿园环境的同时，幼儿园环境也影响着教师和幼儿的思想、观念与行为。

一、"寄人篱下腰难直"

旭日东升，早早来到幼儿园等待开门的孩子们打破了山村的寂静。向老师开门后，活泼灵动的幼儿蜂拥而入，楼上楼下一片热闹。我打扫着教室，向老师给入园未梳头发的幼儿梳头。一会儿楼上传来了孩子哭泣的告状声，向老师才处理完这边的告状，楼下玩的孩子又哭喊着，孩子们楼上楼下、房前房后自由活动，老师又顾楼上又顾楼下。我突然想："要是幼儿园在楼下就好了，这样所有的孩子就能在视线范围内了。"中午，向老师在厨房帮忙打饭菜，年龄大些的幼儿打完饭后，自己拿着去教室吃，我帮两个年龄小的幼儿拿着饭带着他们去教室，2岁多的小萱也端着饭慢慢地跟着上楼。向老师提醒到："慢一点啊，跟着老师上去。"我放慢脚步，但尽管小萱走得小心翼翼，还是不小心摔倒打翻了饭碗。吃饭的时候我忍不住问向老师："为什么幼儿园的教室在楼上而一、二年级在楼下呢？幼儿园在楼下不是更方便幼儿开展活动，也能保证幼儿在教师的视线范围内，幼儿吃饭也更方便。"向老师说："能有一个宽敞些的教室已经很满足了。第一年的时候我们开班比较晚，9月份的时候说要开幼儿园，然后我去找教室，一般都是找村委会和村小，后来我是找到现在楼下二年级的那个小教室，我们那年收了 19 个，我们在那里都放不下四张桌子，我还特意量了那个教室，只有 18 平方米。第二年我们有 26 个人，更挤了，基金会分配的午睡的床也没地方放下，所以幼儿没有午睡，但那时候有个地方已经很不错了。我们毕竟在人家这里，人家能给我们一个地方，我们哪还要求那么多呀。小孩子楼上楼下到处跑，我们也不可能都看到所有孩子，所以我们都是注意着那几个调皮的，不听话的。"

之前，二楼是 X 村村委会，一楼除了最右边的厨房外还有三个房间，最左边的是教师办公室，最右边为小学一、二年级混合班的教室，"人在江湖，身不由己"，山村幼儿园就在狭小的空间里将就着。2016 年暑假，村委会从 X 村小搬走，向老师急忙叫人帮忙占据二楼的大教室以免一、二年级分占大教室。如今，一楼右边是一年级的教室，旁边是二年级的教室。

图 1-4 上楼小心！

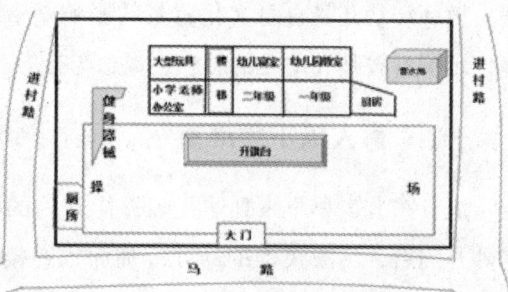

图 1-5 X 山村幼儿园平面图

我还在庆幸向老师速度快时，操场的一角就发生了争执。这里有四个器械，出于安全考虑，年龄小的幼儿只能玩"旋转木马"，但只有四个座位的"旋转木马"并不能承载人数众多的幼儿，而一、二年级学生也钟爱着"旋转木马"。幼儿站在一旁用尖叫式的声音喊"这是我们的"，一年级的学生也毫不示弱地说"我们的"，如此反复争执着。在座位上的一个幼儿跟不上二年级学生的速度被吓哭，大喊着"慢点"，但二年级的学生似乎更想展示他们的厉害。于是幼儿哭着向老师告状，向老师无奈地说："又来了，又在这里搞"，随后斥责了一、二年级学生几句。向老师转身后，一、二年级学生将告状幼儿数落一顿后，拉着其他幼儿离开了，留下告状的幼儿红着眼睛坐在位置上，但片刻后孤单的他们也离去了。我在山村幼儿园经常看到一、二年级的学生欺负幼儿，作为幼儿园志愿者教师的我"护短"想要保护幼儿园的孩子，但又"恨铁不成钢"。向老师看到后说，"他们老是这样的，管也没什么用"，村小的老师一笑而过。

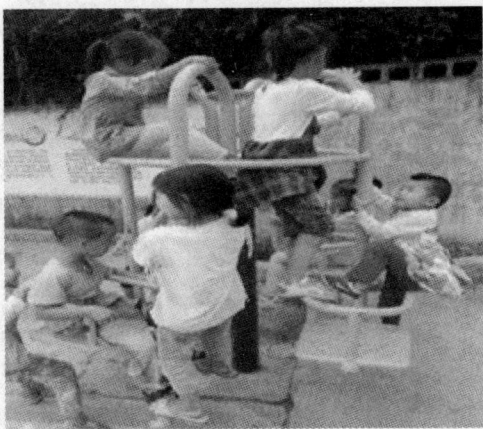

图 1-6 幼小器械之争

学校里学生的活动操场成为村民晒稻谷的场地，于村民心里，学校是"在我们村"，于学校，"我们是在别人这里"。附属在村小的山村幼儿园与村小共用许多设施和设备，幼儿园与小学有形的、无形的争夺也远不止一角，于小学而言，"这是我们学校"，于幼儿园，"人家给我们一个地方"，于是在这些争夺中山村幼儿园这个"后来者""依托者"更多的是将就和妥协，"人在屋檐下，不得不低头"。

二、"数米而炊饭难熟"

（一）炎炎烈日难入眠

"炎炎夏日正好眠"，可是，一声声叫喊声、争执声、嬉闹声传入我耳内，"热、吵、刺眼"，13 点 30 分，这是此时陪幼儿午睡的我最直接的感受，疲惫的我甚至有些心烦意乱。在这间 18 平方米的寝室里，大部分幼儿躺到了床上都还没有睡意，说着悄悄话或两两睁眼对视或独自捣鼓。寝室没有窗帘但骄阳似火，向老师用一块床单遮住窗户的一角，却挡不住光的顽强，仍照射在睡觉的幼儿身上，寝室也没有风扇和空调，因为太热而开着门窗，只是并没有我们想要的风吹进来，反而光线更亮，吵闹声也更大。

没有午睡的一、二年级学生在楼下或楼梯间自由活动，叫喊声、争执声、嬉闹声"毫不留情"地冲击着楼梯旁边的寝室，干扰着幼儿入睡，只有累极了的孩子已进入梦乡。为了让孩子睡得安稳，向老师多次跑出去提醒一、二年级的学生降低声音，但并没有什么用。睡着的孩子有的额间冒汗，幼儿的床铺着厚厚的垫褥，一年四季都是一样的一床被褥，每天午睡前我们从储物间将被褥搬出来给幼儿铺床，一床被子横向铺三个床，三个孩子睡上去后又共用一个被子或者是一个孩子一床被子，一半垫，一半盖。三个孩子共用被褥，常常偷偷躲在被子下偷玩。所幸夏天天热垫褥厚，幼儿不盖被子。

图1-7　幼儿寝室

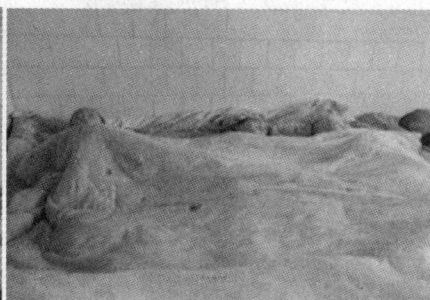

图1-8　共享被褥

图1-9　不午睡的小学生

图1-10　幼儿园储物室

　　14点16分，终于，除了中午不睡觉的小桧和舒裕以外（小桧和舒裕是不午睡的孩子，家长强烈要求不准午睡，因为他们在幼儿园午睡了晚上睡觉就难入眠，山村家庭睡得早起得早，晚上九十点都已入睡，但小桧和舒裕睡不着，家长说是怎么打也不睡，所以强烈要求教师不准他们午睡），所有的幼儿都入睡了。我刚松下一口气，转眼却想到山村幼儿园的作息时间，下午四点半离园，我不禁问向老师："是不是幼儿睡两小时后就准备离园了?"

向老师说:"下午的时间很快就过了,我一般到三点半的时候还没醒的就叫起来,我们做一下游戏,然后就跳舞放学了。2016 年搬到楼上之前我们一直没有过午睡,中午也和现在一、二年级一样自由活动,孩子实在累了打瞌睡就趴在桌子上睡一会儿。直到去年搬到二楼来,我们才开始了午睡。以前我们没有寝室,床也不够,他们也没有午睡的习惯。"

我想我也要抓紧时间休息下,但室外的声音仍不断传入,我怕幼儿刚入睡又被吵醒,所以极不安稳。15 点 30 分,向老师叫醒还在睡觉的孩子们,孩子睡眼惺忪,我也只觉头痛欲裂,强打起精神将被子叠好搬回储物间。狭小阴凉的储物间与幼儿的寝室不同的是只有一个被钉封起来的窗户,挡住了阳光,也不能通风。向老师告诉我因为寝室的门锁是坏的,被子放在寝室会有人偷,以前被偷了两床家长带过来的较好的被子,最后由学校赔给家长,所以孩子们午睡后向老师把被子收到储物间,为了防止再被偷,现在连窗户都被钉封上了。只是向老师要家长给幼儿带被子,有家长就因为偷被子的事不愿带来,只有三个家长带来了,有的家长拿了一件破旧的衣服来给孩子当被子用。向老师说:"有的家长觉得在家没有午睡习惯,有的家长觉得趴在桌子上睡觉就行,他们不带被子我也没有办法,只好东拼西凑找来几床被子,一个大被子铺开,没带被子的孩子就几个人共同用一个,有被子的就用自己的被子,我这几个蓝色的被子都是公益慈善捐赠给小学,我开会的时候向校长要来的。还有这个好点的被子是我借的下面金老师的烤火被。所以自己没有带的,我就一个被子铺开三个孩子共着用。"

简陋的寝室以及吵闹的环境本已干扰着幼儿的睡眠,只是更需面对和正视的是家长的反对和拒绝。

(二)日晒雨淋难如厕

正午的阳光猛烈地照射在大地上,空气中一股热浪。烈日下,幼儿蹲在厕所外面的地上如厕,便后留下一道痕迹,以及浓浓的气味。不是没有厕所,只是附属在村小的 X 山村幼儿园没有儿童厕所,全校师生共用厕所。狭窄的厕所里是三个宽而大的坑,担心幼儿在厕所如厕掉下坑里,向老师只好让幼儿在外面的小沟如厕。我刚来幼儿园时走进厕所,看到地上潮湿有水洼,满地爬着蛆,压下心底的害怕小心地找到一个落脚点,外面艳阳刺眼，修建了十多年的厕所里面却昏黑没有灯光，墙壁长着青苔。向老师跟我说："幼儿上完厕所后我都要用水冲洗。有的幼儿很小嘛，才两岁半，实在不敢让他们在里面，怕他们掉下去，就让他们在外面上，然后我再去扫。现在上大的就让她们学着在里面，年龄小的我就守着，上小的都还是在外面。我们这里男女分厕所，厕所又都是公用的，小学也有男老师，我一个女老师也不方便进入男厕所，所以年龄小的男孩上大时，就带到女厕所来上。"

图1-11 山村幼儿园厕所　　　　　　图1-12 厕所外的"厕所"

晴天总还是好的，下雨天厕所内更加潮湿，也更加昏暗。幼儿撑着伞在外面小沟如厕，有时打着伞不好整理衣物，幼儿将伞放在一边。大雨时向老师陪着幼儿帮忙打伞，有时挤在狭小的厕所里，拥挤中幼儿不小心摔倒。雨水洗净了大地，带走了痕迹，淋湿了孩子的衣裳，润湿了我的心。

厕所外面的小沟一直沿着围墙，有一次，我看到幼儿在玩器械时，玩着玩着想要如厕，就近在小沟进行。向老师看到后说了句："就走几步你都不走。"幼儿继续玩耍，向教师也不再管他。向老师对一旁的我说："他们平时和家长在外面做事，家长做农活，他们在一边玩，想上厕所了就在外面地上上了，就是在家里，他们上在外面，爷爷奶奶也不会说什么，所以就形成了这些习惯，所以说山村孩子和城里孩子没法比，山村孩子就这样，习惯了，城里的孩子多爱干净，多讲究。"

环境使人学会了适应，学会了习以为常，不合适也就变成了合适。只是我在怜惜其境况的同时，更惋惜这种习以为常和理所当然。

（三）斑痕累累难洗漱

玩具区和图书角是活动室欢天喜地的一角，为了安全也为了方便幼儿活动，这里垫上了泡沫地垫。幼儿常常在这里摸爬打滚，有时爬到旁边的桌子上，有时滚到地上，因为这些地垫，这里总是令人放心的。幼儿也喜欢坐在泡沫垫上玩积木，单一的插塑积木是孩子们心爱的玩具，只是从2012年基金会捐赠到现在，数量越来越少了。虽然数量少了，但每天早上入园后都有幼儿投身于此，休息的时候幼儿也总会拿出来玩，乐此不疲。这些积木也是老师重要的教具，很多活动都离不开它们。这些玩具、垫子和桌子伴随着幼儿成长，给他们带来无穷的快乐，而岁月也给这些玩具、垫子和桌子留下了痕迹，五颜六色的地垫蒙上了一层黑色污渍，改变了原本光鲜亮丽的容颜。时间在孩子的指尖流逝，在玩具上留下一道道深深浅浅的黑色痕迹，显示着它们的"赫赫之功"，岁月不偏不倚也给桌子留下了满目斑痕，幼儿画画时桌子上留下了蜡笔、水笔的痕迹，转眼收拾东西成了饭桌，没有消毒剂和清洗剂进行清洗和消毒，用抹布擦过也无济于事。有时幼儿不小心将饭菜掉到桌上，拿起来塞进嘴里，手上的残渍擦在桌子上、衣服上。没有多余的碟子给幼儿盛装不吃的菜或掉落的饭菜，许多幼儿也把不吃的饭菜直接扔在桌子上。饭后，我拿着一块黑了的"白"抹布擦桌子，有时饭粒黏在桌子上，抹布擦过划出一道痕迹。每每看到这些，我想好好清洗这些垫子、玩具和桌子，却被向老师告知现在不方便洗，因为水不够，需等待村民放水才能清洗。

图1-13 变色的垫子　　　　图1-14 斑痕累累的桌子

原来山村幼儿园厨房做饭、清洗、校园卫生打扫、幼儿清洗等所有的用水都来自山下一户村民家中，村民放水后储存在学校的蓄水池中。可惜"天公不作美"，上半年的干旱让山村幼儿园和村小的用水变得紧张，全靠蓄水池中蓄存的水维持。清洗桌椅、玩具也在等待着村民放水，只是有时来水了，天气又不好。

不仅紧张的用水给山村幼儿园生活带来诸多不便，没有流动洗手设备也给向老师添上一笔愁绪。向老师每天用水壶接一壶水放在教室，教室里两个水盆既是幼儿活动之后的洗手用具，也是清洗幼儿水杯的用具，有时还是清洗抹布的用具。小小的水盆只能容下几个幼儿洗手，常常有的孩子洗了，有的孩子没洗。幼儿一日生活中，洗手的次数极少，一天一次或两次，活动弄脏手时在水盆里洗手，在吃饭前集体在厨房的大盆里洗手，万能的大盆也是厨房洗菜、洗碗的盆，有时洗完菜的水留在大盆里，幼儿吃饭前就在这水里洗手。山村孩子如厕后没有洗手习惯，吃东西前也没有洗手的习惯。向老师说："虽然我们说要饭前便后洗手，但我们这儿条件有限，也不可能像城里一样上次厕所就洗一次手，还要用肥皂洗，我们这里哪里做得到啊。我们只是让孩子在吃饭前洗手，有的幼儿吃饭的时候会用手去弄菜，他们在家里也没注意这些，家长每天忙自己的事，小孩子自己玩，可能就是吃饭的时候，孩子的手很脏了叫他们洗一下。"

虽然有一块肥皂，但不是给幼儿洗手的，而是洗毛巾的。刚到幼儿园时，所有的幼儿共用一块毛巾，经过向老师向学区申请后，如今每个幼儿有了自己的毛巾，但洗手次数仍然少，用毛巾次数也少，用完的毛巾也是在幼儿洗手后的水里清洗。我本想只是因为缺少这些设施设备，山村幼儿园难以开展基本保教工作，可当我发现山村幼儿园有了毛巾也是一样的结果时，我不得不重新思考。这似乎就是山村本来的样貌，不在乎也就觉得没有必要，只是城里的幼儿园都在讲究，这种讲究之下山村幼儿园也就有了必要，可是他们的心里到底还是觉得山村就是这样，是无所谓的。

图 1-15　全校唯一的蓄水池　　　图 1-16　教室里的洗手盆和水壶

图 1-17 幼儿各种洗手场景

带着 G 县领导帮助改善山村幼儿园的期望，我向学区领导人和项目有关负责人提出改善建议，得到的是沉默和没有期限的承诺"以后会改善"。

第三节 山村女儿志愿情

"春蚕到死丝方尽，蜡炬成灰泪始干。""落红不是无情物，化作春泥更护花。""诲人不倦""废寝忘食"……赞美教师的话语说不尽、道不完。教育家夸美纽斯把教师誉为"太阳底下最光辉的职业"，斯大林赞教师是人类的灵魂工程师。但在条件缺乏、一人分饰多角的山村幼儿园，志愿者老师的一句"尽力做好本分事"深深地感动着我。

山村女儿向老师和小向老师是 X 村山村幼儿园的姐妹花志愿者老师，向老师中专毕业于 N 省信息工程学院计算机专业，小向老师中专毕业于 C 市职业技术学院乡村医生班。2012 年 9 月至 2016 年 9 月，X 村山村幼儿园只有姐姐向老师一位志愿者老师，由于实在照顾不过来，向老师向学区校长一再申请再加一位志愿者教师，2016 年 9 月妹妹小向老师加入志愿者团队，两人一起负责 X 村山村幼儿园。两位志愿者教师虽没有高学历，但是孩子们十分喜欢，虽然她们都已为人母亲，但都有着一颗童心。说起向老师，家长们笑道"好，放心"，其他志愿者老师的评价是"人好，脾气好"，学区校长和教育局股长点头称"好学，有经验"，幼儿更是喜欢跟着向老师跳舞、做游戏。小向老师虽然才在幼儿园做志愿者一年，但很受小朋友喜爱。秋冬季节许多幼儿长时间没有洗头，尤其女孩子头发打结，家里从不梳头发，来到幼儿园，小向老师耐心地给幼儿梳开打结的头发，自己买橡皮筋、发圈给她们扎出可爱的辫子，让幼儿的心情也变得美美的。两位志愿者教师颇受欢迎，但工作中也有着诸多无奈和无力。

一、心有余而力不足

欢快的音乐、灵动的身影、可爱的笑容，这个时候是幼儿最开心的时候，连最调皮的幼儿也会跟着音乐跳起来。但熟悉的五首歌曲完后，幼儿也由刚开始的兴致勃勃到逐渐涣散，新的曲目幼儿不知道如何跳，重复的歌曲幼儿不想跳。幼儿每日来园和离园都是这重复的五个舞蹈。我想着给幼儿换一换歌曲，学习新的舞蹈。在对向老师访谈中，我才知道一个3分钟的舞蹈，却是不曾跳舞、不会跳舞的向老师花几个晚上学习和反复练习而来的。向老师说："我想再学新舞蹈，但一直没时间。我以前也没这样跳舞过，做了志愿者后才开始学的。培训的时候学过一些，但学了就忘了。这些都是自己在网上下好了，在家做完事后，再慢慢跟着视频学。我没有基础，学得很慢，一个舞蹈，我要先学会歌，再学习舞蹈动作，要一两个晚上，我又忘得快，所以要反复练习，学会了后就教给他们，然后我再去学另一个。但我回家后家里的事情多，做完事都很晚了，我又做完事才能学舞。"

陶行知先生说："要想学生好学，必须先生好学。唯有学而不厌的先生才能教出学而不厌的学生。"学习是教师专业成长的基础和前提，只是对向老师来说并不容易。生活在山村的向老师和老公靠山生活，家里种植玉米和油菜子，老公偶尔在外跑车，一个女儿读五年级，一个儿子读四年级，志愿者教师的生活补贴一个月1600元，可以满足目前生活开支，但两个孩子日后读书仍需大量存钱，家中不能有大事，即便是亲人办喜事也意味着家庭开支吃紧，更不能有人生病。向老师从星期一到星期五白天在幼儿园工作，晚上回家完成家里的事务，星期六、星期天两个孩子从学校放假回家，家务事以及田里的农活使向老师更忙碌，忙碌中想着还有很多事要做，今日做不完只能留到明日，"明日复明日"。

就在这日复一日的忙碌中，春去秋至，但山村幼儿园园外是秋天，园内是春天，挂着过去装扮的春天的柳条和燕子，柳条和燕子是在网上买回来的，墙面是向老师做的春天的花朵和贴纸。我了解到这是2016年搬到二楼时创设的，一年过去没有更换。向老师说："一直准备要更换布置，但没时间。大家都是花花绿绿的，没什么区别呀，那天我们参观的 R 镇山村幼儿园也没有什么主题，不都是一样的，就是好看，好像也没什么特别的呀。"检查的人说"好看"，参观的人说"好看"，于是"好看"成为山村幼儿园环境创设的意义。"给谁看？有谁看？谁要看？"给检查的人、参观的人看，给家长看，最后给幼儿看。检查的人忙碌，一学期来一次或两次，来也匆匆，去也匆匆。家长忙碌，接送孩子常常只在校门口，不走进班级活动室，即使走进也没人在乎，因为忙碌中有人照看孩子已经满足。一开始被忽视的幼儿也习以为常，不再关注。没人看的环境创设也就没有了意义，没了必要，日复一日已无妨，而教师也忙碌，于是置之不理。

"教学、游戏、如厕、洗漱、就餐、午睡……"向老师不仅是山村幼儿园一日活动的组织者、保育员，还是学校厨房的帮工，帮着厨房打扫清洗。离园后，向老师是两个小学孩子的母亲，是自给自足的农耕家庭的主心骨之一，分担着家务事和农活。"想做不能做，心有余力不足"，忙碌中忘记了，忽视了，恍恍惚惚早已春去秋来。

图 1 - 18 身兼多职的志愿者教师

二、情已至而心无措

身边很多人跟我说："世界上最好的职业是老师，工作稳定没有压力，寒暑假假期多。"我一笑回之。也有人跟我说："世界上最伟大的职业是教师，默默无闻但桃李满天下。"我虽感到骄傲，但没有理解这背后需要承担着什么。11 月 1 日，一切如往常一样，一样的跳舞，一样的组织教学活动，一样的就餐，但似乎又不一样，向老师几次打开手机查看，中午我和孩子们吃饭时向老师也拿出手机打电话，以往向老师的手机都放在包里，不曾拿出。饭后，我们帮忙打扫和清洗餐具。天气还是那么燥热，昨日家长又一次强烈要求不进行午睡，向老师最终决定试一试，让想睡的幼儿午睡，不想午睡的幼儿不睡。而不午睡意味着这段时间我们要组织好幼儿活动。于是，我们和孩子们在操场上游戏，时间也在向老师和幼儿的欢歌笑语中飞逝，休息期间，向老师又一次将手机拿下来，不久后一辆汽车在校门口停下，向老师快步跑去，我才知道原来向老师的女儿在学校高烧39度多，送去医院后医生要求留院观察，但向老师在幼儿园没时间照看，只能开药带回家，每天从村里出去打针。向老师一早将女儿拜托给弟妹就来到幼儿园。幼儿开心地游戏，向老师担心地陪幼儿游戏。我突然想起向老师曾经说："选择成为志愿者老师不是我爱幼儿园，我爱幼儿，连幼儿面都没见过何来感情？说爱太假，我只是尽力做好本分事。刚成立山村幼儿园后一个人带着19个孩子，不听话，每天都累得很，但多年来习惯了和孩子在一起，这已经是我的生活。他们（幼儿）开心，我也开心；他们每天哭，我也不开心。这么些年来，我对他们的耐心远远多于对自己的两个孩子，对他们的照顾也比自己的孩子多。"没有感激，没有掌声，甚至没有人知道，只是一句"尽力做好本分事"，担起了这份世界上最伟大的职业。

2016年5月的一天，疼痛来得如此突然，向老师突然肚子一阵阵剧痛但习惯性地选择"忍一忍"，当时的山村幼儿园只有向老师一位志愿者教师，向老师忍痛继续在幼儿园工作，直到4天后放假仍旧没好，不得已去医院检查，结果是阑尾炎。医生告知向老师原本需要在24小时之内做手术，但已经错过了时间，建议向老师先住院打针3天，2个月之后再去做手术。才打完2天针，向老师又回到工作中，也没有再去做手术，所幸一年过去也无事，用向老师自己的话说，"幸好身体经扛，不然不知道怎么办"。也许不是从爱开始，最初只是一份责任，不知不觉中这份责任变成了心底的柔软，变成了不曾说出的爱。无言的深邃化为沉甸甸的爱，没有奢求，只希望岁月少些波澜，平平淡淡即好。

爱藏在生活的点滴之中，可是生活总那么无奈，让向老师不知所措。X山村幼儿园虽然每天来园和离园有舞蹈相伴，但未开展过音乐教学活动。在一次培训的音乐游戏观摩活动中，向老师看到幼儿跟随音乐节奏做游戏，气氛活跃，孩子们十分欢乐。于是向老师也尝试开展音乐游戏，音箱放音乐幼儿做游戏，但幼儿脱离了音乐，音乐最终也无用处。这也成为向老师的遗憾，想做但不会做。向老师说："我参加培训公开课看到电脑里放音乐，听到某一段音乐的时候幼儿要把锯子藏起来，我都听不出来，怎么让他们听出来呢？我上音乐游戏就上不好，我也没学过五线谱，听不出那一段一段的。我学过电子琴，照着弹就会有调出来，会唱歌就能弹出调子，我就慢慢地告诉孩子歌词，他们就会跟着唱，但音乐游戏就不会了，我看那些孩子好厉害的，我就很想让我们的孩子也听着音乐节奏来做游戏，但是我自己都不会又怎么去教孩子呢？"

　　每年的志愿者培训是向老师提高业务水平的主要途径。非专业的向老师十分珍惜培训机会，从设立山村幼儿园到现在，大大小小的培训向老师从未缺席，每次培训她认认真真地学习、做记录，只是仍有许多迷茫疑惑。向老师说："很多事情我想做，但是不会做，不知道怎么做。去年7月请来专家培训，她们上的公开课我可以修改一下来我们幼儿园上。以前我以为孩子这么小都很调皮，这么吵，这么闹，怎么管得到，哪想到那老师上课就是借用的县里机关幼儿园的孩子上课，这些小朋友特别懂规则，干什么都好有秩序，回答问题就回答问题，不像我们这儿的孩子好混乱，上课一下就这个踢到那个，那个又怎么样，就要跑过去维持一下秩序，不知道人家到底是怎么带孩子的，这是一个很难的问题。城市里的孩子从小教得好，而山村很麻烦，家里都是武力解决，孩子也是有样学样，在幼儿园动不动就是一脚、一拳，我又不可能骂一顿打一顿，我也想要用游戏的方式让幼儿学点东西，只知道玩也不是办法，要让孩子遵守规则，要让孩子养成好的习惯，但我就不知道怎么去教他们，我想让他们能够守规则，能够认真听课，但是就是不知道怎么做。"说话间，我能感受到向老师的浓浓的羡慕、向往和无奈，"想做不会做，情至而心无措"。

第四节 穿着新鞋走老路

山里的孩子与城里的孩子有什么不一样？
"城里的孩子很斯文，山里的孩子很野蛮"
"城里的孩子很娇贵，山里的孩子很扛摔"
"城里的孩子易生病，山里的孩子体质好"
"城里的孩子很干净，山里的孩子脏兮兮"
"城里的孩子很礼貌，山里的孩子不说话"
"城里的孩子有规矩，山里的孩子说不听"
"城里的孩子骂得少，山里的孩子打得狠"
"城里的孩子懂得多，山里的孩子只会玩"
"城里的孩子教得好，山里的孩子没人管"
"城里的家长有文化，山里家长啥也不懂"
"山里与城里不一样，教育保育要分区域"

——山村教师对城市和山村孩子的印象

在与志愿者教师和村小教师谈到山村幼儿教育时，他们对城市和山村孩子的印象是城市里的孩子聪明懂事，山村里的孩子"野蛮"不学习。山村不能与城市相比。城里的孩子户外活动少，所以提倡户外活动；城市里的孩子没看到过种田种菜，所以城市幼儿园设置菜园让幼儿观察各种菜和植物。而山村的孩子天天在户外，上山下田，所以更需要读书写字，山村的孩子只有读书成绩好才能离开山村。城市里的家长都是有文化、有知识的人，家长在家就可以辅导孩子，但山村家长不会教，全靠学校老师教。因此，尽管山村幼儿园禁止小学化，但志愿者教师所想所做是如何让幼儿学到"一些基础知识"。同时，因为家长粗放式的抚养，山村的孩子上山下田活动量大，教师认为山村的孩子身体比城里的孩子身体好，不需要像城里的幼儿园一样每天检查。在卫生方面，山村也不像城市干净，山村的幼儿园也不像城里的幼儿园那样卫生，山村的孩子本来就比城市的孩子脏，洗漱完也会马上弄脏。因此山村孩子应该学习城市的知识，城市孩子应该向山村孩子一样多锻炼，幼儿园教育和保育应该根据山村和城市的不同情况提出不同要求。

一、教"基础"去"小学化"

"安静了！坐好了！"9点24分，在向老师强调完"嘴巴闭起来，小手放下来"后，教学活动正式开始了。

教学活动片段：

师：不要讲话，老师这里有写了数字的小木板，我们要做什么呢？

幼：（一片吵闹中几个幼儿回答）不知道，学数字。

师：对，我们昨天学了这上面的数字，今天我要大家按数字从1到10，从小到大给他们排好，那么我们先来看一下这一面是什么？

幼：（仍然一片吵闹中几个幼儿回答）数字。

师：对，这一面是数字，那这一面呢？

幼：铅笔。

师：对，铅笔，有几支铅笔？

幼：（仍然一片吵闹中几个幼儿回答）1支。

师：对，这里有1支铅笔。不要讲话，小嘴巴闭起来，眼睛看这里，这里有1支铅笔，那这块呢？

幼：两只鸭子。

师：对，这一块是两只鸭子，所以我们的小木板有一面是数字，有一面是画，数字是几，就画了几个，现在我把卡片发给大家，请小朋友帮我从小到大排好，看哪一组排的又对又快。好，看哪一组坐好了，嘴巴闭上了，闭上了他们发小木板。

幼：坐好了。

师：还在说话的我就不发给他们。好，如果不知道排了怎么办呀？不知道排了，我们的小木板后面可以数，数一数看哪一个多。

然后，四组幼儿开始排序，年龄较大的四岁多的幼儿按老师的要求进行，二、三岁的幼儿要么置之不理，要么将小木板占为己有。向老师每组巡视并进行指导，"5后面是什么？""排完7后排什么？""这个是6吗？你数一数后面有几个，有9个，你怎么区分6和9""看看是不是排对了，排完了的我们可以打乱，再重新排一次，看看这次是不是又快又对"。

10 点 11 分，活动结束，这是向老师利用山村幼儿园可用的材料按自己的经验临时组织的活动，没有活动设计。在这活动之前，由于幼儿喝水有了自己的水杯，向老师组织了认数字的教学活动帮助幼儿认自己的水杯。该活动结束之后，又组织了幼儿写数字的活动。山村幼儿园教学活动大部分都持续在 40 分钟以上，在这样的教学活动场景中，常常可以看到教师在大声地讲解教学内容，幼儿也在热烈地讨论无关的事情，一片吵闹之中回答教师提问的也是年龄较大的几个孩子，志愿者老师不断强调"不要讲话"。之后在与向老师交谈中，向老师说："我教的也不难呀，是吧？都是一些基础的，年龄大些的还可以跟上，那几个小的就完全不听。我们那村里有在县里上幼儿园的，他一回来就厉害了，他就会认很多字，数数也好厉害，所以我就在想他们用的什么办法，既可以不像小学一样教写字算数，又可以让他们学到一些，让他们也会写自己的名字啊这样，会写一些字，或者是通过游戏的方式让他们学习。他们如果什么都不学，到时候进小学就会跟不上班。其实山村不像城市，城市里家长都有文化，家长会跟他们讲故事啊，会教他们，但山村里家长什么都不会，就只能在学校里学习，但又不能小学化。所以，我就教一些简单的、基础的让他们学点。"

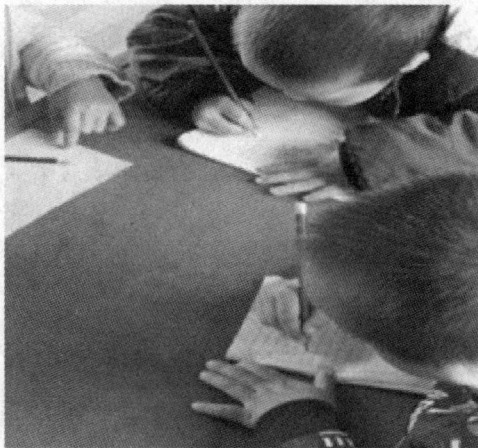

图 1-19　练习"简单"数字

"防止和纠正学前教育'小学化'"在全国各地幼儿园教育掀起了响亮的呼喊声。2014 年以来，G 县教体局通过告家长书等努力纠正着山村幼儿园小学化，去"小学化"成为"嘴边话"。为了改进山村幼儿园教学，县教育局特意为山村幼儿园选择适合山村的教材《晨曦早教·幼儿园多元开发领域课程》，教材按年龄阶段分为小、中、大班，以五大领域的形式呈现，各领域活动围绕春、夏、秋、冬四季以主题为单位设计，为山村幼儿园教育活动的开展提供借鉴。

提及教学活动，向老师常说："我们禁止小学化，不教拼音汉字和数学，幼儿还小，不教小学的东西。对家长我也说孩子太小了，现在学不会，教育局都禁止学小学的东西，上了年纪弄不清楚的爷爷奶奶我就说孩子太小了不会拿笔，现在拿笔手会变形。"在领导的严令禁止和老师的劝说下，二三岁幼儿的家长已不再强求幼儿园学拼音汉字，但四五岁幼儿的家长仍强烈地要求向老师教幼儿读书写字。

"回去就只知道看电视，问她在幼儿园学了什么，什么都不会。现在她还小，我也不要她一定会读书写字，只要她能和大家一起玩，学学唱歌啊，跳舞啊就行，大点就去跟班，跟班就读书写字了。"

"他要学呢，再过两年就有读一年级了，现在不学，以后就跟不上了，哪有读书不学写字的，你们都不教，他名字都不会写，我没读什么书，不认字，只能教他写名字，送到你们这儿，你们要教呢，他要是不学，你就给我打，不读书能干什么。"

上有政策要求去"小学化"，下有家长需求"读书写字"，而志愿者赖以开展活动的图书却因为"没赶上时机"而被收到了储物间，成为了"收藏品"。图书不仅是志愿者的教材，也是激发幼儿好奇、引导孩子认识世界和发现世界的重要桥梁，是满足幼儿求知欲的重要工具。只是这学期所发教材为中班下册，下册教材主要围绕春、夏两个季节，不适合现在的秋冬季节。且山村幼儿园一个5岁的幼儿，三个2岁半的，其余都是3～4岁的幼儿。向老师说："2012年幼儿园的孩子都是5岁多的孩子，但发放的都是小班的书。第二年收的孩子年龄小了，3岁的，发放的书又是大班的。这次发的书又是中班下学期的，我们现在只有几个中班的，很多内容就不合适，只有美术和手工简单的部分可以让他们做一下，其他的合适的我就试试。"

向老师组织活动，要么是教材上个别可实施的，要么是在网上选择教案（选择的依据一是适合小班幼儿，二是能够找到相应的材料），要么是根据自己的经验组织活动。由于条件的限制，大多时候都是向老师按照自己的经验，自己的想法组织活动，在实际中"摸着石头过河"。

如此，向老师常困惑地说："如何能既不'小学化'又让幼儿学到知识，尤其是让四五岁的幼儿'学些东西'呢？我教拼音汉字就是'小学化'，我不教，孩子什么也不会，家长也会说，进一年级后孩子也跟不上。"向老师心中有着强烈的愿望，但又不确定应该怎么样去实现，茫茫然然，寻寻觅觅，摸索着、尝试着用教幼儿"简单的""基础的"的知识，既去"小学化"，又让幼儿"学到知识"。

二、开展游戏"玩不起"

"当当当，当当当"，潘老师敲响了下课铃声，结束了四十多分钟的教学活动后，幼儿飞奔到操场上，一二年级的学生也在这里追逐嬉戏。晴空万里无云，蓝天下绿树成荫，孩子们朝气蓬勃。向老师拿着一个沙包走下来召集幼儿开始游戏：打沙包。游戏规则是幼儿分为两组，一组扔沙包"打"另一组，另一组则需灵活躲避沙包不被打到，之后交换。向老师选择两位年龄较大的幼儿做队长划拳选择队员，幼儿有的在追赶，有的在打球，有的在玩跷跷板，向老师将幼儿拉过来让队长选择，选择完后幼儿随即又跑开，我和向老师分在不同的组。分组后，向老师又将跑开幼儿叫来开始游戏，年龄较小的幼儿站在中间看着，沙包扔过来直接打在身上，于是被"打死了"淘汰在旁。扔沙包的一组中，年龄大的幼儿反应快，动作灵活，很快捡到沙包，我想要年龄小的幼儿也参与到游戏中，他们也很"给我面子"，捡起沙包随便一扔后站了一旁，一会儿后又离开了，我看他们玩其他的更开心也不强求。年龄大些的孩子还在努力"杀死敌人"，很快，年龄小的幼儿都被淘汰，留下向老师和年龄大的幼儿久久未被打到，玩得很是开心，而年龄小的幼儿也早已离开。两组交换新一轮游戏开始时，被淘汰的幼儿又被召唤回来，但很快又被淘汰。一会儿后，人数越来越少，教师把大家召集过来说"是不是玩不起了？玩不起了我们休息下"，大部分幼儿回答"玩不起了"，几个幼儿回答"玩得起"。于是结束游戏，留下幼儿开心地散去，几个幼儿恋恋不舍地看着我。

"幼儿游戏是一种快乐的、满足需要和愿望的、自发的、不同寻常的行为，幼儿在游戏中注重的是游戏的过程体验，而对于游戏会有什么样的结果并不在乎，他们想玩就玩，不想玩就停止；不同年龄幼儿游戏的特点是不同的，同一年龄阶段的幼儿游戏也是有差异的。"① 我想，游戏对孩子而言是快乐，是什么让孩子如此开心的结束游戏？"玩不起"的游戏对幼儿而言意味着什么？对教师而言又意味着什么？

一次户外活动玩切西瓜的游戏时，我似乎明白了。这个游戏是幼儿以前多次玩过的：一个幼儿在圈外做"猪八戒"，其他幼儿做"西瓜"，猪八戒来摘熟了的西瓜，摘到熟了的西瓜后，西瓜要抓住猪八戒，猪八戒需要快速跑回占住西瓜的位置。若西瓜没抓住则变成猪八戒；抓住了，猪八戒仍是猪八戒。规则幼儿已经熟悉，刚开始，16 个幼儿围坐成大大的圆圈，跟着老师玩得很开心，一二年级学生也在操场上玩耍。几轮之后，圆圆的大圈开始变小，几个幼儿焦急喊着"我熟了，我熟了"，向老师和小向老师不停地提醒着"这个熟了""快跑""快坐这里"。几轮游戏后，有些幼儿一次也没有玩过，慢慢的一部分幼儿的目光开始被操场上的其他活动吸引，一个幼儿离开了，小向老师想把幼儿拉回来，幼儿不肯，于是小向老师让幼儿坐在一边休息，小插曲结束，继续游戏。然而一轮游戏后又有两个幼儿离开，且还有幼儿开始想离开。向老师说："我们的圈圈越来越小了，我们把圈圈打开点再玩一会"，小向老师把两个离开的幼儿叫回来，并让他们坐好，游戏继续。但追逐中，两个幼儿还是离开了，向老师也没再管这两个幼儿，其他的幼儿有的坐在一起玩起了地上的沙子，少数人的游戏持续着。下午 3 点 50 分，面对越来越不想玩的幼儿，向老师问道："还玩得起没？还想不想玩？"大部分幼儿回答"玩不起了，不想玩"，仍是几个幼儿回答"玩得起，还要玩"，但基于大部分幼儿不想玩了，向老师道"好，我们休息下，下次再玩，一会我们就放夜校了"，于是结束了游戏。

见此，我忽然想起之前问向老师幼儿午睡睡得晚，下午的活动如何进行时向老师说的那句"午睡起来后玩一会游戏，时间很容易就过去了就可以放学了"。我想下午的时间真的"很容易过"。后来，在与向老师聊天中，我也了解到教育局"禁止小学化"的一声禁令冲击了山村幼儿园旧有的模式，也打破了原来的自在，"游戏"成为山村幼儿园最基本的活动，"带幼儿多做游戏"成为志愿者教师新的重要任务。于是，幼儿游戏活动也多起来了，只是伴随着幼儿那句欢快的"玩不起"而结束。

---

① 邱学青. 幼儿园游戏指导中存在的问题及其对策 [J]. 幼儿教育，2003 (3)：6-7.

三、知行不一"无制度"

走进幼儿园，向老师在走廊上接到幼儿小珍问道："昨天奶奶给你洗澡了没有？"小珍点头，向老师再一次叮嘱："回去一定要奶奶给你洗澡洗头知道吗？天气热，出了很多汗，不洗澡会臭的，老师来给你梳一下头发，早上奶奶没有给你梳头发吧。"随后而来的小燚还保留着星期五下午午睡后小向老师给她梳的两个羊角辫，只是橡皮圈松松垮垮，好像随时准备掉下。小向老师拿出梳子准备给小燚重新梳头，却发现梳不动，因太久没有洗头发，头发已结在一起，无奈只能不梳按原样扎好，并嘱咐小燚："回家后一定要奶奶给你洗头发知道吗？不洗头发都已经不能梳了。"向老师对站在一旁的我说："她妈妈肯定是还在睡觉，奶奶搞不赢所以没梳头发。她妈妈在家，但是爱打牌，不管她，她都是她奶奶带着，奶奶搞不赢就没洗头，所以那天你看到了，她奶奶来接她，她应该有一个星期没洗头了，有的时候半个月都不洗，所以我们经常要嘱咐他们回去后一定要家长给洗头洗澡。"一个星期过去，每日早晨迎接孩子的不是"早上好"而是"昨天洗澡了没有？""昨天洗头了吗？""吃早饭了吗？""回去记得要奶奶给你洗澡换衣服""没梳头发呀"，没有"一摸、二看、三问、四查"的晨检，而是给幼儿梳头。

入园晨检是幼儿园一日工作中至关重要的环节，晨检不仅检查幼儿的身体状况，而且关注幼儿的精神面貌，也检查幼儿是否带有不安全物品，是帮助幼儿预防疾病和意外事件，保证幼儿健康成长的重要"关口"。在 G 县教育局制定的山村幼儿园管理手册上对山村幼儿园一日活动规定："幼儿入园，志愿者教师需认真观察幼儿的精神面貌及情绪特征（脸色、皮肤、眼神等）有无异常；仔细观察幼儿有无携带不安全物品，如有携带，及时教育并妥善管理；做好药物交换，准确掌握药品剂量、服用时间、服用方式及注意事项；来园进行晨检，晨检后准确掌握幼儿身体状况，必要时做好相关记录。"我疑惑为什么幼儿没有晨检，有规定又为什么没有执行。向老师说："晨检我们就是看家长有没有带药，天气冷的时候，就有咳嗽的，家长有给药的记得中午给孩子喂药。其他我们没有，只是早上要给孩子梳头发，叮嘱他们回去要记得洗头洗澡。像小珍是迁贫儿童解困儿童，爸爸是哑巴，妈妈也是哑巴，生完孩子后离开了，奶奶说话不清楚，爷爷腿脚不方便，爷爷奶奶不讲究，人家穿单鞋，她穿棉鞋，出汗很臭，不洗澡，结果孩子身上臭，其他孩子不愿意跟她坐在一起，也不愿意和她玩耍，跟她奶奶讲要洗澡，她奶奶就说'太冷了，下雨不洗澡'，所以要嘱咐小珍一定要奶奶给她洗澡。还有一些都是家里不梳头发，很久才洗头的，爷爷奶奶带着嘛，家里面事情又多，所以要跟他们讲。其他的我们培训是也有讲过晨检要'一摸、二看、三问、四查'，要测体温、看面色这些。这些在城里就要看哪里摔了，哪里受伤了，晨检就让家长知道，这是在家里弄的，以免家长以为在幼儿园造成的，找幼儿园麻烦嘛，这些在我们这里家长一般都不会说，小孩子嘛，就算有些摔着碰着也很正常，家长也不会说什么，可能哪里有些大的伤痕会问一下家长，主要还是要记得家长交代要吃的药。其他只要没什么大问题就行。山村里的孩子体质都很好，生病了家长知道说一声就好。"

后来发现，在山村幼儿园诸多事项虽有规范有要求，但有规范没条件，有要求没必要，因而实际中也并无行动。"山村与城市不同，山村孩子与城市孩子不一样"，这是山村人民的普遍认知。尽管有这些要求，尽管知道这些要求，可是山村与城市不一样，山村家长不在乎，于是"不需要"成为山村放弃、无为的最好理由。

第三章
"山村幼儿园" 生存与发展之困

> 人作为"处在一个境况中的"存在，发现自己植根于时空环境之中，这种环境成就了他们，他们也成就了环境。他们往往对自己的"情境性"进行反思，受"情境性"的挑战并对之作出行为反应。人存在是因为他存在于情景之中。他们越是不断对自身的存在进行批判性反思，而且批判性地对其存在作出行动，他们的存在就越具体丰富。①
>
> —— [巴西] 保罗·弗莱雷

保罗·弗莱雷从幸福人生的甜言蜜语中抽身而出，从幸福幻境中蓦然苏醒，转而直视教育生活中被压迫的生存苦难，让处在一个境况中的人不断对自身存在进行批判性反思，批判性地行动。作为教育者，我们必须关注教育教学情境，更需要通过对情境的观察，在具体的情境中进行批判性反思，对苦难有敏锐的觉察，必须对人类的苦难有所作为，而不是无动于衷。本章将从幼儿园具体的生活和教育情境中进行批判性反思，从教师之羁绊、管理之束缚和山村思想观念之阻滞三方面分析和探索生存与发展之困。

---

① [巴西] 保罗·弗莱雷. 被压迫教育学 [M]. 顾建新，等，译. 上海：华东师范大学出版社，2001：54.

第一节　师之羁绊

师者，所以传道授业解惑也。随着社会的发展，教师也早已不仅仅是传道授业解惑。幼儿园教育是一个人终身教育与终身发展的基础，这对幼儿教师提出了更高的要求。专业理念与师德、专业知识和专业能力是幼儿园教师必备的基本素质与条件，然而没有经过严格的培养与培训的志愿者教师无疑没有达到这个要求，在工作中常常想做不会做，深受专业之困。没有编制、没有教师资格的志愿者教师"似师非师"，尴尬的身份、繁重的工作以及微薄的待遇让志愿者学会了得过且过，陷入职业之窘。在金秋的硕果园里，硕果累累离不开耕耘者心的浇灌；在教育的百花园中，百花吐艳离不开园丁爱的奉献。① 山村志愿者教师的专业之困和职业之窘是山村幼儿园教育发展的一块"绊脚石"，成为山村幼儿园生存与发展最大的难题。

一、力不从心：志愿者教师专业之困

交通不畅、信息闭塞、没有编制也没有五险一金、生活补助低、身兼多职、工作辛苦……了解到这些信息，专业毕业生选择了留在城市里工作。城市幼儿园工资高、待遇更好、学习机会多……了解到这些信息，山村幼儿园年轻和优秀志愿者教师选择了离开。于是对于山村幼儿园，专业教师不愿"走进来"，年轻和优秀志愿者教师却"走出去"了。2012 年 G 县山村幼儿园志愿者招募要求师范类专业中职毕业以上（含中专或在读高职、中职幼教专业毕业年级学生）；非师范类专业大专毕业以上（含大专），能唱歌、讲故事，热爱幼教，热爱孩子，年龄限制在 35 周岁以下。但由于山村幼儿园教师流动大，数量不足，放宽限制至 40 岁以下，初中文凭即可。G 县"山村幼儿园计划"项目负责人说："出于流动性原因，目前我们一般选择嫁进村里的媳妇，生了孩子，有育儿经验，同时又在家可以照顾孩子，又能稳定的妇女充当志愿者。"尽管放宽条件，志愿者流动性仍然大，留下

---

① 李贞花. 在学生心灵深处耕耘 [J]. 新课程（上），2017（4）：237.

的非幼儿教育专业甚至非师范类专业的志愿者教师没有经过系统的学习和指导，缺乏专业的知识和理念，常常迷茫失措。

理想与现实的差距总令人千头万绪，高调的"禁止小学化"与现实的无能为力让如何有效地组织幼儿园一日活动，如何合理地开展幼儿活动成为志愿者教师百思不得其解的困扰。在 X 山村幼儿园，向老师根据自己的读书经验和村小教师的上课经验来组织教学，潜移默化地受到小学教学方式的影响。领导一再强调禁止"小学化"，但家长又要求教授读写算，志愿者教师不知所措，既想教幼儿一些基本的知识，又担心"小学化"倾向。与此同时，县城一些幼儿园为吸引生源同样也存在小学化现象，"原来城市幼儿园也学读写算"，让志愿者教师变得更加迷茫，"到底何谓'小学化'？禁止'小学化'到底该如何做？如何改变？"于是，迷茫而不知所措中，志愿者教师说："我们禁止'小学化'，坚决不'小学化'，我只是教幼儿'基础知识'。"殊不知其教学目的如此强烈地表现出如何让幼儿学到小学知识，教育过程中也常常在控制纪律，期望幼儿能安静地听老师讲。"课程"仍然是"教师要教给幼儿的东西"，教师是责任重大的传授者，幼儿是被动的接受者。有时，志愿者教师不知道如何开展活动，于是把网上和教材上的活动搬过来，对于一些培训观摩的教学活动也模仿着开展活动，却忽视了山村幼儿园与山村幼儿的实际情况。尽管禁止"小学化"禁令下志愿者教师较以往开展游戏更多，也只是把游戏当作幼儿休息、放松时间的活动，教学与游戏相脱离，忽略了游戏活动也是重要的教育手段。同时，不同年龄阶段幼儿游戏发展规律也被忽视，重游戏的预成结果，轻幼儿的实际能力水平。游戏活动之前没有进行计划，也没有对游戏活动的价值进行思考和挖掘，于是，开展的游戏活动也无法将原本促进幼儿发展的作用有效发挥出来，最终游戏结束有人欢喜，有人遗憾。

苏霍姆林斯基说："世界上没有才能的人是没有的。问题在于教育者要去发现每一位学生的禀赋、兴趣、爱好和特长，为他们的表现和发展提供充分的条件和正确引导。"[①] 人都有自己的光芒，但发现孩子的美的前提是意识到孩子的差异。"城市的孩子有礼貌、讲卫生、守规矩，山村的孩子邋遢、不讲礼貌也没规矩"，这是大部分山村人们包括向老师对城市孩子和山

---

① ［苏联］苏霍姆林斯基. 教育格言［J］. 天津市教科院学报，2016（5）：92.

村孩子最直接的感受。在教师的眼中，山村孩子调皮难教化，就是想帮助幼儿形成良好的行为习惯，也不知如何着手，总是力不从心。向老师以自己的经验"带孩子"，自己的孩子不听话可以骂一顿或打一顿，但自己的两个孩子与山村幼儿园一二十个孩子毕竟不同，幼儿园的孩子不能打不能骂，于是常常倍感无能为力。山村的孩子和城市的孩子生来本没有这样的差异，只是老师没有发现山村幼儿的美，没有找到每个孩子身上的光芒，无拘无束的山村幼儿也就成了"野蛮人"，建立常规帮助幼儿形成良好的行为习惯似乎也就格外困难。

二、得过且过：志愿者教师职业之窘

教书育人是教师的天职，来自山村的志愿者教师承担着教书育人的责任却扮演着"似师非师"的角色。为了避免山村幼儿教师数量和编制不足的问题，山村幼儿园采用志愿者服务方式招聘教师，志愿者教师不像村小和完小教师一样有编制，没有教师资格证。于是，在管理者眼中，志愿者仅是"志愿者"而非真正的"教师"，劳动所得的是生活补贴而非"教师工资"。尴尬的身份让志愿者教师形成"我只是志愿者并非教师""我人微言轻"的观念，缺乏对教师群体的归属感、安全感，导致志愿者教师的职业认同感低。然而"非教师"却承担着教师一样的任务，加上山村对幼儿园教育的需求和理解相对薄弱，家长并不关心幼儿的在园表现，他们对教育的理解持存着原始的甚至是落后的观点，志愿者教师也不像城市教师那样深受家长的重视。这不仅使得山村幼儿园教育工作徒劳无功，阻碍山村幼儿园教育工作的开展，教师的重要性也得不到体现，志愿者教师没有体会到教学成就感，既降低了志愿者教师职业认同感，也消解了志愿者教师的进取精神。

俗话说"多劳多得"，但身兼多职、事务繁多的志愿者教师却没有好的待遇，志愿者的生活补贴只能维持甚至并不能维持日常生活。幼儿园里忙忙碌碌一日之后回到家中，等待志愿者教师的是忙不完的家务活和农活，志愿者何以有时间、有力量去完成诸如教学活动准备、环境创设等幼儿园事务呢？于是，缺乏专业素养和专业能力的志愿者教师更加无力组织和支持幼儿活动，只能"放任自流"。有时，志愿者教师怀着美好的愿望参加培训，培训后收获满满，满腔热情想要运用到山村幼儿园，结果却发现还是"不会做""做不了"，美好的愿望落空，于是"算了吧，就这样吧"。

事务繁多又难以维持生活让许多志愿者教师最终选择离开，于是为了稳定志愿者教师，管理者一再放低要求，只是这种对志愿者教师的低要求和松散管理也降低了志愿者对工作的认真和积极性。一学期一次的检查如期而至，县教育局带着安慰来检查山村幼儿园，"工作中有什么困难，我们尽力，我们争取……"带着志愿者"一切挺好"的答复又匆匆离去。"安抚式"的志愿者管理下，考核内容虽然包括德、能、勤、绩，但主要还是依据志愿者教师的出勤状况以及学区管理者对志愿者教师的主观评价，并且为了留住教师，只要志愿者无缺勤现象，考核即为合格。项目负责人说："山村幼儿园志愿者都不是专业的，对他们没有太高的要求，只能说是帮家长照看孩子，顺便实施点教育。"只是管理者满面笑容安抚而来，又匆匆离去，松散的管理下"天高皇帝远"，志愿者教师也就得过且过。

第二节　管之束缚

幼儿园是幼儿身心健康成长的重要场所，寄托了家庭的希望甚至祖国未来的希望，幼儿园管理是为幼儿提供良好成长环境的根本保障，幼儿园管理的成效也是幼儿园生存与发展的重要动力。附属在村小教学点的山村幼儿园最直接的管理主体是镇中心学校，镇中心学校在管理村小的同时"顺带"管理山村幼儿园。于是，山村幼儿园不仅在设施设备上受到村小条件的限制，"寄人篱下"也没有自主权，没有自主权的山村幼儿园有需求可申请，但有需求难申请。山村幼儿园最大的特色"零收费"虽然让村民们赞不绝口，但也让山村幼儿园进退维谷。没有收入来源的山村幼儿园也没有政府稳定的投入，以致山村幼儿园经费不足，分配失衡，难以持续发展。政府提供公共服务往往从自身利益出发，致力于将山村幼儿园打造成为G县教育的名片，却忽视了山村幼儿园教育质量的提升更忽视了幼儿。宽松的管理下制度虽有制定却没有执行，成为"镜中花，水中月"，山村幼儿园一日生活随意无序。可见，山村幼儿园的管理束缚着其生存与发展。

一、先天不足：附属的限制

"只求有个地方"，向老师在寻找山村幼儿园场地时如是想。在条件受限的山村设立幼儿园不可能像规范幼儿园一样"总平面布置包括建筑物、室外活动场地、绿化、道路布置等内容，功能分区合理、方便管理、朝向适宜、日照充足，创造符合幼儿生理、心理特点的环境空间"。① 山村幼儿园设立时为节省开支在建设规划上以村小、闲置校舍或村部进行维修改造。虽有维修改造，但维修改造主要针对年久失修、存在较大安全隐患的建筑设施。附属在村小的 X 山村幼儿园如今的教室和寝室已是来之不易，更不用谈一些设施设备简陋陈旧。2016 年某日，X 山村幼儿园滑滑梯活动室打开窗户通风，风将玻璃吹掉下至一楼，所幸无人受伤，但此后即使夏天炎热，滑滑梯活动室的窗户也是关闭的。幼儿寝室门锁也已坏掉，以致幼儿园被褥被偷，此后幼儿被褥只得收藏于阴凉拥挤的储物室，被钉起来的窗户挡住了阳光，也不能通风。

"工欲善其事，必先利其器"，好的工具对做好事情至关重要，幼儿园教育实行保教结合的原则，保教设施设备对保教工作的展开至关重要。

一碗米饭，一大勺洋葱炒肉和一小勺酸菜，没有汤，这是幼儿的午餐也是全校所有人的午餐搭配。每人幼儿桌子上放一个水壶，有些幼儿不吃洋葱，将洋葱扔掉，用水泡饭，几个幼儿直接拿饭碗接水吃水泡饭，有的幼儿吃了酸菜后觉得太辣要喝水，于是大家相互学习开始了吃两口饭喝一口水。

相对其他一些山村幼儿园来说，附属在村小教学点的 X 山村幼儿园十分幸运能与村小共用厨房，但并不能满足幼儿生长发育的营养需求。X 山村幼儿园同样与小学共享厕所、用水和户外活动场地等，没有儿童厕所和盥洗设施成为卫生保健最大的困难。公用的传统成人厕不符合幼儿生理要求，也存在幼儿跌入便池的危险。全校唯一的蓄水池仅能保证基本用水，幼儿园大量的清洗，如地垫、玩具等必须水和晴天同时具备。狭小的寝室容纳16 床幼儿已十分拥挤，夏日阳光照射，光线强烈却没有窗帘，夏热冬寒也无调温设备。幼儿园也没有卫生消毒用具，幼儿用过的水杯、毛巾只是用清水清洗。"保教并重"被视为幼儿园教育的基本原则，体现着幼儿园教育的特殊性，但在条件"跟不上"的山村幼儿园，"保教并重"只是"虚论浮谈"。

---

① 中华人民共和国住房和城乡建设部. 托儿所、幼儿园建筑设计规范（JGJ39–2016）[S].2019.

更甚者，附属在村小的山村幼儿园不仅在设施设备上受到限制，财务上也处于弱势的地位。山村幼儿园无财权，添置设备需向校长申请。山村幼儿园附属在小学教学点，村小教学点从属于中心学校管理，而中心学校学区管理把更多的精力和优惠放在中心学校，其次是村小教学点，最后才是山村幼儿园。山村幼儿园成为附属的附属，成为寄居在村小的"外来者"，而志愿者教师身份尴尬、地位低，"吃人嘴软，拿人手短"，志愿者教师也"不敢"向学区申请，于是有需求难开口，有申请难落实，造成山村幼儿园办学条件维持着现状，难以得到改善。

二、后天无力：持续的隐忧

贫困山村学前教育的发展很大程度上受限于财政，财政投入不足也成为山村幼儿园生存与发展的重要困境。经济基础决定上层建筑，匮乏的财政投入、单一的经费来源导致山村幼儿园经费不足，而有限的经费又致使山村幼儿园设施设备缺乏。

为推动全县教育的发展，县政府在有限的资源条件下，将大部分的教育资源投入到"见效快"的中小学，学前教育占教育经费投入比例极低，在这所剩不多的资源中又更多地倾向于投入到较为"优秀"的幼儿园，G县对学前教育政府财政投入主要用于五所公办园。于是"零收费"的山村幼儿园不仅自身没有经费收入，政府财政也没有固定的资金投入。国家财政扶贫不足以惠及山村幼儿园，省和州对山村幼儿园没有专项经费投入，2012年县财政出资对村小或闲置校舍以及村部进行维修改造，每个幼教点购置了新的教育教学设施设备和生活用品，县财政虽陆续有经费投入，但并没有持续投入，地方政府经费不足，也没有财政支持。中国发展研究基金会成为唯一的经费来源，中国发展研究基金会每年捐赠G县山村幼儿园资金约200万元，虽然投入资金总量大，但分给每个山村幼儿园的"蛋糕"只有一小块，每个山村幼儿园为2.5万元。2015年中国发展研究基金会与G县项目合作合同到期，教育局要求延续一年，之后又延续一年。2017年合作合同再次到期，2015年县级财政安排100万的备用经费，用以解决2017年与基金会项目终止时"山村幼儿园计划"项目持续发展的问题。2017年9月县教育局向中央申请200万~240万的经费以保证2018年山村幼儿园运转，并努力争取与中国发展研究基金会继续"山村幼儿园计划"

项目合作，但没有稳固的经费来源，山村幼儿园持续发展无疑缺乏保障。

山村幼儿园经费总量不足也导致经费分配性不足，山村幼儿园经费使用主要在于志愿者的生活和交通补贴、志愿者培训和绩效考核、幼儿营养餐补助、幼儿图书和教师教材、中心学校幼教站运转管理费用等方面。2012年至2014年志愿者的生活补贴每月1000元，一年发放10个月，2014年开始至今，志愿者生活补贴每月增加到1400元。志愿者的交通补贴每月200元，发放10个月，志愿者培训费为每人每年1500元，志愿者绩效考核每人每年2000元，幼儿每年200天营养餐补助，每人每天4元，以及幼儿图书和教师教材每人每学期50元。山村幼儿园经费开支分配表如下：

表1-1 山村幼儿园经费开支分配表

项目		金额
教师	补贴	生活补贴1400元/月，交通补贴200元/月，全年按10个月发放
	绩效	每人每年2000元
	培训	每人每年1500元
	教师教材	每人每学期50元
幼儿	幼儿用书	每人每学期50元
	营养补助	每人每天4元，一年按200天补助
管理	中心校管理经费	每年2000元

为了维持运转，只能首先确保人员经费，至于山村幼儿园发展所需的公用经费自然需要"让步"，于是山村幼儿园保教经费严重不足，直接影响山村幼儿园的日常生活和教育教学，"一文钱难倒英雄汉"，何况是没有自主权的山村幼儿园，于是有可利用的材料成为志愿者教师选择和组织活动的重要依据，但玩教具数量不足、种类不多限制了活动的开展。同时，山村幼儿园基础设施建设、维修和改善悬置，尤其是儿童厕所和洗手设施亟待修建。虽然有限经费主要用于人员方面，但志愿者身兼多职且生活补贴低，大大降低其工作的积极性。因此，山村幼儿园资金缺口多却无稳定经费来源，成为持续发展的隐忧。

三、打造名片：理念的偏失

黑格尔曾说："凡生活中真实的伟大的神圣的事物，其所以真实、伟大、神圣，均由于理念。"① 理念是行动的先导，合理的理念产生正确的行动，才能真正地促进发展。亚当·斯密从自然秩序思想出发，认为人的本性就是追求个人利益，追求个人利益是人们从事活动的动力。利益驱动着人们的行为，有利可图，行之；无利可图，弃之。但利益往往会遮蔽人们的双眼，使人被局部或眼前的现象所迷惑，看不到更广阔的世界。

公共选择理论视角下任何政府都是由人组成的，组成政府的这些人不可避免地具有"经济人"的特性，② 即"自利的，理性的，效用最大化的追逐者"，政府官员的政治行为也会根据自身利益进行选择。官员们希望在自己的任期内能有所成绩，受选举周期或任期的影响，为了显示政绩，谋求连任或晋升，一般都会制定一些成本滞后或从长远来看弊大于利的政策，其结果通常会在官员的短期行为和长远利益之间产生明显的脱节，这种现象被费尔斯顿称为"政治过程中固有的近视"，即"近视效应"。③ 因此，政府的兴趣大多集中在能够短期内产生明显效果，或能被公众明显注意到的事情。领导者出于自身发展的考虑，作出有利于自己的理性决策。中国发展研究基金会与 G 县合作期满后，G 县接盘项目，承担着全县 70 所山村幼儿园每年正常运转经费所需 200 多万元的财力压力，对于自我发展不足、财力有限的 G 县来说，无疑需要争取获得社会更多的关心和支持，在管理山村幼儿园的同时也致力于将山村幼儿园"打造成为 G 县甚至全州教育的一张名片"。其追本溯源的意向性追求是扩大山村幼儿园的名声，获得社会更多的支持和称赞，但对于整个山村幼儿园的投入缺乏热情，在其行为上先帮助较好的幼儿园，R 镇地理条件优于 H 镇，距县城更近，旅游业发达，R 镇山村幼儿园得到更多的扶助。山村幼儿园管理一直以来重在维持山村幼儿园运转，着眼于山村幼儿园的数量以实现"高入园率"这一低成本、高效益方案，却将山村幼儿园质量尤其是山村幼儿搁置一边。

上为之，下效之。"负担、拖累"，这是镇中心学校管理者最初对山村幼儿园的认识，于是镇中心学校管理者在管理村小时"顺带"管理山村幼儿园。中心学校 S 领导曾说："最初的时候把它看成是一个负担，后来想着

① [德] 黑格尔. 小逻辑 [M]. 贺麟，译. 北京：商务印书馆，1980：35.

② 鲍传友. 公共选择理论视野下的教育公共产品供给问题分析 [J]. 民办教育研究，2008 (2)：12-16.

③ 廖莉，袁爱玲. 农村学前教育财政投入的困境及其突破——基于广东省的实证调查 [J]. 教育发展研究，2015，35 (6)：32-38.

一个是管，两个也是管，就顺便管理。""没有正式的师资，没有稳定的收入和经费来源，只有不断的问题和困难，山村幼儿园似乎真的只是累赘，反正也要用管理村小的，就'顺便'管理了吧"，于是镇中心学校用管理村小的经验管理山村幼儿园，重教轻保，忽视幼儿卫生保健与营养膳食，忽视学前教育的特殊性。在县教育"禁止小学化"的号召下片面地认为："山村幼儿园主要是唱一下歌，跳一下舞，带着玩一下，做一下游戏，让孩子在幼儿园适应集体生活，有伙伴可以一起玩，再者帮助家长照顾孩子也方便家长做事，幼儿园志愿者专门带着比跟着家长到处跑或自己一个人玩泥巴好。"把幼儿园教育看作是非正式的教育，小学才是正式教育，这种对于幼儿园教育的错误认识严重束缚着山村幼儿园的发展。

四、各自为营：体制的疏漏

"山村幼儿园计划"项目实行"基金会、县（乡镇）人民政府、教体部门"三条线，"基金会、县人民政府、教体局、中心校"四级管理。基金会负责项目的统筹、资金的调配以及项目实施情况的论证评估；县（乡镇）人民政府主要负责项目的实施和保障；教体局主要负责"山村幼儿园计划"项目管理与指导；乡镇中心校为项目实施的主体，负责督查考核本乡镇项目工作开展情况。如下图：

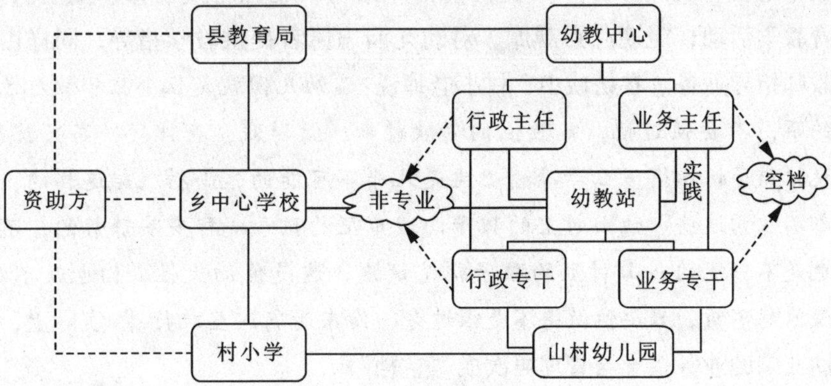

图1-20　山村幼儿园管理结构图

县教育局负责项目管理与指导，设立幼教中心，幼教中心设幼教主任。教育局领导担任幼教中心行政主任，各乡镇中心幼儿园园长担任幼教中心业务主任。"山村幼儿园计划"项目主要由县教体局职成股负责，职成股股长即幼教中心行政主任。H镇尚未建立中心幼儿园，各乡镇中心幼儿园园长担任的幼教中心业务主任成为空缺，幼教中心业务主任负责的山村幼儿园常规教育教学活动指导、督促和考核的职责也成为"空档"。职成股负责 G 县民办教育，负责民办幼儿园的审批和年检，而 G 县幼儿园业务指导和管理由基教股幼教专干负责，所有公办、民办幼儿园具体业务由基教股负责，但基教股不管理山村幼儿园，职成股与基教股各自为政。职成股每学期一次的检查主要是给山村幼儿园带去"慰问"，以稳定志愿者教师，并无常规教育教学活动指导、督促和考核。职成股相关负责人说："我们不负责幼儿园业务，自己也不是这个专业的，对幼儿园的业务指导也指导不上，我们规定和要求由村小老师帮助指导志愿者工作。"幼教中心负责的山村幼儿园业务指导与管理成"空档"。

乡镇中心校作为项目实施的主体，负责督查考核本乡镇项目具体工作开展。乡镇中心校设幼教站，幼教站设幼教专员，由中心学校领导担任幼教站行政专员，县幼儿园志愿者或乡镇中心幼儿园园长担任幼教站业务专员。乡镇中心学校负责行政，镇中心幼儿园负责业务，但同样因为 H 镇尚未建立中心幼儿园，由中心学校行政人员委派人员负责山村幼儿园工作，乡镇中心校校长成为山村幼儿园"园长"，但校长实际上是要在县幼教中心的组织下规划本乡镇山村幼儿园布局，提供必要的支持、服务，确保幼儿园正常运转，而业务专干需要检查指导山村幼儿园常规工作、安全工作、教育教学活动，定期赴点观摩，对幼儿园志愿者提供教学指导，同样由村小教师指导业务。在访谈中，村小老师说："幼儿园就是让小孩子做自己想做的事，不要强迫他，就教他们唱歌跳舞，做游戏，有伴玩，高兴就行。要说把孩子培养得多么干净讲卫生是几乎不可能的，山村就是这样的，家长都不注意这些。让山村里的孩子向城市里的孩子一样安安静静的，不调皮也是不可能的。山村里的孩子就是调皮，这是他的天性，你也改不掉，越改他越不听，只要他做得不是很过分，偷东西啊这些就行。"实际上，山村幼儿园的业务指导与管理再次成"空档"。

指导山村幼儿园业务的业务主任和业务专干空缺，山村幼儿园业务指导和管理成"空档"，山村幼儿园安全卫生管理制度、保育教育规范制度等也成为"镜中花，水中月"。虽然中心校在管理中一再强调山村幼儿园的安全工作，但也只是口头上的叮嘱，制定的安全工作制度并无落实，也没有定期进行安全检查，及时消除安全隐患，如山村幼儿园的破旧窗户一直未更换。山村幼儿园一日生活规范等管理上虽制定有详细的说明，但并没有具体落实。项目负责人说："我们制定了一些规定，但还不完善，具体实施各个幼儿园按自己的情况和作息安排。"因此，山村幼儿园虽有卫生保健规范制度规定志愿者教师做好幼儿入园晨检及午检，做好幼儿园卫生与消毒，但 X 山村幼儿园并没有落实。在课程方面，虽然一再规定和强调禁止"小学化"，但更多的只是口头上的强调，山村幼儿园教育教学零散无序，尤其所有山村幼儿园订购的是一样的教材，但有的幼儿园以大班为主，有的以小班为主，有的又以中班为主，忽视了各幼儿园幼儿年龄的差异，造成许多幼儿园在教材上的不适应，更增加志愿者教师活动开展的困难。英国哲学家培根曾说："有制度不落实，比没有制度的危害还要大。"制度是管理的依据，具有强制性、严肃性和稳定性。制度形成却不执行，成为摆设比没有规则制度更糟糕，不仅会丧失管理者的信誉，而且使相关人员懒散以待。山村幼儿园管理中重视规章制度的制定，却忽视制度的落实，志愿者对待制度"可执行可不执行"，以至于山村幼儿园制度"形式化"，山村幼儿园教育教学随意零散，卫生保健极不规范。

第三节　思之阻滞

托尔斯泰说："文明建立的不是机器而是思想。"人的生命活动背后有思想支撑，山村教育行为的背后也受到其教育观念的影响。传统的自给自足小农经济意识束缚着山村村民对子女的教育观念，村民普遍相信"读书致富""读书光耀门楣，出人头地"，因而希望子女读书成才，但小学才是真正意义上的读书，幼儿园教育只是提前学习小学知识，为小学奠定知识基础，于是对山村幼儿园提出"教写字，学数学"的要求。在"城市化"背景下，越来越多的山村人希望通过教育走出山村，走出大山，走向城市，因而更加重视知识学习，山村幼儿园也效仿着城市。山村年轻劳动力走出大山，走进城市务工，留守山村的幼儿由爷爷奶奶照顾，祖辈们要么严厉，秉承着"棍棒底下出好人"的观念，通过严厉的手段让调皮的幼儿认真学习；要么溺爱，事事顺从只愿幼儿安好。于是，家庭教育与幼儿园教育背道而驰。同时，辛劳的祖辈们认为教育是学校之事，是教师之责。于是在幼儿教育之外，在外务工的幼儿父母与山村幼儿园也无沟通联系，留下形影单只的幼儿园施施而行。

一、为学而来：幼儿园教育价值的模糊

"靠山吃山，靠水吃水"，山村人以山为依靠，日出而作，日入而息，生活自给自足。孩子们跟随大人过着成人般的作息生活，跟随着大人们上山下田，石头、泥巴、树木是孩子最天然的玩具，玉米地的蚂蚱和树上草上的虫子是孩子们最喜欢的朋友，孩子玩累了，以地为床，以天为被，家长铺一件衣服就地而眠。残阳褪去血色，一缕青烟悠然升起，农夫种地归来劳累一天但心满意足，农妇在灶台前忙碌，孩子一旁玩乐，目之能及处，言笑晏晏。夜色的帷幕徐徐落下，孩子们的嬉闹声逐渐被吞没，人们酣然入睡，山村一片祥和静谧。平平淡淡但悠然自得，山村村民靠山靠土地生活，生产力水平低，生产技术更新缓慢。因此，对教育传授生产技术的要求并不迫切。在这种情况下，村民们更多关注农作物生长，没有重视教育，更没有重视学前教育，父母对于孩子最大的责任是将孩子养大成人。

随着社会发展，"读书改变命运"的思想在山村愈演愈浓，山村父母在外打工不仅为维持或改善生活，更多的是为了让孩子受到更多更好的教育。村民们相信"读书才能出人头地"，山村里的孩子不读书就只能一辈子在山村种田。因此，村民们对学校教育寄予厚望，重视孩子的学习成绩，读书考上大学是整个村里甚至镇里的骄傲，父母在村里的社会地位也随之升高成为众人羡慕的对象。虽然读书越来越被村民看重，但多年来山村并没有专门的学前教育。诚然，能在小学取得优异的成绩意味着考上县城中学的机会就越大，能走出大山到县城读书意味着考上大学的机会就越大，而在县城读书的孩子也成为山村羡慕称赞的对象。村民们虽然越来越重视教育，但重视的不是幼儿教育，在村民的观念中，小学才是"真正的"读书，山村幼儿园教育的价值是提前学习小学知识，家长将幼儿送入幼儿园的最终目的是为小学打好基础。

于是，村民对山村幼儿园提出教授幼儿拼音、写字、算数等小学教育内容的要求，他们不在乎山村幼儿园是否有充足的玩教具，不在乎山村幼儿园是否有儿童厕所和洗手设备，也不在乎幼儿在园一日生活如何度过，

唯愿孩子会写字、会计算。因此，山村幼儿园一日活动难以实施不仅仅因为缺少设施设备，更深的原因是人们并没有需要的意识，也不关注这些。在山村幼儿园经费管理中，山村幼儿园的园舍维修、场地改造等资金缺口由当地县政府予以配套解决，但我在与相关人员交谈中发现，村民、管理者均没有改善幼儿园条件的意识。在他们看来，幼儿园跟小学教育一样，只需有地方，有桌子、椅子、有书有笔即可，幼儿园教育只是对小学一年级课程打基础，更没有保育的意识，他们没有认识到幼儿园教育的价值，反而认为山村幼儿园有玩具、午睡的床和被褥，条件比村小还好，更无需再多要求。因此，幼儿园教育成为小学教育的附庸，模糊了幼儿园的教育价值，从而阻碍山村幼儿园的生存与发展。

二、跃出农门：山村教育本土化的丢失

山村幼儿走进山村幼儿园却离开了山村土壤，身处乡土之中，却触摸不到真实的乡土，反而越来越疏离。与传统相比，现代化意味着一种新的文化形态，意味着人们生活方式的巨大变化。在城市文化看来，"乡村"这个词代表着贫穷、落后、无知和野蛮，乡农是"贫病苦弱"的典型。城市是进步的，而乡村是落后的。在"城市化"背景下，城市文化凌驾于山村文化之上，山村人们感受到的是来自城市的强势价值预设。在"知识就是力量"的价值目标下，山村生活中的淳朴生活经验和智慧被忽视，山村世界的价值在比照中沦为低层次的价值特性。在这样的价值预设下，山村越来越向往城市。于是，"走出山村，走出大山，走向城市"成为山村教育的价值追求，送孩子上学的目的就是走出山村，教育也自然成为走出山村、摆脱山村的重要路径，而成绩的高低是判断教育教学质量优劣的唯一标准。因此，"村往镇，镇往县，县往市走"是大家追逐的趋势。孩子进入山村幼儿园也只是由于贫穷，无处可去，家长到底还是向往城市，渴望让孩子在城市受到更优质的教育，羡慕和称赞在城里读书的孩子"聪明，会写字算数"。于是，教师的重要任务是传授知识，幼儿的主要任务是努力学习知识。

"我们村在县里幼儿园读书的一回来好厉害，会认很多字，数学也好，城里读书好些嘛，不像我们的只会玩，除了玩什么都不会。"

"我现在拼了这命干活，累死累活就是为了让他以后到外面读书，将来考上大学，不读书没用啊。"

志愿者 P 老师在提到自己在县城读初中的孩子时，十分骄傲地告诉我：
"我孩子在城里读初中，星期五下午回家，这星期要回来我去给他买些吃的
回来，他爸爸在县城做事陪他，我在家没事就在幼儿园。"

人们总觉得"别人的总是好的""城市的比山村好"，于是山村幼儿园
也向往和效仿城市幼儿园的所教所学，无视城乡幼儿在生活背景和条件上
的差别。志愿者教师认为山村的孩子要走出大山就应学习城里的"知识"，
山村孩子从小生活在山村，对山村的人、事、物了解，没有学习的必要性；
对城市里的事物不了解，更应学习城市里的文化。同时在县教育局强烈禁
止"小学化"的要求下，志愿者教师既想让幼儿学到知识，又想脱离"小
学化"倾向，不知所措的情况下形成了教"基础"去"小学化"的形式，
实际上其课程内容不仅脱离山村实际也脱离山村幼儿，山村本土的优秀民
族文化和生态自然野趣从教育中抽离出来，脱离了山村的本土文化。

与此同时，山村志愿者走进城市学习城里的"优秀经验"，其初衷是促
进志愿者教师跟城市教师学习，有利于双方的沟通交流。但城市教师掌握
着话语权，占据了主导，志愿者教师只能旁观、模仿、学习和羡慕，然后
搬运到山村幼儿园。山村志愿者教师培训没有对志愿者的专业水平和实际
需求情况作深入的调查和分析，脱离了山村的实际也脱离了山村幼儿。志
愿者培训不能很好地因需施教，志愿者培训后也不能很好地因材施教，于
是，山村幼儿园教育成为城市幼儿园教育的附和。

三、背道而驰：家园教育的背离与失联

"乡村不如城市，农民低一等"，这是山村普遍的一种想法。这种想法
驱使山村村民挤进城市，青年男女成批外出，留下老人和儿童守在山村，
留守山村的儿童从小由年迈的爷爷奶奶照顾。祖辈们对幼儿的教育观念极
具矛盾性：一方面大部分家长认为"读书才能出人头地"，山村里的孩子不
读书就只能一辈子在山村种田，而且山村里的孩子比城市里的孩子智力发
育慢，没城市孩子聪明，山村孩子必须从小努力将来才能考上大学，幼儿
园就应该教幼儿读书写字，以保证幼儿进入小学以后能跟得上甚至超前；
另一方面也有些家长秉承着"读书无用论"，他们认为读书的结果也是打
工，不读书早点出去打工也能赚到钱，只要幼儿园帮忙照顾孩子不受欺负
即可。

在与向老师的交谈中，笔者了解到个别家长因为担心幼儿在园受到他人欺负而不送入幼儿园。受教育观念的影响，祖辈们的教育行为也呈现出两个极端：一是严格管教，"棍棒底下出好人，不打不成人"，曾有家长带着棍棒入园嘱咐向老师："不听话就给我狠狠打，打到听为止"；二是溺爱放任，事事顺从孩子。家长的这些教育观念与教育行为常常导致家园教育背道而驰。幼儿园教育是按照保育与教育相结合的原则，遵循幼儿身心发展特点和规律，实施德、智、体、美等方面全面发展的教育。① 而家长重视幼儿认知发展，轻视幼儿心理、情感和社会发展，他们羡慕城里或私立幼儿园教育出来的"知书达理"的孩子，并把自己的希望寄托到在教师的身上，渴望教师能教会自己的孩子写字算数，至于其他都不重要。在幼儿卫生习惯和社会规范养成方面，家长教育与幼儿园教育的分歧尤为显著，家长一方面希望幼儿能养成良好的习惯，一方面又认为没必要：第一，幼儿还小；第二，自己很忙；第三，山村都是这样。如幼儿没有饭前便后洗手、早晚刷牙洗脸的习惯，女孩上幼儿园也不梳头，有些家长一个星期才给幼儿洗头和洗澡，幼儿的脏衣服也连续穿，家长的这些观念与培养幼儿良好卫生习惯的要求截然相反，导致幼儿坏的行为习惯难以纠正而好的习惯难以养成。"近朱者赤，近墨者黑"形象地表现出环境对人的影响，在影响幼儿成长发展的环境中，家庭是首要的最直接的因素，而家长与幼儿园教育的不一致不仅不能形成教育合力，反而大大降低教育效果，严重阻碍幼儿以及山村幼儿园的发展。

"幼儿教育是一件很复杂的事情，不是家庭一方面可以单独胜任的，也不是幼儿园一方面可以单独胜任的，必须两方面共同合作才能得到充分的功效。"② 但现实是山村年轻劳动力外出打工，祖辈们没有接受过幼儿园教育，也没有接受较高水平的正规教育，且常常忙于家务事和农活。家长认为自己读书太少又没时间，不会教孩子，而教书是教师的职责，教育孩子完全依靠学校，教育的事都是教师的事。幼儿能认字算数是幼儿园教得好，幼儿不能认字算数是幼儿蠢、幼儿懒，是老师素质不高、教得不好。这种完全的依赖让家长逃离于幼儿教育之外，留在山村的爷爷奶奶与幼儿园无沟通，在外打工的父母与山村幼儿园也无联系。

---

① 国家教育委员会. 幼儿园工作规程［Z］. 2016.
② 马东红. 浅谈家园合作的重要性［J］. 新课程学习（上），2013（3）：78－79.

第四章
"山村幼儿园"未来发展之径

> 道，犹行也；气化流行，生生不息，是故谓之道。
>
> ——戴震《孟子字义疏证》

《中庸》详尽阐述了人与天地万物的关系：惟天下至诚，故能尽其性，能尽其性，则能尽人之性能，尽人之性，则能尽物之性，能尽物之性，则可以赞天地之化育，能赞天地之化育，则可以与天地参矣。[①] 人和万物相统一，人性与物性是相通的，能充分发挥人的本性，就能充分发挥万物的本性；能充分发挥万物的本性，就可以帮助天地培育生命。万物以自己的规律变化，按规律不断发展，如此万物生生不息，而充分发挥人的本性，就能充分发挥万物的本性。因此，山村幼儿园的未来发展应使物性与人性相统一，遵循本身规律，发展内部力量，发挥政府主导作用，引导山村志愿者向专业教师转型，充分挖掘山村幼儿园内在潜力，回归幼儿生活，回归乡土，从而实现山村幼儿园的可持续发展。

第一节 "近水解近渴"：山村志愿者向专业教师转型

保教质量是幼儿园的灵魂，是反映幼儿园办学好坏的重要证据，而师资是提升幼儿园保教质量的关键，师资也是山村幼儿园生存与发展最大的

[①] 大学·中庸 [M]. 王国轩，译注. 北京：中华书局，2015.

难题。提升山村幼儿园教育的质量首先应提升山村幼儿园教师的质量，但由于山村条件的限制，优秀的、专业的教师不愿走进山村幼儿园，山村志愿者比外地教师更稳定，且本土志愿者更了解本地文化和生活，也更能理解和接受山村孩子的独特性，耐心地对待山村孩子。因此，笔者认为在有限的条件下，与其被动的、消极地等待外面专业教师走进来，不如"以近水解近渴"，针对本地山村志愿者的实际问题进行专项培训，"对症下药"化解山村志愿者的困难，提升志愿者教师专业素养和能力，并以情感为纽带建构集思广益的志愿者共同体，既激发志愿者集体感、归属感，又为志愿者交流工作中的困难或成功经验提供平台，促进山村志愿者向专业教师转型，从而建立有素质、有活力的山村幼儿教师队伍。

一、对症下药：授人以鱼且授人以渔

"师也者，教之以事而喻诸德也。"教师教事喻德的前提是教师必须晓事且明德。山村幼儿教师不仅需要具有幼儿教育基本理念和专业素养，实施正确的幼儿教育，还应能适应山村特定的工作环境，实施适用山村儿童的教育。志愿者教师虽然岗前和在岗都有培训，但笔者发现，以往的培训由城市的专家或专业教师安排课程内容，这些远离山村的专家和专业教师对山村幼儿园和志愿者教师的实际情况都缺乏一定的了解，培训内容实用性不强，不能很好地解决志愿者教师的实际问题，且培训中多以专家或专业教师讲授，志愿者观察、记录为主，间或一些其他方法，志愿者参与互动不够，交流表达的机会不够，以至于一些志愿者在培训过程中缺乏兴趣，回到工作岗位上后仍然一片茫然，在实际工作中仍存在许多困惑。2012年志愿者教师开展了5天的岗前培训，包括《3—6岁儿童学习与发展指南》解读、语言表达、电子琴基本弹奏、幼儿基本舞蹈、手工制作、简笔画等方面的内容。向老师说："我们培训讲《3—6岁儿童学习与发展指南》，不同年龄段的幼儿要达到哪些要求，要开展什么活动，但问题是我们各个年龄层的孩子都有，又不能分开开展活动，所以我学了也没用啊。我们培训也学了电子琴、跳舞、画画、手工这些，电子琴学完后我是会弹了，但舞蹈我暑假学了等开学就忘了，要用的时候还是我自己在网上下载跟着学的，手工学了回来教孩子们，怎么教也不会。"笔者在访谈中也了解到，向老师在工作中最大的两个困惑是"禁止'小学化'后，到底该教什么，不该教什么，怎么样教"和"如何帮助孩子养成良好的卫生习惯，如何培养孩子的规则意识"。对此，志愿者培训应"对症下药"，根据志愿者的实际难题，针对山村幼儿具体情况开展专项培训，将培训落到实处，不仅要让志愿者教师知道"是什么"，也要让志愿者教师知道"怎样做"，既要授人以鱼也要授人以渔。

　　一直以来山村志愿者教师虽然按照领导的指示清楚地知道应该禁止小学化，但并不清楚幼儿园教育与小学教育的区别，也不知道如何"去小学化"，导致志愿者嘴里说着禁止"小学化"，却呈现出"小学化"行为。志愿者教师困惑的是她们教的数学和城里的幼儿园开展数学活动都是让幼儿掌握数学知识，两者有何不一样。因此，志愿者培训必须让志愿者深刻了解何为"小学化"，并且如何"去小学化"。诚然，幼儿园并不排斥知识与技能，幼儿园健康、语言、社会、科学、艺术五大领域本身就蕴含丰富的知识内容。"去小学化"不仅仅是内容上改变，更重要的是方法上的改变，改变传授灌输、死记硬背和机械训练。因此，必须给予志愿者培训话语权，让志愿者想说、敢说、愿意说出自己工作中的疑惑。管理者要认真了解、收集志愿者工作过程中的具体困难以及志愿者对培训的需求并记录成档，帮助志愿者教师了解和把握禁止"小学化"后志愿者到底该教什么、不该教什么、怎么样教的问题，摒弃落后的教育观念及教育方法。此外，虽然经过培训掌握了电子琴、跳舞、画画、手工等实践技能，但志愿者并不能以培训的方式对幼儿进行同样的培训使幼儿掌握技能，因此，还需让志愿者了解学习的这些知识与技能如何在工作中灵活运用。

　　经过培训后的志愿者教师终于知道原来幼儿园教学活动和小学的上课是有区别的，于是兴高采烈地"拿回来"，搬进幼儿的教学活动中，只是同样的活动山村幼儿的表现会与观摩活动中城市孩子的表现那么不一样，于是志愿者教师想："为什么会这样？是不是山村的孩子笨一些？"却不知是因为忽视了山村的实际情况。因此，对志愿者教师培训应根据山村情况、根据山村幼儿实际开展"本土化"专项培训。志愿者培训应通过实际案例帮助志愿者教师了解幼儿，孩子生来没有山村与城市之别，也没有懂事与野蛮之异，但其成长环境确实造成儿童的城乡差异。对此，志愿者教师不应指责和放弃幼儿，而应积极主动去了解山村孩子的精神世界，体会他们的思想和情感，理解山村孩子的行为，敏锐地去发现孩子"学习与发展"

中存在的问题，成为山村幼儿"学习与发展"的"临床医生"。此外，山村幼儿教师培训应体现"山村特色"、强化"山村感"，从幼儿生活中发现教育价值和教育契机。只有根据山村特色增设"山村本土"的课程，才能真正适用于山村儿童。

照搬培训活动在山村幼儿园尝试失败后，志愿者沮丧地想："培训的内容似乎不适应山村幼儿园，培训了好像也没有太大的实际的效果或作用。"于是，对待培训也没有了以往的热情和期望，培训中茫然地听着，培训后能用上就努力用上，没用上的也就遗忘在笔记里。落实志愿者培训制度、强化培训过程管理是保证培养质量的关键。以往培训中总有志愿者由于个人原因而无法参加培训，因此，必须落实培训制度，保证每位志愿者都能受到且必须受到培训。同时，在培训方式上多管齐下，可安排志愿者教师"走出去"，到师范院校参加时间集中、针对性较强的培训学习；也可由相关院校派出优秀人才到山村幼儿园实行指导，观察山村幼儿、志愿者教师、山村幼儿园的运作和整个山村的社会生活环境，了解山村教育的实际情况后对志愿者教师进行针对性的指导；也可通过落实省、市级示范园、县机关幼儿园、乡镇中心园与山村幼儿园结对制度，加强对山村幼儿园全方位的帮助和指导，开展优秀教师送教下乡、教学研讨、教育教学示范指导等活动，在培训过程中让志愿者真正参与、体验而不是被动接受。培训结束后及时开展交流会，引导志愿者自我反思，以确保志愿者确实学有所获，并总结培训中的问题，为下次培训作铺垫。

二、精益求精：构建共同体集思广益

志愿者培训是促进志愿者教师专业发展的重要措施，但真正促进志愿者教师向专业教师转型还需要志愿者教师自主、自觉的学习与提升。志愿者教师在工作中不仅存在专业之困，也存在职业之窘。处于孤立状态的志愿者教师们各自进行着自己的工作，日出入园，日落离园，日复一日，久而久之失去了最初的动力，得过且过。但实际上志愿者教师之间有着共同的生活和工作背景，志愿者教师中有非专业教师，也有幼儿教育专业教师，只是缺乏交流、探讨和合作。

"一枝独秀不是春，百花齐放春满园"，志愿者教师之间进行相互分享、交流、合作、支持无疑是集思广益化解志愿者教师在教学中的困惑、激发教师的内在潜力和内在动力、提高教师职业认同感的有效办法。因此，建构以情感为纽带的志愿者教师共同体，可以通过开展教学能手比赛、专业技能比赛等业余活动鼓励志愿者教师挖掘乡土资源，提高志愿者教师的积极性，发挥每个个体的价值；也可以利用一些节日比如教师节、妇女节等举行文艺活动，使其感到自己是受尊重的，是山村幼儿园不可缺少的一部分，强化志愿者教师的集体归属感，使志愿者体验到幸福感，并增强志愿者教师的团队协作和凝聚力，使志愿者教师提高职业认同感。由于一些山村志愿者并没有强烈的交流意识和相互合作的愿望，为此，建构志愿者共同体应选择表现积极、能够统筹各方、具有维持和助推能力的协调者保障共同体运行，但也要避免绝对领导与被领导关系的出现。同时，建立山村志愿者教师奖励机制，由志愿者共同推选表现突出的志愿者教师进行精神与物质嘉奖以代替原来的平均主义，提高志愿者教师的成就感，赋予志愿者教师主体地位，激发志愿者教师的职业自豪感与积极性。

构建学习共同体可为志愿者教师专业发展和相互沟通搭建平台，以便志愿者教师在日常工作中及时将所遇到的困难或获得的成功经验进行交流讨论或相互学习。美国教育家韦伯斯特说："人们在一起可以做出单独一个人所不能做出的事业，智慧＋双手＋力量结合在一起，几乎是万能的。"一人的力量有限，集体的力量无穷大，志愿者从孤立个体走向多元合体，长善救失，从而实现全体教师的共同进步。此外，通过志愿者教师学习共同体建构还可吸纳有共同愿景的专家、优秀教师和专业教师进行交流、指导和合作研究。山村幼儿园教师熟知本地自然和文化资源，缺乏运用能力，而专家、优秀教师和专业教师有专业知识和研究能力，由于交通等因素的影响难以走进山村幼儿园。因此，通过志愿者共同体的构建，以共同体为平台，以共同愿景为基础，以教育实践为载体，以共同学习、合作研究为形式，超越地域发生思想的碰撞，在行动中研究、开发和利用山村资源，利用各自的专长，共同参与讨论及决策，实现团队和个体专业的共同成长，形成山村特色。

第二节　"共治促自治"：打破山村幼儿园管理困局

　　管者，拘束之意也，具有刚性，是一种硬约束；理者，道理之谓也，具有柔性，是一种软约束。① 面对山村幼儿园附属的限制，持续发展的忧患、管理者理念的偏失以及管理制度的虚设，笔者认为管理者必须首先转变管理观念，"人"是管理中最重要的因素，山村幼儿园管理的出发点和落脚点都应归于幼儿和志愿者教师来优化服务。"巧妇无米难为炊"，山村幼儿园的生存与发展需要一定的财政投入支持，明确政府为投入主体，应统筹协调社会力量，发挥大众的力量，解决山村幼儿园生存与发展的后顾之忧，绽放山村幼儿园光彩。同时，应完善山村幼儿园管理体制，将政府主导负责、社会协同发力、志愿者和村民参与有机结合起来，完善制度并认真执行，使之落到实处，避免管理上的"真空"，以共治促进自治，充分发挥管理之效。

一、以人为本：改变管理理念优化服务

　　管理理念是管理行动的先导，是管全局、管根本、管方向、管长远的指南针。受传统官本位思想的影响，教育局在山村幼儿园管理上致力于教育名片的打造，却忽视了山村幼儿园内在质量的提高，忽视了幼儿的发展。中心学校管理村小教学点"顺带"管理山村幼儿园，也没有摆正山村幼儿园的位置，以致山村幼儿园"寄人篱下"地位低，志愿者教师也得过且过。目前山村幼儿园的管理忽视了最本质的因素——人，因此，山村幼儿园的生存与发展需要各级各层管理者首先改变管理理念，以人为管理的出发点和落脚点重新出发。

　　教育是与民生直接相关的公共服务，新公共服务理论指出："如果公共组织及参与其中的网络基于对所有人的尊重而通过合作和共同领导来运作

① 张立方. 注重赞扬在管理工作中的应用 [J]. 领导科学，2012（32）：45-46.

的话，那么，从长远来看，它们就更有可能取得成功。"① 传统公共行政定位于"掌舵"，通过控制人来实现效率。新公共管理政府定位于服务，重视人的发展，侧重社会效益。设立山村幼儿园不仅是为了幼儿有园可入，为了追求"入园率"，其根本目的是教育扶贫，改变山村落后思想观念，改变山村贫穷状态。政府应关注的是山村幼儿而不是"山村幼儿园"这块牌子。因此，县级政府应改变管理理念，以幼儿为本，以教育为本，以促进山村幼儿身心发展、提高幼儿园教育质量为根本目标；合理分配教育资源，均衡教育财政投入，确保公用经费尤其是保教费用，以保障山村幼儿园发展的基本物质条件；同时，克服山村幼儿园"来也匆匆，去也匆匆"的检查，对山村幼儿园的问题和难题避免单纯的口头上询问或应付，而是落到实处予以解决，才能真正地促进山村幼儿园发展。

"幼儿园教育是基础教育的重要组成部分，是我国学校教育和终身教育的奠基阶段。幼儿教育应为幼儿的近期和终身发展奠定良好的素质基础。幼儿园教育应尊重幼儿身心发展的规律和学习特点，尊重幼儿的人格和权利，以游戏为基本活动，保教并重，关注个别差异促进每个幼儿富有个性的发展。"② 幼儿园教育不仅仅是为小学教育奠定基础，不是片面的知识教育，更不是单纯的玩乐。中心学校"顺带"管理山村幼儿园，管运转不管教育的管理理念也无法满足山村幼儿园发展的要求。中心学校管理不只要了解困难，更要帮助解决困难；不只是管理志愿者，更重要的是为志愿者教师服务；不只是维持幼儿园运作，更重要的是关注运作下的幼儿成长。因此，中心学校应正视山村幼儿园的地位，平等地对待山村幼儿园、村小教学点和中心学校，把志愿者和幼儿摆在管理的首位，平等地看待志愿者教师和在编教师，正确认识和对待幼儿的独特性，重视幼儿能力培养而不是知识的掌握量，保教并重。山村幼儿园有量有质才能真正打造教育名片，才不是负担，而会成为教育的榜样。

---

① 李雪萍. 基本公共服务均等化的区域对比与城乡比较 [J]. 华中师范大学学报（人文社会科学版），2008（5）：19－25.

② 教育部基础教育司. 幼儿园教育指导纲要（试行）[M]. 南京：江苏教育出版社，2002.

二、多方联动：明确政府投入厘清责任

长期以来，山村幼儿园主要靠中国发展研究基金会捐资维持，中央扶贫专款和县财政投入为一次性投入，并未形成长效机制，乡镇政府财力有限也没有稳固投入，导致山村幼儿园发展后继无力。目前 G 县"山村幼儿园计划"项目与中国发展研究基金会合作期满，山村幼儿园不仅面临着经费不足的难题，还面临着"无力维持"的困境。无疑，政府财政投入是确保山村幼儿园生存与发展的前提和保障。对此，笔者认为国家财政、省、州、县和地方政府应统筹规划，协调各方力量，形成"政府主导、企业资助、社会参与、地方支持"的政府、社会、家长共同支持的良性机制，同时厘清各级政府责任，保障投入的长效性。对山村幼儿园合理授权，使山村幼儿园获得经费使用自主权，以保障其发展基本需求。

首先，要明确政府为山村幼儿园财政投入主体并厘清政府责任。国家财政设立山村幼儿园发展专项经费，以承担志愿者工资，满足山村幼儿园运转需求。省、州财政设立山村幼儿园项目经费，解决志愿者教师培训、山村幼儿园项目扩建和改造以及设施设备的投入等问题。县级政府和乡镇政府同山村幼儿园关系密切，对山村幼儿园办学条件的问题最了解，应继续负责管理和基础设施建设，包括教学管理、修建园舍、设备更新与完善等。政府间的财政分配应明确国家、省、州、县、乡镇级政府的投入比例。同时，教育的发展离不开财政等各个相关部门的支持，应协调各部门之间的财政分配，这也是山村幼儿园财政投入有效实现的重要保证。中心学校负责山村幼儿园 2000 元管理费以便山村幼儿园需要之时进行申请，必须明确中心学校任务并对经费使用进行合理规划，将中心学校对山村幼儿园的管理纳入绩效考核。此外，对山村幼儿园合理授权。山村幼儿园日常生活和教育教学中难免有各种新的需求，但每次向中心学校申请不仅麻烦还耽误时间，影响正常秩序，更导致管理者的不耐烦，而志愿者也难以启齿，因此，山村幼儿园应具有适当的自主权，尤其是赋予山村幼儿园经费使用权。

其次，扩大山村幼儿园影响力，号召社会力量。笔者在开始研究山村幼儿园时，身边的人几乎没有听过"山村幼儿园计划"项目，虽然身边有

爱心捐赠，但并不清楚捐赠流程和捐赠去向，也并未能引起大家的关注和共鸣。因此，笔者认为可以广泛利用现代传媒扩大山村幼儿园的影响，让人们知道山村幼儿园的存在，展现山村幼儿的真实生活情境，让社会大众了解山村幼儿园的落后条件，了解山村孩子们需要全社会去帮助和支持的现状。同时，积极向社会招引爱心企业对项目的资助，出台相关激励政策，广开渠道吸纳企业机构及社会爱心人士的公益资金，对支持山村幼儿园的企业给予相应税费减免，拓宽山村幼儿园教育经费的投入渠道。此外，广泛开展教学交流、送教下乡、爱心助学等活动，进一步加大宣传，不断扩大"山村幼儿园计划"项目工作影响力，继续积极争取中国发展研究基金会和社会各界的大力支持，动员多方力量，共同推动山村幼儿园健康发展。

最后，山村幼儿园是精准扶教的重要措施，一直以来实施零收费，幼儿午睡的被子是向老师东拼西凑，新添置的给幼儿洗手的水盆等一些基本物品也由补助鲜少的志愿者教师个人购买。而据笔者对家长的访谈，家长愿意支付少额费用。因此，虽然山村幼儿园实行零收费，但可以适当寻求家长支持。

三、齐抓共管：改革教育体制填补"空档"

山村幼儿园管理是一项非常复杂而系统的工作，目前山村幼儿园的业务陷入尴尬的"无人管理"状态：负责山村幼儿园项目的职成股管理民办教育（包括民办幼儿园）诸多事物，却不负责业务指导与监督，职成股想指导山村幼儿园业务却因本身非幼教专业而能力受限；有能力的基教股负责全县幼儿园业务指导与管理却不负责山村幼儿园，于是"管不了""不想管"。职成股对山村幼儿园的业务指导须依赖于中心学校和村小教师，而这种长期的责任不清、权属不明导致保教工作被忽视，安全卫生制度、保育教育工作制度以及志愿者考核管理等诸多制度成为摆设，而山村幼儿园保教质量的提升离不开对山村幼儿园保教工作的有效指导和监管。因此，山村幼儿园发展必须完善山村幼儿园管理体制，形成"省级统筹，以县为主，政府主导，地方负责，分级管理"的教育管理体制。省级政府承担对全省学前教育统筹领导和协调规划的责任，省教育厅、财政厅、卫生计生委、发展改革委、扶贫办、城乡建设等各相关部门统筹、协调全省学前教育工作，尤其向贫困地区和偏远山区侧重，协调教育资源和公共服务均衡，促进教育公平。县级政府对山村幼儿园的发展需求更加了解，其管理也更加重要，负责山村幼儿园项目的职成股承担统筹规划、综合协调、山村幼儿园基础设施建设等工作，基教股幼教专干承担起对山村幼儿园教育教学指导与改革、山村幼儿园发展规划、教材及质量评估等责任，行政管理与业务管理各部门明确分工合作、明确责权。在贯彻和执行县级政府管理指导的基础上，必须充分调动乡镇政府基层组织的力量，明晰乡镇政府的责权，负责山村幼儿园具体的基础设施建和维修，加强山村幼儿园安全监管，同时引导山村正确的教育理念，保障山村幼儿园的规范运行。中心学校做好教育监管的第一道线，避免出现交叉管理以及管理"真空"，增强责任意识。

制度产生效力的关键是得到普遍的认同和有效的执行。管理者认为，由于制度不够健全、不够完善以及各山村幼儿园具体情况不同，山村幼儿园对制度的实施持可执行也可不执行态度，其实际是山村幼儿园对制度并不认真对待和执行。对此，笔者认为志愿者教师要共同参与制定相关制度，管理部门经常召开工作协调会，使得管理工作中出现的问题能通过会议提出来，志愿者教师及时反映自身情况（尤其在幼儿园保育教育工作方面每个山村幼儿具体情况和条件各不相同）并提出意见和建议，进而使问题得到研究和解决。这样不仅可以增强制度建设的科学性，还能促使志愿者提高自我反思、自我检查的积极性和责任感，而不是被迫接受上级的规定。加之，如今是形势迅速发展变化的时代，学前教育发展迅速，新的政策和要求不断提出。面对不断出现的新情况、新问题，在制度建设方面不可能一劳永逸，在具体的管理实践过程中要及时修正管理规章制度中不合理之处，对于那些过时的、老旧的制度要及时地予以废除，而不是等待完善的新制度制定后才实施。

制度已制定并公示却不落实和执行，不仅会导致制度的形式化，更让今后的制度实施缺乏威信，因此，制度制定不能仅停留在意识层面，而应落实到具体的工作中，落地生根，真正规范山村幼儿园一日生活，为幼儿生活和学习提高保障。为此，在制度落实的过程中，管理部门应制定出一套切实可行的教育规划和系统的评价体系，恰当地制定山村幼儿园教育的短、中、长期目标，使之具有操作性、规范性，并加强督导评估和日常督查，督促山村幼儿园遵循学前教育规律，端正教育教学理念，改善保教工作。教育局的检查应更关注志愿者教师在教育教学工作的困惑而不只是山村幼儿园缺乏的物品，结果检查与过程检查并重，并加强各部门之间的监督和合作，以确保制度的顺利落实，各个部门合力促进山村幼儿园教育发展。

第三节 "因地制宜"：山村幼儿教育向山村生活回归

陶行知先生说："千教万教，教人求真；千学万学，学做真人。"① 教者，教人求真；学者，学做真人。脱离本身效仿他人是失真，脱离实际追求高尚是失真，山村幼儿园教育向往城市、追求单纯的知识更是失真。对此，山村幼儿园发展必须使山村幼儿园教育返璞归真、回到山村实际、回归幼儿生活。笔者认为，山村幼儿园教育回归幼儿生活首先应转变山村人们对幼儿园教育的认知，使山村人们重视幼儿教育；其次，深厚的文化底蕴、美丽的山村自然风光与山村幼儿生活共生相惜，山村幼儿园教育回归幼儿生活应充分挖掘山村自然文化资源，将这些淳朴的情感深入幼儿的心田；最后，鉴于家长对幼儿的教育完全依赖幼儿园教育，家长既远离在幼儿教育之外又对山村幼儿园提出与幼儿教育相悖的要求，成为山村幼儿园生存与发展的重大阻碍，笔者认为必须加强家园沟通，加强家庭教育指导。"单丝不成线，独木不成林"，教育的发展不只是幼儿园或学校一方的责任或任务，山村幼儿园的发展必然需要家、校、园携手并进，取消幼儿跟班制，做好幼小衔接，充分展现幼儿园教育的价值。

一、破旧立新：打破思想禁锢立教育新观念

观念的改变不能改变事物本身，但可以改变人对事物的认识，而人可

---

① 陈婕. 陶行知教育思想在幼儿教学实践中的运用 [J]. 读与写（教育教学刊），2017，14（3）：219.

以改变实践。幼儿园不是临时的教育，也不是急功近利的教育，是面向未来的教育，是影响终身的教育。由于过去幼儿教育的缺失以及山村人对升学的渴望，村民对幼儿园教育的重视不够，对幼儿园教育的价值和意义缺乏了解。村民的观念更新是山村发展、山村幼儿园发展的一部分，山村幼儿园发展必须打破人们陈旧思想的禁锢，多元宣传、树立教育新观念，使其认识到幼儿园教育的重要性和独特价值，深入了解幼儿园教育与小学教育的区别。

然而，山村交通不便，信息阻塞，世代生活在山村的村民其积淀的思想观念"根深蒂固"并不容易转变。尽管县教育局领导与志愿者教师多次向家长强调和解释幼儿教育"小学化"的弊端，但年迈的爷爷奶奶仍不断要求幼儿学习写字、拼音和数学。对于"顽固"的思想观念，笔者认为应通过对正确的教育理念和教育方法的宣传营造山村幼儿教育环境，"一传十，十传百"潜移默化地改变村民落后教育观念。首先，村委会应重视并带头，努力学习先进理念，邀请专业教师或专家进村开展讲座宣讲幼儿教育相关知识，在村部宣传栏、村落聚集地制作幼儿教育宣传标语，发放家庭教育指导手册或资料，提高村民对幼儿教育的重视。其次，开展一些村民与志愿者教师沟通交流的活动，如最新的教师教育政策解读、地方文化活动等，既提升志愿者教师综合素质，培养其"善教""乐教"的本土情怀，又能增加村民对幼儿园教育的了解和理解。最后，提供幼儿活动和志愿者教师表现平台，如六一儿童节以及一些本土节日等，让幼儿参与活动，加深村民对山村幼儿园的认识和了解，既能提高志愿者教师的成就感和家长的满足感，又能督促幼儿园教育发展，还能很好地将本土文化渗透幼儿园。

二、返璞归真：走向山野田间重拾村落文化

传统中国人具有浓厚的乡土情结，这种情结深深地扎在中国人的心中，中国几千年的历史文化中最广大的普通老百姓种着一片片土地，日出而作，日落而息，一辈子都在土地上辛勤地劳作耕耘，然后生育孩子，子承父业，重复轮回，就这样延续了数千年。他们虽是底层的劳动人民，但创造了可观的物质财富和丰富的精神文化。在追求"城市化"的过程中，农民离开

了土地，丢失了最本质的东西，山村幼儿园教育也疏远了本土文化而追求遥远的城市文化。在此过程中，如何组织活动、组织什么样的活动等成为志愿者教师的难题。材料的缺少也成为教师组织活动的重大阻碍，山村环境和少数民族的资源本身为幼儿园提供的天然材料却被忽视。处于土家族少数民族村寨中的 X 山村幼儿园有着丰富的民族文化资源和自然资源，民间习俗如社巴节、"四月八，草粑粑"、"六月六，晒龙袍"等，自然资源如茶叶、枞菌、玉米、柑橘、板栗等。当地的风俗习惯、人文历史、民间文化（舞蹈、歌谣、故事、节日、风俗等）和自然风光能为山村幼儿园提供丰富的材料。"城乡各类幼儿园都应该从实际出发，因地制宜地实施素质教育。"① 山村幼儿发展的根本性场域是山村本身，是山村自然、山村生活、山村文化构成的乡土本身。让山村幼儿从小把生命之根扎入乡土之中，培养他们对自然大地的亲近，对山村自然、简朴、劳作的生活方式的理解与尊重，这既是对当下山村自然以及山村生活方式的亲近，同时又是对乡土历史肌肤的必要亲近，加深幼儿与民族历史的内在联系。因此，幼儿园课程应重拾村落文化，走向山野田间，以幼儿生活体验为基点，充分挖掘山村幼儿教育资源，提高山村幼儿园的教育质量。

"一人拾柴火不旺，众人拾柴火焰高"，山村资源的有效利用仅凭非专业的志愿者教师一人或两人难以实现。因此，教育部门应加强组织与领导，为乡土课程资源的开发提供保障条件。加强乡土资源利用的宣传，改变志愿者教育教学观念，鼓励和支持志愿者教师走向山野田间，深入村落文化。同时，针对山村幼儿园志愿者教师能力有限，教育部门应为山村幼儿园争取结对帮扶，建立公办幼儿园或优秀民办园与山村幼儿园"手拉手"结对帮扶，帮助和指导志愿者教师利用山村本土资源，促进志愿者教师能自觉以山村文化资源丰富幼儿教育内容、传承民族文化。

教育不单是教师的任务，与幼儿一起生活、一起学习的人都可能唤醒他的另一个灵魂。因此，幼儿园应与家庭、村落合作，加强幼儿园与家庭和村落联系，争取家长和村民的理解、支持和主动参与。事实上，诸多乡土资源就存在于家庭、村落之中，而山村幼儿园与家庭、社区脱节严重，

---

① 教育部基础教育司. 幼儿园教育指导纲要（试行）［M］. 南京：江苏教育出版社，2002.

导致资源被忽视、闲置和浪费。因此，充分利用家庭、村落资源，农闲时发动家长智慧收集一些废置的物品和大自然的材料，利用这些材料进行玩教具的制作和环境创设，将乡土文化以活动、游戏等形式传递给幼儿，注重幼儿参与，这样既能加强家园联系，又可丰富幼儿园的教育活动材料。

三、携手并进：取消幼儿跟班做好幼小衔接

"孩子们的性格和才能，归根结底是受到家庭、父母，特别是母亲的影响最深。孩子长大成人以后，社会成了锻炼他们的环境。学校对年轻人的发展也起着重要的作用。但是，在一个人的身上留下不可磨灭的印记的却是家庭。"① 家长在儿童的成长过程中有着特殊而重要的作用，但山村幼儿园绝大部分孩子都是留守儿童，父母在外打工与山村幼儿园无联系，爷爷奶奶将幼儿送入园后忙于家中事务也不关注幼儿在园生活。家长落后的教育观念和不当的教育方法常常与幼儿园教育相悖，幼儿园不仅要促进幼儿身心和谐发展，还要为家长提供科学育儿指导。为此，幼儿园应以真诚的态度，主动加强与家长的交流沟通，并指导家庭教育。乡镇政府可以利用家长座谈会、举办宣传栏、告家长书、发放宣传资料等形式向家长宣传科学的育儿知识，引起家长对教育的重视，组织家长们进行交流，从而相互了解，改进教育方法。在与家长的沟通、交流中要尊重、真诚，把对家庭教育指导工作建立在与家长充分沟通的基础之上，让家长了解国家有关学前教育的一些政策和幼儿园的管理制度等，以保证家园之间工作的切实展开。

"教育孩子如育花，精心浇水、施肥、呵护，方能成功。但事实上并不是所有人都能养好花，不懂得就要向别人请教，学习养花的经验与艺术。"并不是所有的人都能成为好的家长，所有的人都懂得如何教育孩子，不懂不是关键，关键是不懂应争取弄懂。山村家长自认为读书少，没学问，不会教育孩子，将所有的希望和压力寄托在幼儿园、在教师身上，将自己放在消极被动的地位。因此，家长也应转变观念，主动与教师、与幼儿园沟通。志愿者教师可以充分利用微信等网络设备媒介搭建网络互动平台，方

---

① 赵忠心. 宋庆龄论家庭教育 [J]. 家庭教育，1997 (Z1)：64 – 65.

便家长——特别是在外打工的家长了解山村留守幼儿在园的一日生活状况，与他们进行沟通与联系。志愿者应对留守的幼儿定期地家访，并利用档案袋的方式让其外出务工的父母能够了解外出期间自己孩子的成长变化，让家长在重视幼儿智育的同时，也重视幼儿德育、体育、美育等各方面的发展，家园合作形成教育合力，帮助幼儿形成良好的生活和卫生习惯。

山村幼儿园设立之前，山村幼儿无园可入，为了让即将进入小学一年级的幼儿更好更快地适应一年级生活和学习，形成了学前一年跟班制。幼儿跟读小学本身就是一种幼儿教育"小学化"，5岁甚至4岁幼儿跟读一年级，完全按照一年级的步伐生活和学习。笔者对一年级教师的访谈了解到，幼儿跟班实质上是放任，"能学多少是多少"，幼儿跟班也影响一年级的学习，但没有跟班的幼儿进入一年级也确实很难适应一年级生活。事实上，幼儿跟班还严重影响幼儿本身和山村幼儿园的教育教学。一方面，一些家长将山村幼儿园看作一年级跟班，要求志愿者教师像一年级跟班一样教授幼儿拼音、写字等。另一方面，对于一些年龄较小的幼儿，家长认为幼儿年龄还小就在山村幼儿园玩两年，两年后幼儿没有学到知识就再去一年级跟班，同样不耽误幼儿读书，于是对幼儿在园生活不管不顾，甚至扎头发等事情也全交由志愿者教师。因此，山村幼儿园设立后应取消幼儿跟班制，家、校、园三方携手并进，做好幼小衔接以解决幼儿正式进入一年级后难以适应的问题。与山村幼儿园相比，小学教师对学生关注更多的是学业成绩、课堂行为，而对学生的情绪、内在心理需求则关注得较少。然而从幼儿园到小学其中不仅仅是教育内容的变化，幼小衔接不只是幼儿园的任务，也不仅仅是年龄大的幼儿应该进行的准备，而是在整个幼儿园期间都应在进行着的。因此，志愿者教师应与小学教师加强沟通与交流，彼此相互了解各自的课程内容、教学目标与任务，共同探讨教育方法。同时，幼儿园应与家长合作做好幼小衔接，让家长成为幼小衔接的主动参与者。教师和家长都应认识到，孩子在步入一个新的环境时出现一些不适应的情况本身是正常的事情，不应对孩子施加过多的压力，更不应该打骂孩子。幼儿园应注重幼儿的全方面发展，幼儿园教育不是一味灌输、传授幼儿知识，而是发展幼儿思维与发挥幼儿其他能力相结合，获得知识与掌握方法并重，促进幼儿社会适应、人际交往以及身体动作方面的发展。

第二篇 山区幼儿的视界

第一章
小英：奶奶租房园外陪读

思，深深扎根于到场的生活，二者亲密无间。

——［德］马丁·海德格尔

思扎根于生活，这不仅说明思从生活中来，而且表明：思保证着生活。若没有思对生活的保证，人将只会成为被外界抛弃的存在者，无家可归的、无根的存在者。思使生活成其为生活，使人在生活中成其自身，人也通过思进入存在的澄明。

自从进入 Z 村 X 幼儿园的第一天起，我真诚地与每一位教师沟通，认真对待每一位教师好奇的询问。她们都是本地人，身上透漏出质朴的气质，出于关心，她们就我的学业和经验热情地与我交谈，我也尽量回应得落落大方，借此拉近与教师的距离，减少老师们对我的"提防"，从而尽可能真实地了解山区园留守幼儿们的情况。在此之前，我紧张地在心中多次演练和孩子们的对话，害怕我的到来使他们不自在，从而影响到我所观察到的真实情况。所幸，我担心的事情并没有发生，孩子们扑朔的眼神落在我身上，对我充满好奇。我也有所回应，热情地与他们打招呼，渐渐地他们便适应了我的到来。

第一节　小英的别样童年

福柯曾说："哲学既是一种邀请，也是一种引导。它展现问题的同时，也倡导读者和听众一起进行思考。"每个人都是独一无二的个体，都拥有着截然不同的人生。我所描述的贫困山区留守幼儿的故事，虽然试图邀请读者们参与到研究情境中，以我的角度体验和了解留守幼儿的视界。但大家对丰富实践的解读是无限的——每位读者由于自身的生活经历和心理状态不一样，对于某一现象都会产生自己独特的见解。我深知，复杂的教育并不是能够用简单的是非逻辑加以评判的，我所做的是描述我的所见与所感：有这样一位孩子，她这样生活着，成长着。

一、有个精神病妈妈

在与每个班的教师介绍我的来意后，我迅速进入到"研究者"的角色。迎着秋季的朝阳，我与大班的 F 老师一起，迎接每一位到来的幼儿。孩子们三三两两结伴而行，陆陆续续快要到齐了。这时候，一位脸色暗黑、羸弱佝偻的老奶奶走入我的视野。只见她缓慢地登上楼梯，在 F 老师的耳边轻言几句，说完微微笑起来，眼神有些闪烁，看上去似乎有点不好意思。

老奶奶大约 70 岁左右，银发简单地盘在脑后，穿着一件藏青色的厚外套，粗糙的手掌和沧桑的脸庞仿佛诉说着她历经的生活之苦。待她走后，F 老师转向我，像是读懂了我眼里的不解，向我解释道："老奶奶是来送孙女的，本来都快走回去了，刚刚又折回来问我这个月的伙食费能不能够延迟到下个月再交，现在家里实在是没有钱了。"

尽管此前在电视上、文献资料中有了解过贫困山区农村经济条件之落后，但当自己直面这窘迫的局面时，内心还是倍感无力。抱着关爱的态度，我认识了老奶奶的孙女，也是我的第一位研究对象——小英。

成长的经历无法被总结，它终究是散落凌乱的个人记忆；成长本身就意味着与生活的较量，它无法被裹挟。有这样一份令人念念不忘的经历，永远存储在小英的别样童年：小英的母亲年幼时精神方面便出现了问题，这么多年生活自理都非常困难，连简单的吃饭穿衣也需要小英爸爸的协助。然而祸不单行，小英的亲哥哥也遗传了精神病，并且在 11 岁那年精神病发作后便辍学住院了，连小学都没有读完。而爸爸也已是知天命之年，加上要照顾间歇性发病的妈妈，在城里做苦力的工作都不长久。爸爸的工作比较多变，直白些说即有时候有工作，有时候没工作，比如哪里要修路，同行的伙伴便会叫他过去当临时工，处于今天从早忙到晚，明日却悠闲一整天的状态，收入情况也相当不稳定。

这样不稳定的收入，却要撑起一大家子的生活开支。微薄的收入除了解决温饱，都用于妈妈和哥哥的治疗上，家庭条件可以说是非常窘迫。即使小英已经建档立卡，免除了幼儿园的学费，每个月需缴纳的生活费仅180元，仍难以支付。后来在我与小英奶奶的交谈中，其句句话都透露出生活的窘态："除了资金没有别的困难了，就是缺钱。什么都要钱，柴米油盐啊，幼儿园啊，都要用钱的。有钱就不困难，没有钱就很困难。"

与一开始急迫地想要了解更多的心情不同，当深入小英背后的故事后，我久久没有出声，脑子里乱糟糟，想倾诉的欲望很强烈，可话到了嘴边又咽下，最后只能无奈地长舒一口气。我再次观察这个稚嫩的小生命：她穿着一件水红色的外套，上面有吃饭残留下来的污渍，头上扎着两个羊角辫。皮肤黑黑的，但眼神依然清澈透明。谁能想到，如此年幼不谙世事的她背后却有着这样的辛酸。

世上并无绝对的幸运儿，人生在世，总会遭受不同程度的苦难。与此同时，我们也知道任何事物皆具两面性：苦难可以激发生机，也可以扼杀生机；可以磨炼意志，也可以摧垮意志；可以启迪智慧，也可以蒙蔽智慧；可以高扬人格，也可以贬抑人格。在一个人可以承受的限度内，苦难的锤炼或可助人成材，超出此则会把人击碎。① 所以，不论是谁从苦难中获得的启迪，该是非常深刻的，这种深刻的回忆将会伴随人的漫长一生。

小英纤细的臂膀、瘦小的身体却承载着大大的重任，爸爸妈妈是这个世界上最温暖的词语，却成为她心中随时会被触痛的心弦。在她成长的过程中，除了父母不在身边，生活、教育、心理问题均是复杂成长环境的复合产物。如果没有切实的感受和真实的经历，其实很难去真正理解小英的内心世界。

二、奶奶艰难抚养她

龙应台有一段话令我牢记于心："斜阳西下，我独自坐在浅浅的台阶上，看着那个眼睛炯炯有神的孩子正专心做某事。是的，我想等他一辈子，让他从从容容地将蝴蝶结结扎好，用他五岁的手指。一步一步慢慢来，慢慢来。"② 即便是在如此艰辛的家庭条件下，小英也在朝着光明的方向茁壮

---

① 周国平. 妞妞：一个父亲的札记 [M]. 湖北：长江文艺出版社，2006：43 - 45.
② 龙应台. 孩子你慢慢来 [M]. 北京：生活.读书.新知三联书店，2009：32.

成长，这其中少不了奶奶的细心呵护。

家庭是幼儿的摇篮，是孩子出生以后接受教育的第一个地方。据了解，小英不是 Z 村本地人，她家住在南边的一个村子，相距 X 幼儿园有 20 里路。小英以往跟随奶奶"日出而作，日暮而息"的生活方式，穿梭于一片又一片田间，即便是烈日炎炎的夏季，也轻眯着睫毛，躲避刺眼的阳光，并没有要上幼儿园的计划。事情的转折发生于小英四岁那年，村里生产队的负责人郑重地通知小英奶奶，孩子必须要送去幼儿园，否则无法上小学，并鼓励小英奶奶给孩子申请建档立卡的补助，国家可以报销学费，小英这才拥有了上幼儿园的珍贵机会。由于自己家离 Z 村路途遥远，奶奶体力不支而小英年龄尚小，无法承受路途上的劳苦。于是她们咬咬牙，在离幼儿园的不远处租了间木房子："城里是按月租的，我们这里是按年租的。一年1400，而且还是木房子，不是别人家那种砖房。那种好房子住不起，只能租木房子过日子。"

显然，每个月 1400 元的房租对小英家而言，已然是笔沉重的负担，但小英奶奶考虑到孩子的学习与成长，还是忍痛支付这笔费用。为了更加深入、全面地了解山区园留守幼儿，我请求小英奶奶，能否去她家里进行一次家访。小英奶奶毫不犹豫地答应了，并盛情地邀请我在家里吃晚饭。借着这次机会，我又走近了小英，走近了她的家庭生活。

土砖青瓦没，沿路闲庭空。从幼儿园下坡，往小学的方向，走过两条窄小的胡同，就到了小英家。如我所想，租房里的陈设非常相当简单，仅有一张桌子、三把木凳子和一张木床散落在房间里。小英奶奶卸下买菜用的背篓，开始着手准备晚饭。小英随手将书包放到床上，呆呆地静坐在椅子上，双眼迷茫，显得有些局促不安。我尝试着与她聊天，但由于语言的限制，才说一两句还未等话题深入便中断了。

环顾一圈她们"家徒四壁"的出租屋，连一般农村居民家中必备的洗衣机、电视机皆没有。一切的生活劳作全靠奶奶动手，甚至做饭和洗澡都没有用电，而是采用最原始的生活方式——烧柴。虽然因为妈妈患病的原因，家里可以领低保补助，但老人家没有，小英奶奶每日省吃俭用，节约出来的一点点现金都用在孩子身上。白天小英上幼儿园的时候，小英奶奶就在家里做做家务。做饭洗澡用的柴火烧完了，就让爷爷托别人的车送过来。小英奶奶瘦小的身躯虽肩负着沉重的劳务工作，可她甘之如饴："我从她们落地起开始带她们，一直带到现在。小英一直很听话，平时在家里有什么家务她也会做，比如拖地、扫地之类的。她姐姐性格要强一点，什么都要妹妹让着她。有一次姐姐拿了小英的东西，我要拿棒棒打她，小英还来安慰我，让我不要打姐姐，说姐姐心情不好。"

图2-1　小英居住的出租屋

奶奶的口述里，无不透漏着小英是一个特别乖巧、明事理的好孩子，不仅勤劳懂事，还知道如何去调解他人之间的矛盾。的确，苦难能催生翅膀，让人逆风飞翔；待到下一次振翅时，会更有力量。但小英毕竟只是一个年幼的孩子，偶尔她也会闹一闹小脾气。

"有的时候她想买一个什么东西，我不让她买，她还是会发脾气，还是想要买。我跟她解释过，我们没有钱，缺钱。"

"那遇到这样的情况，您是怎样处理的呢？"

"一般她就很听话地不要了。"

小英奶奶沉重地说完，将头慢慢地垂了下去，似乎很懊恼，又夹杂着一丝无奈，更多的是对生活的屈服与妥协。我们都知道孩子对我们的重要性，可我们却对孩子本身一无可知。更可悲的是，这种"无知"并不是"不可知"，而是"不想知道"和"没时间知道"。正是由于我们对幼儿的意识模糊和意义缺失，我们会发现，往往我们以为自己"有所为"，实际却是"碌碌无为"，同样导致幼儿"无所事事"。爱玩、爱闹、爱新鲜，是小孩子的天性。即使生在贫困的家里，小英还是想要拥有一些新奇有趣的东西，但她又那么懂事，知道家里负担不起，就会听奶奶的话，不会强迫奶奶给自己买。她年龄虽小，却比许多大孩子要懂事。

第二节　小英的幼儿园生活

　　基于舍勒的情感现象学，幼儿园教育和家庭教育一样，关键在于关系，而非控制。师幼关系也是学者们热衷于研究的重点，师幼互动应鼓励孩子在家庭生活中拓展对亲子关系的体验和理解。当孩子处在家庭生活中时，父母时时刻刻会给孩子传递一个消息："我就在你身边，有什么事你可以随时叫我。"在幼儿园同样应该如此，为了真正地关注到幼儿的内心体验和感受，深入了解和把握孩子的内在情绪，为孩子创造更加有利的教育环境，我们必须着眼于儿童的成长，让幼儿园成为幼儿的第二个家。

一、依葫画瓢学画画

　　美术活动有利于幼儿创造性思维的发展。丰富的美术语言输入，多样的美术媒介应用，益于创造的教学环境创设，自由表现机会的提供等，都有助于在认知和情感维度上促进幼儿创造性思维的发展。胡佛在《幼儿的美术活动——从 3 至 6 岁》一书中基于尊重幼儿并在了解幼儿发展特点的基础上，强调在美术感受与表达中心理的安全与自由之重要性。

　　2012 年教育部发布的《3—6 岁儿童学习与发展指导纲要》也指出，幼儿园应当为幼儿艺术学习创造充分的条件和机会，丰富幼儿的想象力和创造力，并且建议应该为幼儿提供方便取和用的艺术工具、大力支持幼儿参与绘画、手工等技术活动。在活动过程中，教师应该尊重幼儿的主体性，给予幼儿充分的自由去选择、表现和创造。当然，活动中的教师也并非无所事事，教师可以通过细心的观察发现许多教育契机，在幼儿遇到困难时，第一时间提供适当的指导。[①] 美术活动是幼儿主要教学活动之一，当我问到"你最喜欢什么活动？"时，大多数的孩子都脱口而出"画画课！"对于教师而言同样如此："我也不知道要教什么，我女儿在中班，我就经常跑过去看看 Z 老师上课教什么，因为我也不懂。她有时候教的诗，可是我觉得有难度，因为教诗要把整首诗都写出来，但是有些字很难，小孩不会写。所以

---

　　① 朱家雄，黄瑾，李召存，等．幼儿园课程的理论与实践［M］．上海：华东师范大学出版社，2012：30.

教诗只能告诉孩子们怎么读，或者背一下，写是写不出来的。教画画还简单一些，把动画片放着，让他们自己画就行了。"

对于 F 老师而言，画画课是最轻松也最容易上的一门活动。户外活动结束后，孩子们纷纷回到教室，F 老师打开电视播放动画片，孩子们最爱的美术活动就此拉开帷幕。

大多数幼儿都聚精会神地看电视，动画中鲜艳的色彩与跳跃的场景无不吸引着他们的眼球。唯有小英在状态之外：她埋着头，拿起一支很短、快一削到底的铅笔，一笔一画地在纸上点缀。偶尔，她被动画片的背景音乐吸引，会抬起头瞥一眼电视屏幕，而后又低下头继续画画。中途她几度停下，左手大拇指与食指一直来回摩擦，我定睛一看，原来是她的食指指甲边缘破了，露出黑黑的污垢。她用手抠，试图将指甲缝里的污垢抠出来。

"小英，你画的什么呀？"她的眼神里没有童年的无邪，却有着早熟的惆怅。愣了好一会儿，她才伸手指着画纸，从左到右地点过来："鸭子、牙齿……"因为 F 老师正忙于批改孩子们昨天的作业，分身乏术未能管理课堂纪律，教室里喧嚣声音比较大，况且小英说的方言，我未能听清楚她最后一个到底在说什么，有些不知所云。旁边的小朋友凑过来听懂后告诉我："是香菇的牙齿。"小英连忙点点头，小小的眼神中透露着对同伴的认同。

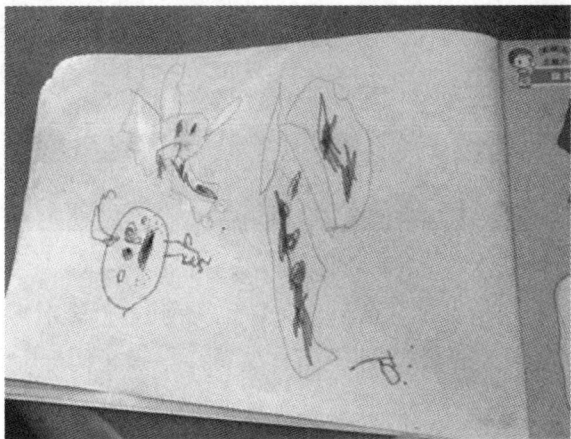

图 2-2　小英的绘画作品

小英热爱画画，这项爱好尽显了她在教育生活中的积极体验。可即便如此，画画的过程中也掺杂着一丝不和谐的体验。只见她将手里的水彩笔放回笔盒，又重新拿起一只别的颜色。"我的红色没有了，你不能再拿我红色的了。"同伴大声呵斥小英，不希望水彩笔再被小英借用，并频频发出抗议。而小英一言不发，没有受到同伴任何影响，仍然专注且认真地画着自己的。小小的背影里，承载了莫名的孤独和冷漠。

下午由 L 老师带班，F 老师因家中有事中午已提前离开。刚进教室，L 老师又让小朋友们拿出画纸画笔。很显然，由于工作内容交接不到位，L 老师并不知道上午已经上过画画课了。

小英蹲在地上，在书包里面使劲儿翻找，找出一张上午用过的画画本，连忙跟着电视画起来。电视播放着"宝宝巴士简笔画"，在动画片连续播放的节奏下，孩子们飞快地画着"玉米""菠萝""草莓""热气球"。画面的快速转换致使小英有些跟不上，她抬头瞟一眼电视屏幕，便匆匆下笔。一个作品未完成，等她再次抬头看电视想要"临摹"时，电视已经播放下一节"电风扇"了。不止小英，几乎所有的小朋友都跟不上动画片的节奏，一个物件还只完成一半，就马上换到下一个。

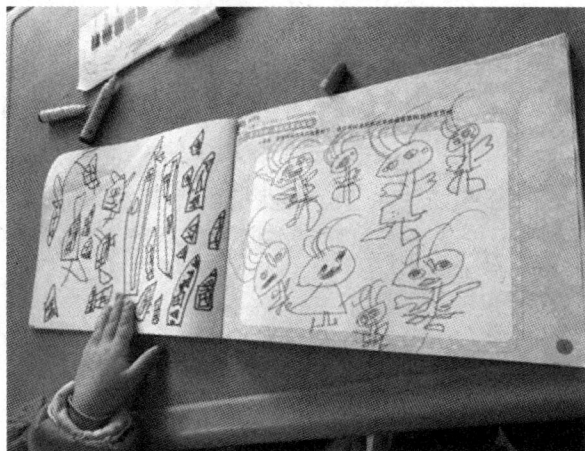

图 2-3　小英的绘画作品

在孩子们如此手忙脚乱的画画节奏下，L 老师正不紧不慢地分发着今日小零食。"第一组的上来拿。"小英所在的第一组孩子们慢吞吞地走到 L 老师跟前，小英还沉迷于看动画片，没有起身。"第一组的! 快点!"孩子们被突如其来的训斥声吓住了，一部分孩子低着头不说话，一部分孩子望着老师，眼神中充满了畏惧与不解。小英终于动身，一言不发地拿回零食，边看动画边准备吃。这时候动画又飞快地换到下一节，画"饼干"了! 小英将还没来得及吃的零食随手放到桌子一边，连忙拿起笔慌忙地跟着电视画起来。L 老师没有管孩子们的绘画情况，扭头向我抱怨："这个饼又干又不好吃，好多小朋友都不吃。他们喜欢喝牛奶，因为像水，又甜，发牛奶的话他们每个人都会喝完，每次发这个饼就吃不下去。"

一盏茶的工夫，小英的画纸上已经被层层叠叠画了很多图案在上面了，但这些图案的形态各异，实在看不出来是对应的动画片中播放的哪一个。

二、小英只会讲方言

语言是人类文明发展的重要标志之一，同时也是人与人之间进行友好交流的重要形式。1956 年 2 月 6 日，国务院发布了《关于推广普通话的指示》，随后在全国范围内推广，由此可见会说普通话对于我们中国人而言意义非凡。《中华人民共和国宪法》第十九条对普通话的推广也有所规定，"国家提倡全国通用的普通话"。这一措施具有一定的战略意义，不仅有利于增强我国全体人民的团结，还有利于推动各民族文化的变革，促进区域经济的发展。改革开放以来，随着我国经济的进一步发展，大力推广普通话已成为我国市场经济模式下人口流动、现代媒体发展和互联网普及的一项客观要求。我们都清楚语言对于人类的重要性，能听懂、能说好普通话是当今时代对每个人具备良好沟通能力的基本要求，并且很多父母自孩子小时候起就开始用普通话与之交流，从而潜移默化地影响孩子普通话的习得。

难得的大晴天，三个班的幼儿们都被允许在操场坪上自由活动。小朋友们被"放"出教室后，一个个生龙活虎地在操场上恣意奔跑、嬉戏，相当热闹。有一群小朋友积极地投入滑滑梯的游戏中，小英游离于集体之外，静静地站立在滑滑梯前，双手插进口袋里没有动，默默地沉浸在一个人的世界里。偶尔她看到有趣的场面，会手舞足蹈甚至稍微离得近一点，像是想要加入同伴们的游戏行列，但更多的时候，她像一位"旁观者"，一声不吭地默默看着其他小朋友们玩耍，偶尔露出甜甜的微笑。"小英，去和她们一起玩吧！"F 老师热情地邀请小英，试图让她加入小朋友们的队伍，却没有成功。

大约十点半的时候，小英小跑过来，对着我和 F 老师大声说了一句方言，由于语言不通，我疑惑地看向 F 老师。"她说有人摘树叶。"F 老师请小英将摘树叶的男孩带过来，她欢快地一路小跑过去，不一会儿拉着一个小男孩的衣袖过来了，还把嘴凑到小男孩的耳边小声嘀咕。得到 F 老师的表扬后，小英满足地笑笑，好像完成了一项正义使命，什么也没有说地走开了。而后她一直坐在墙角边，看着同伴们在跑道上比赛，直到自由活动时间结束，F老师呼吁所有小朋友回教室，小英才怯生生、慢吞吞地排到队列的后面，低垂着头，时不时地"瞄"一眼其他人。小英在户外活动的表现着实令我感到疑惑，于是我向F老师询问小英平日在班上的表现。F老师略微思考了一番说道："她很内向，平时不太爱说话，也不会说普通话。我们班上大多数小朋友都会说普通话，而且说得很好。"

这个年龄的幼儿正处于语言习得的关键期，幼儿应尽可能地处于语言发展的物质和非物质环境，尽可能地多说、想说、敢说。[1] 而据我了解，小英自出生以来，一直跟着奶奶生活，奶奶在日常生活中均使用方言，所以小英在入园之前所得到的语言输入大部分都是方言。奶奶由于自身素质的限制，对待小英的语言习得大多采用"放养"的方式，没有将小英是否会说普通话放在很重要的位置。当小英就一个很感兴趣的物品或者事件向奶奶提问时，奶奶多用方言回应，或者用"哦""嗯""不知道"等简单的话语敷衍了事。在这样的沟通方式下，小英逐渐形成了孤僻的性格，长此以往更加不爱讲话、不善交际。虽然在入园之后，老师与其他同伴使小英接受到普通话的输入明显增多，可在幼儿园一年多时间里，她很少说话，即使开口也是用方言与他人交流，并不会说普通话。

《3—6岁儿童学习与发展指南》明确指出："语言是人类进行交流和思想传达的重要工具。学龄前儿童从所处的年龄阶段是幼儿语言发展，特别是口语发展的重要时期。"[2] 即使是在偏远的农村，绝大多数留守幼儿都是能够用普通话日常交流的，可小英仍然不会，X幼儿园的老师大多都为农村当地妇女，所说的讲普通话带有浓厚的方言色彩，因此小英的普通话也被深深打上了方言色彩。

三、胆小内向拒社交

在正常的一个家庭里，父母长时间的陪伴和无微不至的关怀会使孩子更加阳光乐观。可对于留守幼儿而言，长时间与父母分隔两地就特别容易造成这部分情感缺失，而这种情感寄托是其他角色无法替代的。

11月8号，大班L老师正在数学课上布置家庭作业让小朋友们回去写

---

① 韩娟娟. 农村3—7岁留守幼儿普通话习得现状研究——以山西省永济市蒲州镇贝贝幼儿园为例［D］. 南宁：广西大学，2018.

② 中华人民共和国教育部. 3—6岁儿童学习与发展指南［M］. 北京：首都师范大学出版社，2001：58－62.

算式。我搬了一张小椅子，坐在第二排后面，恰好能观察到小英的一举一动，又不会影响到小朋友们的正常活动。有孩子闹腾起来："老师！我还不会！"也有人在旁边小声嘀咕："我才不写家庭作业呢，哼！"

唯有小英一言不发，她紧紧握着铅笔，小心翼翼地在本子上写下"4 － 3 ＝"。铅笔芯断掉了，她尝试用指甲盖抠铅笔屑，想要把铅笔芯抠出来，但没有做到。她小眼睛瞟一眼四周，再三犹豫后用方言以怯懦的语气对旁边的小朋友说："帮我搞一下……"渴望得到同伴的帮助，可惜旁边的小伙伴没有听懂，自顾自写着作业，没有理睬小英。于是小英继续用手指甲抠了抠铅笔头的碎屑，好像抠出来一点点了，可即使这样写出来的字迹还是浅浅的。她擦了又写，写了又重新擦掉，动作相当缓慢，却很专注，安静地沉浸在自己的世界里，仿佛没有人能够打扰到她。

大班的保育员 F 老师对小英的印象是安静、听话，但不出众："小英在班上是属于那种话比较少，比较低调，不太突出的小姑娘。你问她问题她会回答，但是不会主动说话。上课也算认真，但就是不发言。我觉得她懂事还是懂事，但是怎么说呢……如果有一个新的老师过来，肯定不会注意她的，也不会太喜欢她。因为她又不爱说话，长得也很一般，坐在那里不会有人注意的。"

11 月 13 号这一天，我再次走进小英家。房子外面传来嬉闹声，应该是小学生们放学了。孩子们成群结伴从门外路过，经过门口时声音被放大，吸引了屋子里安静的小英。小英站起身，整个身体贴在墙上，透过微微的缝隙，眼睛望向门外，透露出对外面世界的向往。从幼儿园下午 4 点放学后，一直到晚上睡觉这一段时间内，小英仅是待在家里吃饭、写作业，没有其他课外活动。奶奶不允许小英外出玩耍，因为担心孩子受他人欺负："小孩子玩到一起了，有的时候会打架，我就不放她出来。我们家外面有一个矮矮的围墙，之前外面小学的一二年级的男孩子特别调皮，把墙都给拆了。我跟他们外婆讲，那些孩子挨了长辈的骂，又反过来报复我们。他们用那种长弓打我们家里的玻璃，把玻璃都打碎了。小孩子实在太顽皮了，所以等小英一回家我就把门关了，不让她出去玩。"

"惹不起就躲"是小英和奶奶自保的心理，毕竟自己是"外来人"。在奶奶的眼里，孩子能够平平安安、健健康康地长大，已是老人最大的心愿。其他比如学习，都不是最主要的，更别说社交行为了。

不能外出的小英宛如一只被"囚禁"的小鸟，甚至连周末都只能待在租房内，与外面的喧闹划清界限，她是一个孤独的小孩。

"老家也是租的，附近也没有人跟她玩。"因为老家比较偏僻，没有直达的公车，坐大巴车回去要70块钱，考虑到车费很贵，因此如若没有特殊的情况索性就不回家了。家里闷得慌，小英偶尔也会吵闹着想出去玩，但都遭到奶奶的反对。"如果我放她出去的话，别的小朋友会欺负她，而且他们的爷爷奶奶会来骂她，而且还会骂我。我在这边是租的，没有认识的人。"

没有"根"是小英奶奶的心结。贫乏的成长环境、狭窄的交往范围，小英的社交场所仅仅局限于家庭和幼儿园。我们都知道，同伴交往是幼儿社会化的重要途径。菲律宾大学临床儿童心理学家马劳迪斯·卡丹曾指出："一个孩子如果社会交往能力低下，那么他会比没有上过大学的孩子具有更严重的缺陷。"[①] 小英奶奶基于安全的考虑和"外来人"思想，不允许小英走出家门，与邻居们、同伴们玩耍。孤独的小英只能选择自娱自乐来打发无聊的时间，这样的生活每天都重复着。久而久之，小英便被迫变成了"宅童"，性格也变得胆小懦弱，不敢与同伴交往。

比尔格在《最后一只独角兽》中提到："我和所有人一样，住在一所由秒、分、时以及年共同铸就而成的一所小房子里，直到我离世，我都从来没有离开过这所房子。"小英在家里以及在幼儿园的生活就像是被固定在这样一间小房子里，在固定的场所重复做着同样的事情。从纵向来看，在这个时间的刻度表中，小英的生活被固定化了，仿佛变成了一个有血有肉的时钟。可对幼儿而言，日常生活环境中处处都隐藏着可供他们探索、思考的学习资源，任何有可能被成人忽略的场景都有可能成为幼儿学习与发展的场所。如果将幼儿的活动场所仅仅限制在一个狭窄的院子里，那么她们将失去与外部世界接触的机会，同时也错过许多珍贵的教育契机。

幼儿应该得到来自成人世界的关注和呵护，这是无可厚非的，可在"关怀"之下，幼儿的生命过程的本质却被忽略了。他们眼里的世界越来越小，小到仅有从幼儿园教室、家里窗户看向外面的世界；他们的时间越来越短，短到只能过好当下，而看不到未来；他们的路越来越窄，萎缩到只有从幼儿园到家往返的路途。当成长受到了阻碍，没有"现在"的儿童，哪还有更广阔的"未来"呢？

---

① 李艳菊．幼儿同伴交往能力发展及其影响因素研究［D］．上海：华东师范大学，2008：18.

第二章
帅帅：翻山越岭上幼儿园

一个情境的真相并不能在日常的观察中看到，而是要在一种有耐心、一步一步慢慢来的蒸馏过程中去寻找……探险应该不是单纯地走过很多表面上的距离，而应该是一种深入的探讨；一个短暂却动听的插曲，一处片面却美好的风景，或一句偶然听到的私语，可能就是理解以及解释整个区域的唯一关键。可如果缺少这个关键，仿佛是上锁的门缺少一片开启另一面的钥匙，那么整个区域可能都不再具有任何意义。

——［法］列维·施特劳斯：《忧郁的热带》

第一节　崎岖山路真难行

一、上学千万别迟到

这不是一个特例，而是一种现象。去离家好几公里甚至十几公里外的学校上学是中国农村地区很多孩子的真实写照。在 X 幼儿园，也有这样一个孩子——帅帅。风雨吹打他上学的伞，烈阳炙烤他放学的路。

帅帅的家在距离 X 幼儿园 4 公里的 B 村，那是一个很深的山坳，顺着帅帅奶奶手指的方向望过去，早晨的雾气把山坳遮得严严实实。B 村由于村民少，没有开设独立的幼儿园，当询问帅帅奶奶："上幼儿园这么辛苦，有没有想过干脆别上幼儿园，年龄大了直接上小学？"帅帅奶奶态度十分坚定："幼儿园是必须要上的，以前他跟着爸爸妈妈在宁波上幼儿园，现在回老家也要继续，不然上小学的时候，他会跟不上。"

4公里的路程，每天来回花在路途上的时间大概要两个小时，而接送帅帅的爷爷奶奶则需耗费更长的时间。对于年龄尚小的帅帅和年迈的爷爷奶奶来说，都不是一件容易的事情。

山谷的清晨非常冷，特别在冬天，即使穿了厚厚的棉袄，全身上下都用棉袄包裹住只露出两只眼睛，可仍然会觉得凛冽的寒风穿透过层层棉絮径直吹进身体里面。蜿蜒盘曲的山路热闹时都没什么人，更别说孤单的清晨了。帅帅紧紧跟在奶奶的身后，偶尔被前面短暂休憩的小鸟吸引住，蹦跶着冲向前，而后又乖乖地回到奶奶身边。一辆车从身边经过，鸣起的喇叭声似乎在向帅帅打招呼。"我不是路上唯一的一个。"年幼的帅帅偶尔会这样安慰自己，然后继续加快脚步，让自己早点到达幼儿园。谈到这个情况，帅帅奶奶也很心疼孙子："夏天还好，冬天早上起来，月亮都还没落下去呢，从山坳里走出来，手跟脚都冻得冰冷。我们家就是住太远了，帅帅早上起来的时候，Z村本地孩子还在温暖的被窝里睡大觉。"

即使住得很远，帅帅也很少迟到。他匆匆跑进中班，而此时，才刚到七点半。帅帅和大人一样有"赶早不赶晚"的习惯。幼儿园规定的八点多才上课，帅帅不出意外每天七点半就早早地到了。他卸下大大的书包，静静坐着等待其他孩子的到来。

早餐时间的帅帅可不安分了，只见他用食指和大拇指从碗里挑起一根粉，桌子对面的同伴也像他一样，两人将粉当玩具，在对方的面前甩来甩去。最后，"粉战"在Z老师的呵斥声中戛然而止。

关于留守儿童的生活，其实时常有媒体报道，在镜头中捕捉的那些略显苦涩和无助的画面，总让我们泪湿双眼。虽然上学路途遥远，辛苦且辛酸，但小孩子不会成天愁眉苦脸。在田里玩泥巴，捉蚯蚓当饵料钓青蛙，乱糟糟的头发上甚至长过虱子，记忆里不完整的苹果和梨子……在苦哈哈的日子里，他们也总能找到属于自己的乐子。

漫漫人生，心安何处。这条连接帅帅家与幼儿园的狭窄山路，何尝不像是每个人必须走过的人生道路。我们的生命无时无刻不是在暴走，或结伴而行，或独自上路，或流连徜徉，或闲庭信步，或执着奔跑，或迷茫踟蹰，走过村舍河涧，走过山前山后，而暴走的意义，就在于永远不要停下脚步。人生没有白走的路，每一步都算数。

二、亲子交流靠电话

父母外出务工后，孩子们不得已地承受着由于主要家庭成员的缺失而带来的家庭气氛的冷清和落寞，但他们又不得不面对现实并接受和理解父母的选择。一聊到帅帅，奶奶的眼睛里都闪烁着光芒，滔滔不绝地向我诉说："我们在宁波的时候，那边的朋友都很喜欢我这个孙子，那边的老师也很喜欢帅帅。宁波上学虽然贵，但是也挺开心的。他在学校里面跳舞还上过电视，老师经常表扬他……"

机灵的帅帅一直是奶奶的骄傲，谈起教育时，奶奶认为宁波的教育更好一些，虽然那边不教写字，但是唱歌跳舞都会学。每次接触到新内容，帅帅回来都会骄傲地表演给妈妈看。可是即使考虑让帅帅以后再回宁波上学，面临的窘境又将帅帅奶奶拉回现实："但是外面的消费高啊，我们又没有钱。盖房子借的钱现在还差几万。到外面去这要钱那要钱，又要租房又要干什么的，太贵了。"

说完，帅帅奶奶将头垂下去，表明了对生活的无奈。帅帅原本是跟着爸爸妈妈在宁波上幼儿园，爷爷是花垣县人，去年一年他们从宁波到老家往返了三次，爷爷生病回来两次，家里有事又回来一次，每次回来都得花几千块钱，对于家庭来说是一笔很大的开支。于是经过深刻且冷静的思考后，今年就将孙子接回老家来念幼儿园。

虽然帅帅与爸爸妈妈相距千里，但亲情不减，双方的心每天都靠一根电话线紧紧相连。听筒中流出潺潺的关爱，话筒里塞进潮湿的委屈。幸运的是，信息科技的进步给人们提供了极大的方便，爸爸妈妈给爷爷换了智能手机后，聪明的帅帅早就学会了如何使用，每天拿着手机和爸爸妈妈视频。当妈妈问起："今天跟我视频有什么事吗？"帅帅的回答就犹如一股温暖清流沁入妈妈的心里："妈妈我想你了，视频看一下你下班了没有。"不过，即使沟通很方便，但跟面对面的交流比起来，仍差之千里。

帅帅妈妈意识到太早学写字对小朋友手指关节的发育不利，于是平时在电话中多是叮嘱帅帅在家要听爷爷奶奶和老师的话，不要调皮，更不要让爷爷奶奶操心，想等帅帅大一点了再教他写字。不过在这一方面，帅帅奶奶跟妈妈所持意见相反："我觉得简单的写字可以教，别的小孩子都会写1、2、3、4、5，他就写不好。我会写的就教他写，但是有的我也不会，只能等他妈妈过年回来教他了。"

人们常常担忧，留守幼儿缺乏父母的关爱，从小没有陪伴，这样的成长经历会对他们的人格与心理造成负面影响。尽管帅帅因为"长期不与父母一起生活""家庭贫困"等指标被界定为"留守儿童"，但如果只片面地认为帅帅因为"留守"而一定存在心理或者品德上的显著问题，无疑是在犯如法国著名教育社会学家布尔迪厄所说的"学者的谬误"。[①] 因为帅帅虽然因为与父母分离，没有接受到正常的家庭教育，但是他并没有因此产生心理或品德上的偏差，也没有出现学者们所担心的问题。相反他在某些方面的表现甚至要比在城市里"幸福且顺利"成长起来的幼儿更加优秀。

实际上，父母的外出，只是地理空间意义上的分隔，父母和孩子之间的感情仍然可以通过其他方式维系。尽管父母长期不在身边，但爸爸妈妈并不会忘记在合适的时候用电话提供关爱。而在平时日常生活中，爷爷奶奶悉心的关照和爱护，也使帅帅感受到了浓浓的亲情。

古人言："不用扬鞭自奋蹄。"对于任何事情如果切换一种方式去看待，也许结局会完全不一向。如果说留守幼儿的生活经历是一种困境，那么这种困境同时也是一笔宝贵的财富。因为它在给一个人的人生增加难度的同时，也在锤炼人的意志、铸就人的意志，从而获得人生的真谛。中国有句老话"苦尽甘来"，还有一句是"吃得苦中苦，方为人上人"，这些激励人心的语句都是在鞭策那些遇到困难的人不要轻易放弃，要经受住磨难和打击，并怀着积极乐观的心态去拥抱未知的困难并一次又一次地实现超越。

第二节　帅帅喜欢上幼儿园

对于一个幼儿来说，幼儿园和家庭不仅仅只是一个他的身体每天停留的地方，更是他与他、他与她相遇的场所，也是我们通常所说文化交流互动的社会环境。这两个地点的关键人物——父母和家长，是陪伴孩子健康成长的重要人物。这意味着父母和老师应该倾听、帮助、保护和引导他们

---

① 丁钢. 教育经验的理论方式 [J]. 教育研究，2003 (2)：22－27.

的孩子，在孩子成长道路上发挥各自的作用。在关怀下，孩子如果充分信任这个人，那么作为父母和老师就达到了教育内在的成就。父母爱着孩子、孩子爱着父母，同样，爱也可以在老师与幼儿之间架起一座桥梁，使老师与幼儿的心灵相通。

一、老师爱我我爱她

幼儿园是留守幼儿们共同生活的最主要的场所，承担着留守幼儿人格培养和习惯养成的重要使命。在幼儿园里，老师的支持、教导与照顾会让孩子更加阳光乐观。

乔治·麦克林认为："人并不是独立存在于这个世界上，而是与他人一起的公仔。不管是谁，我们进入到这个世界并分享着这个世界，其他人也是如此……我们的世界就是与他人共处。"① 幼儿作为在幼儿园生活与接受教育的主体，也不是孤立的"单子式存在"，而是一定会与其他人发生交互关联的社会化的存在。其在幼儿园的教育生活中，必然会与教师和同伴发生关联和交互作用。

"Z老师呢！Z老师怎么不见了！"一大早，帅帅的声音响彻整个中班教室，他的小眼睛骨碌碌地四处张望，紧张地搜索着Z老师的身影。"给你们买糖去了，谁表现得好，就给谁发糖。"知道Z老师的行踪后，帅帅松了一口气，继续投入与同伴的角色扮演游戏。

Z老师很爱这里的孩子们，并且在自己的能力范围内，能帮就帮。"我很心疼这里的孩子，有的家庭经济条件确实非常差，我想办法能帮一点是一点。"Z老师自己有两个儿子，生活上同样也承担着不轻的经济压力，帮助孩子是经过尝试后采用的"独门秘方"。"打个比方，我们生活费是按天收，有的时候他请个假，我就报上去说孩子请了三天病假，那么三天就可以少27块钱。别看只有27块钱，有些家庭已是一个星期的生活费了。"

不过，活泼调皮的帅帅也没少让老师操心。"他很聪明，但也很调皮，经常与同伴打闹，在教室里跑来跑去，谁也管不住他。昨天吃饭的时候，他不想吃肉，于是将肉甩到地下。我惩罚他不许出去玩，他才不情不愿地把肉从地上夹起来。"

---

① ［美］乔治·麦克林. 传统与超越［M］. 干春松，杨凤岗，等，译. 北京：华夏出版社，2000：60.

这天天气正好，Z老师把帅帅叫到操场上聊天，却意外地发现帅帅头发鬓角处长了一个疮。她心疼地问帅帅："痒不痒？擦药了没有？"帅帅摇摇头，表示还没有经过处理。Z老师立马拉着帅帅进教室擦药，悉心的照料无不体现出Z老师对帅帅的爱。"帅帅上幼儿园真的很不容易，你别看这几里路，大人都要走两个小时，更别说小孩子。"

我坚信每个人都怀有一颗怜悯之心，留守幼儿们林林总总、催人泪下的生活困境总能击中我们内心最柔软的角落。孩子们把Z老师当成亲人，Z老师也尽全力去补偿他们缺失的亲情。这样一份单纯质朴的师生情就在帅帅与老师的心目中架起了一座桥梁，老师和帅帅的心灵便相通了，互相都以善良的初衷表达着对对方的爱，彼此都感觉对方是一个值得信赖的人，进而丰富彼此的人生际遇。

帅帅最爱听Z老师讲故事，也许是因为这些听上去简单但细细品味就能发现许多哲理的故事在帅帅的心中生了根、发了芽。因此，即使从小就被爷爷奶奶宠爱着，帅帅也没有形成骄傲自满的性格，而是逐渐成为一个懂事的孩子。在幼儿园感受到Z老师的爱后，帅帅的心里也对老师有了真挚的感情，所以他愿意听从Z老师的教诲。Z老师对他的爱仿佛是贫困的生活里指明前进道路的灯塔，在最困难的时候拉他一把。对于其他孩子而言，同样也是一种良性循环。Z老师无私奉献的善意，在每一颗挣扎的心灵那里都是巨大的安慰，这不足挂齿的善意最终也会收获孩子们的爱。

二、反复诵读学诗词

帕尔默曾在《教育勇气》中说：教师最重要的作用是通过传道授教的方式让学生们从普通的事物中发现更多的魅力，让学生看到"一粒沙的世界，一朵花的天堂"。一粒沙和一朵花，既能给学生凸显出外在的伟大魅力，又跟学生内心深处隐藏的能量相碰撞而产生新的火花。孩子自出生开始，身体内就蕴含着无穷的潜力，但这些潜力有可能被外界阻碍而无法散发出夺目的光芒。教师需要做的就是用他们细腻而柔软的胸怀、瘦弱而坚韧的手臂为他们扫除前方的阴霾，绽放自我的光芒。当孩子们丰富多彩的内心世界被光芒照亮时，相信他们散发出的美丽将会大大超出我们原本的期望。

旭日东升，下午的教学活动在Z老师的吆喝声中拉开序幕。

"小朋友们，快点坐好!"Z老师边说着边将黑板推到教室中间打算开始开展活动，喧闹的教室瞬间安静下来。

"昨天我们学了什么呀?"

"o——"孩子们整齐划一的声音在教室里响起。

"不错! 今天我们学'e'。首先把《咏鹅》背一遍。"Z老师很满意孩子们的反应，要求孩子们把以前学的诗再背诵复习。刚说完，教室里响起小朋友们此起彼伏的背诵声，熙熙囔囔，不太整齐。显而易见，幼儿们对于背诵这件事缺乏缺乏一定的热情，背诵本身也无法使幼儿快乐，可碍于老师的规定，他们又不得不完成老师的要求。背完诗词，正式进入新内容的学习：

"跟我一起读! 大鹅游泳 é é é。"

"大鹅游泳 é é é……"

跟着老师重复好儿遍后，今天的新内容的学习算是告一段落，这时离下课还有好长一段时间，Z老师也时不时地翻看手机，确认继续授课的时长。结束新内容的学习，对于Z老师而言，更像是完成一项艰巨的任务。任务完成，便松一口气，接下来再次回到复习阶段——背《咏梅》。

"墙角数枝梅，凌寒独自开。遥知不是雪，唯有暗香来。"与刚刚背诵《咏鹅》的情况相反，这一次小朋友们背诵得抑扬顿挫，非常熟练，想必是经过了多次的练习，又或者是前几天刚学的新诗词，孩子们记得相当牢固。我看向Z老师，发现她也正看着我，得意地对我笑笑，眼神里充满了自豪。一首背完，紧接着开始背诵下一首。

《静夜思》《小绵羊》《当兵》《小狐狸》，在Z老师的口令下，孩子们分别将以前学过的诗词、童谣从头到尾复习了一遍。帅帅的嘴一张一合，重复做机械运动，有些心不在焉。

除了复习以前学习的诗词童谣外，还要学习一首新的诗——《江雪》。这也让我直面接触到这所农村幼儿园是如何给幼儿教授新内容的，只见Z老师熟练地打开手机搜索，对着手机查到的内容，将诗抄写到黑板上，期间由于对诗词内容的不熟悉，加上写粉笔字不太连贯，Z老师停下来看了好几次手机屏幕。

抄完诗词的Z老师放下粉笔，转身拿起木棍对小朋友们说："跟着我读，我读一句你们读一句。"

图2-4　幼儿们要学的新诗《江雪》

"老师，这个我妈妈教过我，我会！"帅帅的声音大而洪亮，吸引了大伙儿的目光，所有的小朋友都齐刷刷看向他。

"那你读一遍。"Z老师的眼神在黑板上游走，并没有看帅帅。

"可我……不记得怎么读的了。"帅帅含着下巴，声音越说越小。

"哦，那就重新学。"Z老师用木棍指着一句句的诗，她读一遍，小朋友们跟读一遍。

"千山鸟飞绝""千山鸟飞绝……"

"万径人踪灭""万径人踪灭……"

"孤舟蓑笠翁""孤舟蓑笠翁……"

"独钓寒江雪""独钓寒江雪……"

反复五六遍跟读后，Z老师问大家："我现在看看谁会背了？"小朋友们你看看我，我看看你，谁都没有发出回应。Z老师对于孩子们的反应很不满意，要求齐声将《江雪》朗读数遍后，直接开始背诵。帅帅由于在开小差，错将《江雪》背成了《静夜思》。被Z老师纠正后，又从"千山鸟飞绝"开始背。一句"我学会了！"到底是真正的学会还是仅仅是应付Z老师，我想只有他自己清楚。

从这堂活动中，我们能看到Z老师按照自己预想的方式和流程完成教学任务，没有给孩子们充分的选择权，幼儿仅仅是活动中被动的参加者。我的眼前不由自主浮现出一幅很久前见过的雕像：一位成人用镣铐牵着一位稚嫩的幼儿，幼儿在一遍遍重复捶打着眼前的钢材，成人是威严而庄重的，而幼儿是安静而顺从的。这已完全与我们的初衷背道而驰：幼儿的生活本应是自由、活泼且开心的，而不该被镣铐束缚着机械地去锤炼钢铁。下午的时光里，我脑海中反复循环回荡着"白日依山尽……"一直到清脆的放学铃响起，内心才回归平静。

三、疏忽安全他受伤

"孩子每天都出早操"是幼儿园一门活动的常态。《幼儿园教育指导纲要》明确指出："要开展各种有趣的体育活动，特别是接触到大自然的、户外的活动，提高幼儿参加体育锻炼的积极性，并在锻炼的过程中提高幼儿适应环境的能力。"

排队准备做早操的时候，帅帅的眼睛直勾勾地盯着某处，忽然兴奋地向蹦床奔去，对上面的孩子说："快下来，我们要做早操了！"他站在队列的最后一个，身体左摇右晃的，先是原地跳，而后用手摸摸前面同伴的后脑勺，和同伴们打打闹闹。等孩子们差不多都站好自己的位置后，老师播放手机视频。由两个孩子和一位老师在前面带领，其他孩子在后面模仿。好不容易结束了早操，帅帅和几个小朋友率先进入了蹦蹦床，边玩边自言自语道："在蹦蹦床上跳舞，感觉实在是太好了！"我从帅帅身上看到了最单纯的朴素，朴素是世界的本来面目，没有任何功利色彩，就像花儿的盛开、树枝的摇曳、风儿的低沉、蟋蟀的歌唱，它们不因任何理由所转变，只听从内心的召唤，是心之所向、本性使然。

Z老师走过来，与我聊起小朋友们的作业情况。隔得远远的，我看见帅帅正欢快地在蹦蹦床上跳跃、旋转。然而意外往往就发生在一瞬间。

"老师！帅帅流血了！"突然，我们的交谈被小朋友的惊呼声打断。Z老师和我连忙往声源处寻去。蹦床出口已被小朋友们层层包围，帅帅用手捂着右脸，眼泪哗啦啦往下流。看见脸上的血迹，Z老师连忙将帅帅带回教室，仔细检查伤情。所幸是轻微的刮伤，Z老师松了一口气，帮帅帅做消毒处理。这里的医疗工具比较少，但必备的碘酒、棉签还是不欠缺。在老师的安慰下，帅帅止住了哭泣，变成小声抽噎，抽泣着给我们讲述了事故发生的缘由，原来是在玩蹦蹦床的时候，自己用力过猛，导致身体不受控制地扑向蹦床边，脸撞到门杆，被门杆上凸起的小异物戳伤了。

我走到事故发生的蹦床边，仔细端详，像是捉了很久迷藏。果然！门杆上有一个发锈的凸出物，长度大概五毫米，不细心观察的话并不容易发现，但这不起眼的小凸出物足以给小朋友稚嫩的脸庞留下伤痕。

图2-5　撞伤的帅帅

图2-6　有问题的蹦床

这次意外让我触碰到幼儿的脆弱与稚嫩，心跳也随之加速。回想起第一天刚来山区园时，曾在大班看见过一个头上裹着纱布的小朋友。F老师说是这孩子自己在操场上玩耍时，不小心摔了一跤，头上摔了一条口子还缝过针。"家长知道他很顽皮，以前在家里也曾把脑袋后面摔了一个小口子。我们这里的家长还是比较理解，因为他们了解自己的孩子是怎样的。没有人推他没有人打他，他自己跑着跑着摔的。天气好的时候，我们会让小孩子在操场上自由活动，那我们老师不可能兼顾到每一个人。"

F老师将孩子在幼儿园发生的意外归类于正常现象，并解释为由于幼儿园老师不够，分不开身，没有那么多的精力照顾到每一个孩子。安全是第一要素，活泼好动又是孩子的天性。在欠缺师资的山区园，如何保障好孩子的安全，避免发生意外，也是我们需要重视的问题。

第三章
虹虹：特殊幼儿的静默世界

我们所需要的很多东西都可以等待，唯独孩子不能。现在，他的骨头正在成形，他的血液正在流淌，他的心智正在发育。我们不能对他讲明天再说，他的名字叫——今天。

——［智利］加夫列拉·米斯特拉尔

第一节　天生聋哑不自弃

法国哲学家德赛图曾从生活史的角度有过一次典型探索，他从"街头"这一最为常见的日常生活空间着手，研究西方都市里的"芸芸众生"。同样，研究者从特殊留守儿童过去的和现在的日常生活切入，了解特殊留守儿童有什么样的成长过程和经历，并探讨其教育生活的状态。

一、虹虹想上幼儿园

杜威在《经验与教育》一书中曾提到，个体生活在世界之中，指的是个体生活在世界一系列、方方面面的情境之中。需要注意的是，这里的"在……之中"与"钱在口袋之中"是不一样的，它多指人与其他人、或人与其他事物的相互联系相互作用。"连续性和交互作这两大原则不是分开的……两者之间的关系更像是经和纬两方面，都与人的经验挂钩。举个例子，在各个不同的情境一件事跟着一件事相继发生，但由于连续性原则，前一件事情的结果可以对后一件事情造成影响。"①

虹虹小时候就表现出跟别的小朋友不一样。三四岁正是孩子们畅所欲言、童言无忌的表达期，可虹虹一言不发，甚至学会走路也比别的孩子晚很久。不了解孩子身心发展规律的虹虹爸妈并没有采取任何措施，而是选择将虹虹时刻带在身边，照顾她的衣食住行。

"她不会走路，也不会说话，如何把她放到幼儿园读书呢？"虹虹整日安静地陪伴母亲，就这样过了七年。据虹妈回忆，每到幼儿园放学时，村子里狭窄的小道上都是被家人接回家的孩子们。这时候无论虹虹在干什么，她都会暂时放下手里的事，静坐在窗前，眼睛望向来往的孩童，透漏出对上幼儿园的渴望。

事情的转折是由于妹妹小希到了上幼儿园的年龄，虹虹爸妈才决定送虹虹上幼儿园，毕竟两姐妹在一起互相也能有个照应。知道这个好消息时，虹虹满满的期待从睁得大大的眼里溢出，双颊微红，不知道是不是过于激动，嘴唇微动却没有发出声音，好像在自言自语……但是这单纯的期待却遭到了 Y 校长的阻挠，Y 校长出于安全考虑，担心虹虹有别的隐疾会影响到其他小朋友，反对虹虹入园。虹虹爸妈为了力证不存在安全隐患，这才带着她去医院检查："我们一开始去了吉首的医院，诊断出来的结果是发育缓慢。医生说不用住院，在家里面自己慢慢教导就行。如果我们坚持要住院，也就只是叫一个护士专护人员来专门照顾她。"

由于医院没有给一个明确的诊断，也未确定虹虹到底是不是聋哑儿童。虹虹爸妈只得带她回到 Z 村。经过一场奔波，得到发育缓慢的诊断后，虹虹还是顺利入园了。虹虹爸妈则认为自己已经尽到父母的责任，孩子长大应该也没什么怨言。"后来大一点点，我们又去了一次吉首。检查的结果跟第一次差不多，还是发育缓慢。"

随着孩子一天天长大，虹虹已经年满 7 岁，已是该上小学的年龄。身边的朋友、亲戚也纷纷责怪虹妈，还未将年满 7 岁的虹虹送去小学就读。然而事情并不像外人看上去那么简单，虹妈也有自己的考虑："你们可能觉得我们是因为没钱才不让孩子上小学，但其实读幼儿园的费用比读小学还多。

---

① [美] 约翰·杜威. 我们怎样思维：经验与教育 [M]. 姜文闵，译. 北京：人民教育出版社，1991：267-268.

真正的原因是我们都不放心让她一个人去读小学，所以我们宁愿多花一点钱让她在上面（幼儿园）读，跟妹妹在一起，毕竟姐妹可以相互照顾。"

等孩子再大一点，虹妈考虑带她去长沙的大医院再做一次检查，如果再没什么问题便真正放心了。若仍是得到反应迟钝或发育迟缓的诊断，就只能等她自己以后慢慢地恢复。虽说虹虹是特殊儿童，但妈妈也不想将她送至特殊学校。"我们没有送她上哑语学校的条件。吉首那边虽然有特殊学校，如果要去的话肯定我们一大家子就全部都去。但我们在那边亲戚朋友都没有，没有办法生活。"碍于现实的无奈，送孩子上特殊学校的念头便渐渐放下了。

二、错失最佳教育期

用来计算我们生命长度的时间是机械的、不可逆的。秒针嘀嗒嘀嗒地转动，我们的时间也像流水一般从指缝中匆匆流走。对于时间的流逝，我们总有太多的无奈和心酸。正如朱自清先生在《匆匆》中所感叹的："洗手的时候，日子从脸盆里过去；吃饭的时候，日子从饭碗里过去；沉默的时候，日子从凝视着的眼前过去；我觉察时间在不知不觉之间匆匆走了，我伸出手挽留时，它又从我遮挽的手边过去；天黑的时候，我躺在床上，它便伶伶俐俐从我的身上跨过，从我的脚边飞走。我睁开眼看见第二天的太阳，又感叹时间溜走了一天。我掩面叹息，但是新的日子又在我叹息的瞬间一闪而过了。"

时光飞逝，孩子们也在这流转的时光里快速成长，在不可预知的时间节点里，经历着无数的小事。然而种一棵树最好的时机是十年前，其次是现在。九层之台，起于垒土，虽然看上去是一些细枝末节的小事，但正是点滴小事的积累，铸就了幼儿一生的行为习惯。

每次观察虹虹，总能发现她也总是回头观察我，我想她可能是想与我有些互动。别的小朋友都在聚精会神地看电视，虹虹却在东张西望，又或者是踮起脚尖，一下一下地跷动椅子。"蓝迪儿歌"的背景音乐深深吸引住在座的每位幼儿，唯有虹虹不为所动，她要么一只手撑着下巴，要么用另一只手轻轻敲击着桌面，又或是故意用手肘碰我的胳膊，期待引起我的注意。我能深深感觉到她的期待：她渴望老师能把目光多一点放在自己的身上，关注到自己，给自己多一些真诚的爱。

吃午点时，虹虹嘴里的饼干屑稀稀拉拉往下掉，她用袖口在桌面上摩擦，企图将饼干屑从桌面上抚下来。

"虹虹！不可以这样子。"Z老师大声呵斥住她，想要制止这看似"不讲卫生"的行为，然后转头对我说"她一点也不知道的"。这一声训斥，生生打断了虹虹想要探索的欲望。然而，有句俗语说："爱是漫长的等待"。面对虹虹这样的特殊幼儿，我们学前教育工作者应付出更多的耐心和爱心。我想，从教育目的上来说，教育不应该是对孩子的一种控制，而应该对幼儿报以一种热切的关注和深深的期待。在这漫长的等待中，我们应该挖掘并珍惜孩子们心灵闪光的东西，以她们自己的光芒，照亮前路的黑暗，从而激发出最大的潜力。

特殊幼儿毕竟也只是一个处于不断生成中的人，其身心发展处于萌芽水平。不管是身体、心理还是人格都处于未完成的状态，但这种状态恰好证实了特殊幼儿的发育同样也存在无限的可能。"教育要在真正的意义上取得成功，就要完全尊重幼儿其自身的能力，给予她充分的探索空间。"在实施教育过程中，由于虹虹的口头表达和肢体表达能力均有限，无法对自己感兴趣或想要了解的内容给予清晰的表达，因此在教育虹虹时更需要我们耐心的观察。可以说，很多教育时机都是通过教师的耐心观察获得的，一不留神便会错过教育的最佳时机。

虹虹虽是众多特殊幼儿之一，她的故事也仅体现了她一个人的生命体验历程，但无可厚非的是：幼儿教育的奥妙就在于我们去发现教育的契机，并创造教育的奇迹。我所在的日子中，经常有主班教师请假，由保育员带着孩子学习生字生词。保育员们不善于观察儿童，更无法从看似不起眼且琐碎的生活细节中获取到孩子个性品质和教育需求的认知，生生地错过了一个个教育机会。回过头看一看会发现，日常生活中每一件看似不起眼的小事，若能经过教育工作者的细细打磨，也能被赋予新的意义，这样的教育故事也才具有独特性。教师只有俯下身子，设身处地，拥有一颗敏感之心，才能够和孩子一起谱写精彩的教育故事。

第二节　幼儿园生活好新鲜

一位朋友问我，你能跟我描述一下这位特殊幼儿么？这句话让我陷入沉思，与正常的孩子相比较，虹虹到底有什么特征呢？通常我们会用"大眼睛""长头发""白白胖胖"这样外显的形容词去表达对一个人的第一印象，但是这样的描述词千篇一律，很难凸显出一个人的独特性。可每个人的生活经历都是独一无二的，"世界上没有两片相同的叶子"，更没有两个相同生活经历的人，即使是长相一致的双胞胎，也有各不相同的人生。范梅南曾指出，个人的生活体验具有时间结构，它不能通过即时的现象说明，但可以通过过去发生的事情进行反思和理解。① 这句话给我的启发是：要深入理解幼儿，就需要研究幼儿的生活体验，用教育叙事的形式来描写虹虹，了解她的生存状态和教育生活是最本质的描述。

一、她眼中的幼儿园

我们周围有这样一群孩子，他们天真可爱，却遭遇到先天性的疾病打击。她们是迟开的花朵，却不明白为什么不能像我们一样生活自如。

中班的保育老师 Z 老师同我闲聊时，提起了她们班有一个特殊儿童——虹虹。初见虹虹时，她穿着一件紫色的外套，黑色的裤子，头上扎着两个小羊角辫，站起来的时候比别的小朋友高出一大截。已经七岁的虹虹还不会开口说话，仅仅只会简单的"啊""哦""妈妈"这样的零碎语。由于学习能力不够，加上生活自理方面也有难度，虹虹的爸爸妈妈并没有送她去上小学，而是选择同 6 岁的妹妹小希（化名）一起读中班，姐妹俩相互也有个照应。这已经是虹虹读的第二个中班了。

"上帝需要光，便有了光。上帝认为光应该是明媚的，于是便把光和暗分开了。"创造光之后，上帝开始创造世间万物的活动，渐渐把自己变成了造物主。与此同时，正是光的出现，天与地才分开，昼与夜才交替，事与

---

① ［加］马克斯·范梅南．生活体验研究——人文科学视野中的教育学［M］．宋广文，等，译．北京：教育科学出版社，2003：45.

物才逐渐显示出差别，世间万物才有了各自该有的模样。也正是在光的照耀下，上帝才发现了世界的美丽和自己的孤独。于是，上帝又着手开始创造生灵、创造人类，来陪他一起观赏这光的美好。

虹虹也有一双黑亮美丽的眼睛，但这双眼睛常常专注且空洞地凝望于空中的某个地方，目光中缺乏一丝活力，仿佛沉浸在一个普通人看不见的世界里。

学起于思，思起于疑，疑解于问。看着虹虹穿反的两只鞋，Z 老师很想伸出援助之手，可头脑里有个理性的声音在提醒着她："每个孩子都需要勇于尝试、敢于突破的机会。给她一盏指明灯，或许能照亮前方布满荆棘的路。"于是 Z 老师抑制住强烈的想要帮助虹虹的心，手指向她的鞋提醒说："虹虹，你的鞋子穿反了。"虹虹并没有听到 Z 老师说的话，但顺着手指之方向，她还是发现了自己穿错鞋，眉头微微皱起。终于，她弯下腰开始行动，这缓慢却有力的行为令我满心欢喜。也许是弯腰下去穿鞋太吃力了，她换了一种方式——把脚跷到桌子上来，不紧不慢地解开鞋带。当然，这"不文明"举动毋庸置疑被 Z 老师制止了。虹虹无奈地将脚放下去，最终由 Z 老师蹲下来帮她完成了两只鞋的更换。

紧接着，新一轮的考验又开启了。今天中午吃的麻花点心被塑料袋牢牢包裹着。虹虹拿到了属于自己的麻花点心，微笑着递给我，我想她是要与我分享，于是我对她摇摇头，并感谢她的好意。"她不会打开这个。"Z 老师突然伸过来一只手，直接一把将塑料袋拿过去，三下五除二地帮虹虹撕开了。

我在中班观察的这些天，虹虹常常趁老师不注意的时候找准机会便会溜出教室去玩蹦床，虽然大多数次的"逃跑"都以失败告终。有时刚跑上蹦床，还没来得及蹦一下，就被 Z 老师逮回教室。循环反复，乐此不疲。Z 老师说虹虹刚来幼儿园的时候其实不敢玩蹦床的，从滑滑梯上滑下来都很胆怯。长大一点后，虹虹便爱上了这项活动。即使是上课的时候，也会趁老师不注意跑出去玩。

"她是哑巴，耳朵也聋，智力也是，反正都有一点问题。她妈妈说她四五岁才学会走路，跑步的姿势也有点奇怪，有时候还会自己左脚拌到右脚，摔倒后半天爬不起来。"

作为一名观察者，对每天发生在虹虹身上的一切都令我心疼。她会看着我的眼睛，给我一个会心的微笑；会突然蹦出"啊！"的惊讶之音；想要做一件事情，即使困难众多也会独自尝试；看到电视上的新鲜玩意儿，会不顾一切地迎上去……这些每天都在我观察的生活中发生着，每一个其中的时刻，都让我感受到特殊幼儿的不易，同时也绽放出生命的美好和灿烂。

可想而知，刚来幼儿园的时候，虹虹对于这里几乎是完全陌生的。天生的生理缺陷也使得她生活自理有诸多不便，大部分的时间都不清楚自己该干什么，如何去做，就连日常生活中一些简单的小事，也需要老师或者同伴伸出援助之手才能完成。幸好有老师的关怀和蹦蹦床，让她感觉这里"很好玩"，渐渐也就适应了幼儿园的生活。

二、肢体表情助交流

在每个不同的生活背面，会发现每个人拥有不同的生活体验。幼儿的生活体验就如同幼儿表面看起来那般单纯，表里如一。表面是"乐"的、"愉快"的，其内心便是"跳跃"的；表面是"苦"的、"伤"的，其内心便是"脆弱"的。

来到山区园有一些日子了，今天 Z 老师拿来了一本故事书。"小朋友们！老师来给你们讲故事了，故事的名字叫——《我不乱发脾气》。"虹虹的思绪从九霄云外被拉回来，她兴奋地站起来，用手在空中划着，嘴里发出"嗯！嗯嗯嗯！"的声音，表达她内心的激动。故事开始了，随着老师温柔的讲述，教室里渐渐安静下来。小朋友们都面向老师，聚精会神地听着故事。

虹虹把右手手指塞进嘴巴里，眼睛不安分地四处瞟瞟，好似在等待着什么。"嗯！嗯嗯嗯！……"她自顾自地哼哼唧唧，用脚蹬着椅子前后晃动。以"无边好奇、无限勇气"的原始状态适应着"静默"的世界。

老师的故事讲完后，教室立马热闹了起来，孩子们的热情一刻都不得停歇。"快安静！现在教你们写字，不然回去你们又不会写。"Z 老师走到黑板前，在黑板上写下一个大大的"禾"字，虹虹眼睛紧盯着黑板，也走到了黑板前。双手叉腰，看着黑板上的字笑了起来。

"现在小朋友们把本子都拿出来写。"听到 Z 老师发号施令，小朋友们纷纷行动起来。看见大家伙拿出作业本的动作，虹虹些许也明白接下来该做的事了。她蹲下来想要打开书包，书包的拉链不太好拉，似乎是卡到了异物，反复拉了三四次仍毫无进展。她又碰了碰旁边小朋友的肩膀，向同伴发出"求救"信号。可效果甚微，旁边的小朋友朝她瞟了一眼，便没有再理会她。虹虹又向其他的小朋友发出信号，但同样"石沉大海"，得不到一丝丝回应。认清这次只能"自己靠自己"的虹虹再次蹲下，铆足劲又使劲儿地拉书包，终于打开了！

小朋友都已排排坐好，掉队的虹虹以极快的速度扒拉着、翻找着自己的书包，翻出了一个本子，可刚拿出来就被对面的小伙伴抢走了。在这样吵闹、混乱的课堂氛围中，教师仅能关注到其中的几个孩子，无法关注到所有的儿童，所以很常见到孩子在上课途中自己离开自己的座位，去干扰别的小朋友。

"啊！"眼看着小伙伴从自己眼前逃走，虹虹使劲拍打着桌子，表达她的愤怒，并勇敢地跨过几组来找这位抢走本子的小朋友，可仍然没有结果。于是她气呼呼地回到自己的座位，靠着椅子蹲下来低声抽泣。你一言我一语的喧闹声充斥着整个教室，没有人在意失落的虹虹。孤独的她又跪在地上，开始大声哭喊，哭着哭着她有些累了，便停下来回到自己的座位。

实际上，有时候伤害不一定非要产生强烈的疼痛感，那种淡淡的失落感和被忽略的感觉，也可能在幼儿的心理形成一道不深不浅的"伤痕"。她想学，但跟不上大家的步伐；她哭诉，却得不到大家的帮助。

"拿笔的时候笔尖朝下。"Z老师正在一个一个轮流指导写字，本子被抢走的虹虹只能眼巴巴地看着别的小朋友练字。时而看左边，时而看右边；又或是跷着椅子，眼睛望向一个方向发呆。

"虹虹，你的本子呢？"虹虹目光呆滞地望向老师，经过刚才的哭闹，她的小脸涨得通红。"她没有本子，她一个本子都没有。"旁边小朋友插嘴。Z老师看着虹虹的神态，大致上明白了几分，于是朝储物桌走去，从桌上拿起一个不知道是谁的本子，递给了虹虹。"认真点写，笔尖要斜一点！"虹虹小心翼翼地接过本子，终于开怀地笑了起来。

世界上没有绝对的幸运儿，人生在世，总会遭受不同程度的苦难。任何人的成长必定是经过千锤百炼，没有一帆风顺的。所以，无论是谁想从苦难中获取经验和启迪，都应该是不愁机会的。学习是儿童的本能，失去听觉和无法用语言表达的虹虹就如同折翼的小鸟，相比普通的孩童在接受教育时会多些曲折和坎坷，好在虹虹的性格开朗，也乐于用肢体和表情与其他小朋友们交流，因此在幼儿园里还是被大部分的同伴所接纳，没有被

"边缘化"。

三、语言智力要加油

随着孩子一天一天长大，我们能发现孩子正发生着微妙的变化。虹虹拥有过热切的眼神，尝试过亲昵的绕膝，也有过无理的取闹。她是家中的第二个孩子，除她以外，家里还有一个正在读小学的哥哥、同读中班的妹妹小希以及一个刚满一岁的妹妹。追溯幼儿在幼儿园的教育生活体验，仅仅以现在进行时的角度去发现是远远不够的，还要回到过去，从以前的时间线开始抓起，揭示她们经历了怎样的困难，是如何一步一步发展而来的，通过对过去经验和意义的探寻，再解释现在的教育生活。而且，在幼儿园所观察到的教育故事还不够全面，为了避免我在观察孩子的过程中将自己定位为"上帝视角"，我访谈了虹虹妈妈，希望能从她的回忆和叙述中尽可能挖掘更多的教育故事以丰富素材。

虹虹妈妈理解中的幼儿园从小班开始就是跳跳舞唱唱歌，再练练简单的生字，然后学学拼音学学诗词。因为小孩子两只手的骨头比较脆弱，怕太早学写字手指写变形，并且现在上面的领导经常来幼儿园检查有没有教写字，所以虹虹索性就将本子放在家里面，等检查过后再带本子去幼儿园。

对于幼儿园所教的内容，虹虹妈妈表示比较满意。以前没有上幼儿园的时候，虹虹待在家里经常大小便都会拉在裤子里，自从上了幼儿园，这个问题得到明显改善，也从来没有接到老师反馈尿裤子等问题。因此上幼儿园最大的一个影响就在于虹虹懂事了一些。"但是……"虹虹妈妈停顿了一会，表情忽然变得凝重，"在幼儿园也有不愉快的事情发生，我到现在都记在心里的。"

那时候虹虹刚满六岁，虹妈安排她读半年或者读半个学期的大班，想看看她在大班里面表现如何。由于妹妹小希才读中班，虹虹不得已，也是第一次和妹妹分在两个不同的班级。刚分开的时候，虹虹非常黏妹妹，于是经常跑到中班找她。某一天接孩子放学时，虹虹妈妈从别的家长口中听到了令她十分心疼的一件事情："那天天气比较恶劣，中午吃完饭，该是午睡时刻，虹虹跑到中班去找妹妹。可是妹妹所在的中班寝室早已关门，大班老师没有发现跑出去的虹虹，于是将大班寝室的门也关上了。虹虹在凛冽的风中淋着小雨，孤独地在寝室门外站了好久好久。后来还是小班老师开门，发现落单的虹虹，才把她叫进小班寝室休息。"说着说着，虹虹妈妈的情绪有些激动。

后来虹虹妈妈有去跟小学的校长反映情况，并表达了自己的不满："我把小孩送进幼儿园读书，不是让你这样对待小孩，我只是让你老师来教育他。无论她如何调皮，只能用哄也不能用这种方式来对待她。虹虹本来这种情况就比较特殊一点，老师就应该更耐心一点去对待她。"村里的家长们都劝虹虹妈妈要就事论事，找大班老师好好理论一番。跟校长反馈后，校长当着虹虹妈妈的面狠狠地批评了大班老师："你不会教幼儿园就不要来教幼儿园，你这样对待别人小孩，家长会如何看待你？如果在城市里，别人家长这样来反映，你百分百被辞职了。"校长转过身也表达了自己的为难："这里的老师难找，没办法。"

即使大班老师有为自己辩解，说她并没有把虹虹关在寝室外面，仅仅只是误会一场，虹虹妈妈也难咽下这口气："就算没有把我的孩子关在外面，寝室里少了一个小孩，老师都不知道吗？不懂得打开门去找一找吗？就算虹虹不肯睡觉，教师都该用哄的方式来说服孩子，不能让她在外面。更何况那时候那外面很湿，天气很冷，风也很大。"

当时听别的家长讲述这件事情的时候，虹虹妈妈满腔怒火，以至于这个学期才开学就让虹虹转班，宁愿跟妹妹一起上中班。"在中班读了半年，虹虹到现在见到大班老师都怕她，已经产生心理阴影了。"

老师对孩子凶，也许这些在成年人眼中并未觉得有多严重，但在孩子的眼里，所有的特征都会被"放大"几倍，让孩子感到"相当有威胁性"。虽然这只是一个极端的例子，但也能反映出当前农村幼儿教育存在的诸多问题。幼儿与教师的关系是不对等的，教师在与幼儿的交往和情感上仅停留在表层，缺乏深层次的对话和情感交流。幼儿教育相比其他年龄阶段的教育而言，之所以具有特殊性，是因为幼儿教育的对象——幼儿是身心发展都不成熟的人，幼儿不像小学、中学、高中学生那样，已经具备很多生活经验和自身的理解能力。幼儿已是如此，更不用说特殊幼儿了。

虹虹的语言和智力都需要加油，但与此同时，作为教师的我们更应该体会到孩子的感受。只有当教师超越了小我情绪和思想的局限，全神贯注于幼儿当下身心健康的发展，这扎根当下的"爱"才有了超越的力量，才会被孩子感受和接受到。

第四章
山区留守幼儿的期盼

　　期盼是激励人们前行的精神动力，是一种信仰和寄托，更是人们对于未来美好生活的渴望和向往。因为期盼的存在，人们才对未知的未来有了一份追求和一份执着，我们生活着的世界，也是因为众多的期盼才发生日新月异的变化。曾几何时，我们一边高扬梦想的宝贵，一边却又将梦想束之高阁，一度让梦想缺失。

第一节　留守：山区幼儿的无奈选择

　　教育叙事不仅仅只关注眼前发生的事，更需要关注到一件事情背后隐藏起来的秘密，揭开这块神秘面纱，从多个角度思考事件本身的教育价值和可能抓住的教育契机。怀揣着"理性之爱"，我尝试跳出事件本身，审视、思考、判断留守背后的辛酸苦辣。

一、远乡的童年：与青山绿水相伴

　　有研究表明，美国的学龄前儿童认为在幼儿园的生活最重要的是开心，而中国的学龄前儿童认为在幼儿园最重要的是学习。如前所述，留守对幼儿的学习品质、心理健康以及监护质量等多方面均产生了极其重要的影响。这其中虽不乏积极影响，但总体而言以负面为主，而这些负面所导致的教育问题对留守幼儿的影响是深远而长久的，甚至伴随他们的一生。留守幼儿产生的根源，在于外出打工的父母无法将孩子带在自己的身边照顾与看护，这不仅仅只因时间上无法照顾与看护，更重要的是因为制度的阻碍以及经济条件不允许。

虹虹一家六口人，仅凭虹虹爸爸一人的收入维持生计，生活压力极大。"每个月的薪水只够生活，比如薪水五六千，她爸爸花一千自己在那边吃饭，其他的都用于家里开销了。有时亲戚家办酒，还要人情费。"

外出打工的父母身上背负的经济压力很大，生活条件非常艰辛，即使把孩子带到自己身边，也没有能力给予其良好的学习环境。由于虹虹申请了建档立卡的补助，所以能够保障虹虹正常上学，这从侧面反映出当地政府对留守幼儿"上学难"问题的重视和支持，但大部分工作的重点落在保障留守幼儿不挨饿、不辍学的基础保障方面，对于留守幼儿的学习品质、心理健康和情感交流等方面的重视程度不够，行动也有所欠缺。"这里山高水远，道路崎岖，父母把孩子给祖辈带，但是祖辈也要忙生活啊。春季插秧，秋季收菜子。有的家里条件好一点还养猪放牛，但很多都要去山上干活。祖辈本来年纪大，除了忙生计还要照顾孩子，负担也非常大。"

从与 F 老师的访谈中了解到，绝大多数外出务工的父母并不知道自家孩子在幼儿园学习什么课程内容，每天的作业是什么，也没有在务工期间肩负起教育子女的责任。在他们看来，把孩子托付给祖辈照料，只要生活上不出现问题便已经尽到了做父母的责任，对孩子在幼儿园的学习、生活情况漠不关心，甚至认为读书是一件可有可无的事情："我也不知道她能学到什么时候，可能再大一点她不想读了，又或者我们没钱读书，可能也就不读了。"

我们深知，每个孩子都是有故事的人，他们带着不同的生活体验，从不同的家庭里来，到相同的幼儿园去，开启一段全新的旅程。我们常常把孩子与孩子的"不同"称为"差异性"。存在差异不一定是一件坏事，如果加以干预和引导，甚至可能达到 $1+1>2$ 的效果。遗憾的是，这些"差异"并没有得到真正的重视，从而错失了诸多育心养人的机会。这种情怀和我们自己的生活是分不开的，当我们把与孩子的邂逅视为生命的惊喜，当我们从孩子的欢乐、愤怒和悲伤中找到童年，当我们用心帮助孩子实现梦想……我们会发现，一切都会发生奇妙的变化。这种变化不仅仅体现在自我价值的提升，同时也能感觉到自身精神被不断丰富，这就是教育的魔力！

　　人们都知道读书是走出大山的路，可对于贫困山区里的孩子来说，糟糕的家庭条件和教育资源的稀缺，使得这条路太难太窄。这些孩子站在起跑线上，却只能遥望别人跑在前面，黯然神伤。随着日子一天天过去，他会很快长大，或许能走出大山，或许走不出，或许出去了又回来，在祖辈的梯田上，继续种下土豆和西瓜。

二、启蒙与受教：幼儿园里小学化

　　幼儿园作为培养幼儿、教育幼儿的机构，虽然其意义不能完全取代家庭教育，直接解决留守幼儿存在的教育问题，但它在培养人和促进幼儿社会化发展方面的作用与家庭是一致的。在家庭教育缺失的情况下，幼儿园作为专门培养幼儿的机构，可以承担一定的家庭教育功能，从而缓解由于长期与父母分开对留守幼儿造成的不利影响。奥地利著名心理学家阿尔弗雷德·阿德勒认为："孩子在家庭中养成的错误是继续错下去还是被纠正过来，其主动权完全在学校老师的手上。关注孩子的困难，纠正家长的错误，是学校老师的一项重要任务。"[1] 了解 X 幼儿园里孩子们的学习情况，是续写留守幼儿教育生活故事之重点。

（一）学写"元旦"

　　自进入 X 幼儿园起，我每日与孩子们一同生活、学习，参与山村幼儿园的教学活动，记录下一个个教学活动。今天，Z 老师带着孩子们认识两个生字。

　　"不要说话了，把本子拿出来，写几个字回家练。"

　　Z 老师大声呵斥教室里吵闹的孩子们，希望孩子都能安静落座。

　　"小眼睛，看黑板。"等孩子们一一坐好，Z 老师在黑板上一笔一画写下"元""旦"二字。

　　"这个字读元，这个字读旦，合在一起就是元旦节的元旦。跟我一起读，我看谁的嘴巴没有念出声。"孩子们整齐划一地跟读着，牢牢把这两个字记在心里。

　　"一横、一撇……"一个大大的"元"字几乎占据了黑板的一半。"大

---

　　① 杨永良，程少魁. 青少年学校、家庭、社会相结合教育机制研巧 [M]. 合肥：安徽人民出版社，1991：178.

家会写了吗？还有谁不会写的？"F老师大声询问孩子们，并要求他们把右手伸出来，跟着她一起在在空中比划。同样，"旦"字的教学也是如此。Z老师在黑板上写完，按组别顺序检查小朋友们抄写得怎么样。

"记住！把字写大一点，把田字格占满。"

（二）学作"减法"

大班的L老师下午刚进教室，便找我抱怨了一番："我一直就不支持幼儿园学写字，我们以前最多是认字，对孩子们的要求也只是看图识字。可整个村里的家长们觉得我这个老师不行，一天到晚什么知识也不教，小朋友在幼儿园都没有学到东西。行啊，反正我只在这里实习半年，你们爱让我教什么我就教什么，多一事不如少一事。"

L老师边说边在黑板上写下等式："$7-5=?$"

L老师："伸出你们的手指头数一数，七个手指头，遮住五个，还有几个？"

幼儿："两个。"

L老师："很好！把$7-5=2$抄写在本子上，抄两条。"

在访谈的过程中，幼儿们曾多次提到幼儿园的"语文课""数学课""写字课"等。他们在中班阶段就已经对"上课"概念有了明晰的理解，想来是受到小学化的冲击。

"孩子们上小学后，要学习的知识内容会立马突增，而且小学学习进度非常快，不等人的。汉字、拼音、数学、英语等内容的学习基本上已经成为了孩子们必须全力应对的任务，不过幼儿园目前没有英语课，因为没有那个条件。"

管中窥豹，可见一斑。李杰（2012）认为虽然《幼儿园教育指导纲要（试行）》没有明确规定幼儿园识字和数学运算的具体目标，但从幼儿发展的角度来说，认识一些简单的生字生词、掌握基础数字加减的方法也是很有必要的。当然，我们日常生活中无论是家庭教育还是幼儿园教育对幼儿语言能力、数学能力的培养也涵盖了这些方面的内容。但对于孩子来说，在进入小学之前加强必要的训练是非常有益的。[1]

---

① 李杰. 幼儿园大班课程中的幼小衔接［J］. 内蒙古教育（职教版），2012（4）：29-30.

　　语言活动中的看图说话、元音、简单的字，数学活动中简单数字的计算、方向、大小等常识，图形的认识与物体的分类等内容的确可以被学前儿童学习，更为重要的是教师让幼儿去接触与领悟的方式方法，可老师们关于"小学化"的认识和做法的相悖，说明了理想和现实中存在着巨大的鸿沟。农村幼儿教育小学化问题，是我们耿耿于怀而又难以改变的现状。

　　在我所观察到的 X 幼儿园"小学化"教学中，有时候侧重于教学形式的小学化，把对小学生的上课要求生搬过来套用在幼儿身上。例如，幼儿必须要听老师的话，对老师要绝对服从；上课的时候不允许幼儿插嘴；必须整整齐齐、安安静静地坐好听课。有时候侧重于教学内容的小学化，例如，开展美术活动却缺少教具，缺少图案和色彩；没有以幼儿喜欢的游戏形式开展，未将教学内容以形象和动手的方式教授给孩子；放学后还有一堆作业等，各种情况兼而有之。对于这样的做法，老师们有自己的一套解释："幼儿园需要教点数学语文，否则上小学更不上啊。特别是小学一个月就把拼音学完了，好多小朋友都跟不上。""我知道我们幼儿园教学的一大弊端是小学化，但是我们也没有办法，幼儿园必须生存下去。现在的农村家长都是祖辈老人，思想观念老旧，就喜欢看自己的孙子会写字，会算数。如果我们不教识字和算术，那幼儿园的生源会越来越少。"

　　认识归认识，可很多观念还是落实不到实践当中去。无论是迎合家长也好，自身教育观念落后也罢，X 幼儿园的老师还是重视教给孩子了什么，而不是孩子学到了什么。卢梭曾说："大自然希望孩子在成熟之前就单纯地当个孩子，可现实往往是我们收获着青涩的果子"。我们渴望早点给孩子一把"斧头"，任他们跌跌撞撞开疆辟土，却忽视了他们究竟是否有充分运用这把"斧头"的能力。成人的做法生生地将孩子从他们正常成长的轨道中拎出来，提前进入成人的轨道。

　　"幼小衔接"是我们耳熟能详的一个词，可大众对其含义并不明确。实际上，衔接的内容不仅仅是幼儿从这堂活动中能够认识几个字、会算几个数，更要关注到幼儿的非智力因素，特别是心理、情感和品质等方面。然而，在现实中的人们自觉或不自觉地缩小了幼小衔接概念的范围，把幼小衔接限定甚至等同于知识的准备和延伸，盲目地强调阅读、写作、计算等能力的培养，不仅在内容的选择上很大一部分来源于小学课本，而且学习方式也采用的小学式"上课"。这表面上是让孩子提前熟悉今后要接触的知识，可实质是一种"拔苗助长"式的教育意向，同时也失去了对儿童生命意义的真切关怀。

三、责任的缺席：留守幼儿谁来管？

古人言："养不教，父之过；教不严，师之惰。"从很早以前开始，我国就已经将家长与老师在儿童发挥的作用相提并论，不允许任何一方推卸教育孩子的责任。但从观察与访谈中发现，不少留守幼儿的监护人还是认为教育幼儿单单只是幼儿园的责任。

应家长们的要求，幼儿园每天放学都会给孩子们布置少量的家庭作业，有时是新学的字母拼音，有时是生字生词，有时是数学算式。但 Z 老师已经很久没有收到帅帅的家庭作业了："帅帅是很聪明，但是调皮得很啊。平时我带他们背古诗词，他会背了就开始捣乱，影响别的学生。而且他还不写家庭作业，回去就骗他爷爷奶奶，还说幼儿园老师没有布置家庭作业。"

与此同时，Z 老师也就家庭作业问题，表示了她的为难："有的家长要我们老师教小朋友写字。我让家长在孩子回家后抽出些许时间陪小朋友写作业，家长们不仅推脱，还让老师握着小朋友的手写。可全班三十几个小朋友，我怎么教得过来呢？还比如昨天布置的家庭作业，家长反馈说孩子写到了十一点钟，我十分清楚幼儿园的作业量是不至于要孩子写到十一点的。一问才知道，原来那位家长还有二孩需要照顾，没有时间陪孩子写作业，要求他以后都在幼儿园完成。可孩子不想写我能有什么办法？我们班那么多小朋友，难道要我为了辅导他一个人，其他的小朋友都不管了吗？就此问题我已跟家长沟通过好几次，家长的陪伴也能让孩子养成良好的学习习惯，可家长仍百般推脱。"

留守幼儿的健康成长离不开幼儿园与家庭的紧密配合，只有当监护人和幼儿园老师拧成一根绳子，一同助力幼儿的成长，才能达到预期的效果。但 Z 村 X 幼儿园的教师与家长却很少有配合，教师没有就幼儿在幼儿园的教育生活对家长进行反馈，家长也未具备主动配合幼儿园教育的意识。

"我年龄大了，不知道现在的孩子在想什么，有时候也会感觉孩子有情绪，但是她也不跟我说。我能做的，也就是平时把饭做好，接送她们上幼儿园，其他的也没什么了。"小英奶奶在照料小英的过程中，将主要精力放在孩子的衣食住行上。在老人眼里，只要孩子不生病、吃得好、睡得香、每天健健康康的，就算是尽到了监护人的抚养责任。关于孩子的教育，小英奶奶则寄希望于幼儿园，认为幼儿园才是幼儿学习的主要场地。我想小英即使有一颗敢于诉说的心，也在长期的不闻不问中渐渐冷却了。

显露出来的仅仅是冰山一角。实际上，许多监护人都不知道如何当"父母"，这看似一种悖论，却也是一种现实。追溯其因，既可能是幼儿父母自身的文化素养较低，与他人的合作意识不强，在沟通上缺乏主观能动性和自信；也可能是幼儿园与学生家长的互动方式有待改进。然家庭与幼儿园并不是分立的两个部门，其间有着千丝万缕的联系。一方面，家庭与幼儿园关系密切。目前，世界各国都在大力推进家园合作，共同促进幼儿发展。苏霍姆林斯基曾经也强调了家园合作的重要性，他认为："没有家庭教育的学校教育和没有学校教育的家庭教育，都不可能完成对人的培养。因为这个任务谨小慎微，涉及方方面面。"另一方面，家庭和幼儿园各自发挥作用，具有明显不同的社会功能。家庭生活最重要的功能是养育下一代。家庭制度之所以能够延续千年，跟情感支持有莫大的关系。而幼儿园是以制度设立的保障性机构，是个体与个体相遇的场所，同时，个体们通过幼儿园能够实现更加广泛的社会化功能。

第二节　关注：用爱与陪伴滋润童年

多年以前，"虎妈狼爸"的"成功教育"绝对是教育界的一大新闻，也是"引领"家庭教育的一大趋势。"绿领巾、红校服"等事件更是引起了许多人的关注。当我们问及当事人，每个人的回应都是"为了孩子好"。在这样的"好处"下，孩子们挑灯夜战、周末匆匆忙忙地穿梭于各个培训班。这些孩子虽在成人的世界里聚集了沉重的"关爱"，也受到了极大的伤害。现实生活中，由于种种原因，我们很少考虑孩子的感受，只把自己的理解和要求强加于孩子身上；我们在有意无意地把孩子当成需要开发的金矿，缺乏足够的耐心和时间等待孩子的成长。而最可悲的是，我们所做的一切都是打着为了孩子们未来幸福的幌子。只有用爱与陪伴滋润孩子的童年，才是真正为孩子精心编织的"关怀之网"。

一、社会关怀：我们都有一个大家庭

孟母三迁的故事，流传了千年，也从一个侧面说明了教育从来不只是一家之事，而是一个地区，乃至一个国家的底蕴。今天的农村，我们能看到越来越多的青壮年"走出去"，但也不能忽视背后谁留下了。是年纪尚小的幼儿、慵懒散漫的青少年和衰老朴实的老年人，他们成为农村的未来。

留守幼儿是随着我国社会经济发展出现的新群体，同时他们也正是未来十几年的劳动力大军。他们的出现给传统教育带来了新的挑战：作为一个新的群体，怎样才能教育好他们？怎样才能使他们获得健康且幸福的发展？他们如何才能拥有更好的现实和未来？我们每个人都是社会的一员，在与周围生活环境的互动过程中，我们会面临各种压力。留守幼儿想要过上幸福的生活，离不开社会的支持，这样才能得到更多的帮助和鼓励，以抚慰留守幼儿的孤独感，化解其沉重的生活压力。

留守幼儿接受的教育质量不仅关系到他们未来的身心健康发展，而且关系到社会的稳定与发展，也关系到中国的未来发展和民族的未来。2016年2月14日，国务院发布《关于加强农村留守儿童关爱保护的意见》，提出要维护未成年人合法权益，加强对留守儿童的关爱保护。这不仅是各级政府的重要职责，也是家庭和全社会的共同责任。由此可见，为留守幼儿创造良好的教育环境，让他们接受良好的幼儿园教育，既是促进教育公平的重要举措，也是构建和谐社会的一项基础性工作。

泸溪县政府在农村留守儿童教育问题的帮扶中承担着十分重要的责任。一方面，积极推进留守儿童教育政策的制定和完善，通过总结现行社会政策的实施，提出修正意见；另一方面，协调政府各部门之间的关系，积极引导各方面力量，通过资源整合，加大对 Z 村幼儿园教育的财政支持力度。除了给符合条件的困难家庭发放低保补贴，还为当地留守幼儿教育提供了基本的经费保障，充分发挥政府在不同层面对留守幼儿教育的支持力度。

首先，设立了"建档立卡"制度来保障"一个孩子都不能少"，尽量帮助每个农村留守幼儿都能够享受到公平的教育机会。

"她是在这里读了小班之后没有读中班，年纪到了就直接读大班了。以前我们没有钱上幼儿园，还是工作队的人说小孩必须要上幼儿园，而且国家可以报销。不然的话我们还在乡下。申请建档立卡后，我们每个学期都有1250块钱的补助。我们以前不知道这个政策，是工作队跟我们讲了我们才来的，不然我们是读不起的。"小英奶奶十分感谢国家的补助，正是这政策使小英拥有了上幼儿园的宝贵机会。

其次，泸溪县教育局十分重视各村幼儿园的建设。调研组在Z村田野调查期间，正是迎接教育局检查的时刻。X幼儿园的园长、老师们都忙成一团，不仅是基础设施建设要达到标准，为农村留守幼儿创设良好的教育环境，而且X幼儿园教师的专业素质也要跟上步伐。"我们每年都会有教师外出培训，就在泸溪县城里面。"Q园长也认同幼儿园更多的是为孩子创设良好的环境，满足留守幼儿的成长与发展需要。不仅要为他们提供物质上的帮助，还要给予他们情感上的关怀。

最后，社会各界积极组织的各种形式的"送教下乡"活动也如火如荼地举行，配合着Z村X幼儿园留守幼儿的教育。在此过程中，社会组织通过充分整合社会资源的优势、利用自身条件帮助农村留守幼儿得到了更多的支持。志愿服务活动的开展使得社会各界人士有途径参与到"关爱留守幼儿"的活动中，通过结对的形式帮扶留守幼儿，为他们提供心理咨询、家庭陪伴等，让留守幼儿感受到来自社会的温暖。此外，慈善协会、企业家协会等一些民间组织也积极为留守幼儿特别是贫困留守幼儿提供物质帮助，吸引了更多的社会人士关注留守幼儿。

虽然国家积极的扶贫政策确实能够帮一部分人免受饥饿之苦，但总有不思进取的人，钻空子领着国家的补助无所事事。这其中也不乏部分留守幼儿的家长："××的爸爸没有工作，每天就钓钓鱼、打打牌，孩子放学也是爷爷奶奶接送，几乎没有看见过他。"

因此，政府各部门还要进一步发挥职责范围以内的积极作用，突出留守幼儿专项活动的针对性。比如：教育行政主管部门可以把对留守幼儿的管理教育工作与关爱行动和素质教育结合起来，既达到有效管理，又能给留守幼儿送去温暖；民政部门已经为X幼儿园里家庭困难的留守幼儿提供了最低生活保障，但还能继续完善工作，如督促 X 幼儿园建立留守幼儿情况登记、监护人联系、结对帮扶、沟通交流等制度，加强家园合作；卫生部门虽有定期了解 X 幼儿园留守幼儿们的健康状况，但 X 幼儿园现有的卫生保健工作绝对是不够的，还应当为他们提供专业的健康教育和必要的卫生保健和疾病防治条件；公安机关则能够通过对 X 幼儿园留守幼儿积极开展法制教育和自我保护教育服务，加大对 X 幼儿园周边环境的综合治理力度，通过教育局、公安局对 X 幼儿园进行定期的安全排查和提醒，从外部环境着手排查安全隐患；同时，村委会能够指导并督促留守幼儿父母与实际监护人签订《农村留守儿童委托监护责任书》，从制度层面上保障留守幼儿的安全。

二、园所呵护：成长于同一片蓝天下

苏霍姆林斯基曾经用一个奇妙的比喻来形容教师与学生的关系：要像对待荷叶上的露珠一样，细心呵护孩子幼小的心灵。晶莹剔透的露珠虽然美丽可爱，但却很脆弱。一不留神，露珠就会从荷叶上滚落并破裂。这个比喻的含义是老师与孩子的交往过程中，应小心呵护孩子幼小的心灵，让孩子感受到师爱。北京市教育科学研究院前副院长张铁道博士曾参加过一场关于征集"儿童心目中好老师的作文和绘画"活动，在活动结束后，他感受颇深："与大量用词精美，感人至深的作文相比，孩子们一笔一画勾勒出来的美好图画更能引发我的共鸣。"因此，他呼吁教师们应该"回应孩子们的情感需求"。

"老师对我很好。"

"我喜欢 F 老师，她老是逗我开心。"

"老师会带我们一起玩。"

我们都知道，幼儿的表达是纯粹的，所言即是他们内心所想。他们爱用"好""喜欢"这样的词汇表达对老师的感受。同样，如果老师们在与幼儿互动的过程中，及时发现并满足幼儿的情感需求，那么幼儿也将更容易对老师产生积极情感，师幼关系同样也会更和谐、更亲密。但 X 幼儿园老师大多仅把自己定位于"知识的传达者"，殊不知幼儿对老师的需求，不仅仅只是学业上的"解惑者"，更是生活上、情感上的"陪伴者"。

意大利作家亚米契斯创作了一部畅销书——《爱的教育》，被誉为世界上最有爱心的教育书籍。夏丏尊先生翻译这本书时说："教育倘若没有情感和爱，就像池塘里没有水一样。没有水，就不成其为池塘，没有爱，就没有教育。"

过去我们在谈论"教育"时，通常很少让孩子开口，去倾听孩子内心的真实想法，那是因为大家普遍有一个错误的认知，人们认为孩子毕竟年龄小，没有能力、没有资格也没有必要抒发己见；同时，成人的潜意识里还会将幼儿比作一个没有情感需求的"罐子"——我给他什么，罐子里就装什么。我给他知识，罐子里便装了知识。但是老师带给孩子的绝不仅仅是课本上的知识和技能，更为重要的是带给他们真挚的爱以及一系列情感体验。"以幼儿为中心"开展幼儿教育绝不能只是口头上说说而已，而是要把自己放在幼儿的内在需要中去，设身处地了解幼儿的内在需求，才能知道该如何满足幼儿的需求，从而促进幼儿的全面健康成长。

同时，随着幼儿年龄的增长，其社会性逐步发展。什么是社会性发展？幼儿又是如何进行社会性发展？幼儿逐渐进入社会的过程，是他们在与同龄人、教师以及其他社会群体相互作用、相互影响的过程中实现的。五六岁的孩子便具备了一定的社交能力，随着一天天长大，孩子对社会交往的"量"和"质"有更高的需求，也越来越倾向于与同伴交往，并逐渐减少与成年人的互动。在游戏活动中，5岁以后的儿童开始发展合作游戏，同伴交往的主动性和协调性也逐渐发展。

11月12号上午，趁着喝水上厕所的时间，帅帅把小脑袋凑到旁边小朋友的耳边，与他窃窃私语。两人相视一笑，点点头，商量出一个活动——玩警察游戏。帅帅走到教室里空旷的地方，小眼睛四处张望，突然用左手捂住嘴，右手做打电话状："没有发现情况！"原来他们在扮演警察巡逻。"有蜘蛛！"突然传来小朋友的惊呼声，教室里瞬间炸开了锅。有一只大约五六厘米长的蜘蛛盘踞在墙体上一动不动，帅帅的目光被这只蜘蛛紧紧抓住，他饶有兴趣地观察，并与"警察"同伴互相交流："好大的一只蜘蛛啊！""他跑得也太快了吧！"……听到吵闹声赶过来的Z老师要求孩子们都回到座位上准备上课，可是孩子们哪静得下来，完全被爬来爬去的蜘蛛惊吓住了，一直惊恐地看着蜘蛛。

"你们小心！别离蜘蛛太近！"Z老师担忧地说道。

"把他打下来！"帅帅大呼一声，率先拿起桌上的一个本子向蜘蛛抛过去，可惜没有打中。其他的小朋友们也纷纷拿起自己的玩具，教室里的欢笑声、惊呼声混作一团。终于，在孩子们的齐心协力下，蜘蛛被就地正法了。Z老师拿着长木棍，赶着孩子们回座位："趴桌上休息，看谁表现得好一点。"帅帅虽然乖乖趴着，但嘴里的碎碎念没有停止，仍然与旁边的小伙伴交头接耳。

帅帅也毫不掩饰自己对幼儿园的喜爱："我喜欢和大家一起玩滑梯和玩具，而且天天还要锻炼身体，还要……还要保护环境！还可以看电视！我也喜欢在幼儿园里唱歌跳舞。"

由于中班幼儿的生活经验有了一定积累，他们的社会性得到了良好的发展。按照帕顿（Parten）的游戏分类理论，他们已经达到了社会性游戏的水平，独自游戏不再满足他们的需求，同伴游戏才是他们最好的选择。

三、亲属照料：陪伴是最坚实的力量

孩子的天性是由大自然赋予的，这是独一无二的人生财富。保护孩子"自然天性"最好的办法就是让孩子按自己的意愿成长。"染于苍则苍，染于黄则黄。"这句话挑明了父母对孩子的极大影响，但父母应该对孩子的天性保持敬畏，留给孩子充足的发展空间，让孩子成长为"自己的模样"。

帅帅的父母虽远在宁波，但他们的心无不紧紧牵挂着帅帅，在教育帅帅的过程中，始终用爱心、耐心和关爱与孩子们互动，努力与孩子建立和谐、亲密的情感交流："我们就希望他能开开心心地长大，给他最大化的自由发展空间。当然我们对他的未来也有小小的期许，希望他能够对生活保持一颗开朗、勇往直前的心。"

很多家长认为孩子的"玩"是"无所事事"，毫无意义，只有在老师的引导下，才能为未来的成长打下良好基础。殊不知幼儿游戏是"天性"使然，游戏才是幼儿"学习"和"成长"的最佳途径。帅帅妈妈认为，给孩子传递的信息核心应该是关怀与爱，教育孩子应回归到父母与子女心灵深处的呼唤。

"我最大的困难就是没读书，不知道该如何教育孩子。"虹虹妈妈向我吐露了她的心声，因为自身素质的限制，在虹虹的教育问题上，她无法给孩子提供很多的帮助。女子本弱，为母则刚，在日常的生活里，虹虹妈妈更多地用陪伴来表达对孩子的关爱。幼儿园放学后虹虹基本上就回家了，妹妹小希有时候会直接去她同学琪琪那里玩。"虹虹不太懂事，我很不放心她出门，于是一直陪伴她。她在楼上的时候，我就陪她在上面待着。她想去外面时，我就在楼下打打麻将，也方便看护她。"

由于虹虹发育迟缓，与人沟通方面存在着很大的问题，并且也没有形成良好的行为习惯，经常会跑到别人的商铺或者别人家里动手拿东西，给别人造成不小的困扰，于是虹妈每天用很长时间陪伴虹虹。爱从来都是体现于生活中的点滴细节。

无疑，幼儿应该得到来自成人世界的关注和呵护，事实证明，贫困山区的孩子们也受到了家人们由内而发的真挚关怀。这种爱是融入亲人的灵魂而自然散发的存在状态，也是最容易被孩子接收到的温暖力量。

第三节　未来：留守幼儿的美好明天

一、苦中成长：磨炼里含苞待放

卢梭曾说："大自然希望我们的孩子在成年之前就像孩子一样生活。如果我们过早地将孩子加入到成年人的轨道，就会收获一些青涩的果实。他们既不丰满也不可口，并且很快将会腐烂。这样下去，我们造就的就是一些年纪轻轻的博士和老态龙钟的儿童。"[1]

留守幼儿是一个缺乏亲情和关爱的特殊群体，也存在着个体差异，特别是聋哑幼儿。需要我们引起重视的是：留守幼儿的成长，绝不仅仅是指身体的发育、知识的习得和智力的发展，同时更应该关注到心理的健康成长和人格的完善发育。"幼儿不是生活在成人的世界里，而是生活在自己的世界里的。虽然他在成人的世界中能够接受教育，获得更快的发展，但也

---

① ［法］卢梭. 爱弥儿［M］. 李平沤，译. 北京：商务印书馆，1994：91.

要在自己的世界里获得自己的自由，感受生活的乐趣，体现世界的美和人生的美。"这句话表明了留守幼儿也需要自由，需要有自己的生活和世界，这样他们才能全面地成长。

著名教育家蒙台梭利认为："幼儿的天性比钻石和黄金都要珍贵，因为它是人们情绪、情感和爱汇聚的源泉。谈起幼儿，每个人的语气都会变得轻快，内心也变得柔软和愉悦，那是因为幼儿能够唤起人们心底细腻温柔的情感。与孩子接触的同时，我们不知不觉就感觉到真诚，感觉到爱。"教育学素养的主要表现应该是了解每一个孩子的精神世界，给予每一个孩子必要的关怀，并付出一定的精力，让孩子们感到大人没有忘记他，并能分享他的关怀、委屈和痛苦。

幼儿园是一个供幼儿与同伴一起玩耍、生活、学习的场所。虽然 X 幼儿园无论在软件还是硬件方面的条件都远远不及城市幼儿园，但山区留守幼儿同样能够体验到快乐的幼儿园生活。"没有不热爱游戏的幼儿，无论身在何处、接受着怎样的文化、生活于哪个时代，幼儿们都热衷于参加游戏，或者在与同伴游戏的过程中获得愉快的体验，并表达对生活的向往。"① 在山区幼儿园，他们同样可以运用一切可利用的游戏资源，呼朋唤友，共同玩耍嬉戏。

"幼儿园有很多个朋友，我很想跟他们玩。"

"可以跟好朋友一起玩。"

"我最喜欢和×××一起玩，不管玩什么我都会很开心。"

"家里太无聊了，还是喜欢上幼儿园。"

"我在幼儿园能够帮助别人，别人也会帮助我，上美术课我没有水彩笔了，××就会借给我。"

与城市里的幼儿不一样，农村的留守儿童们本就处于自然之中，他们毫无顾忌地吸收着大自然的灵气，在田野里开怀大笑。苏霍姆林斯基曾说："我竭尽全力想要做的一件事就是，在孩子们开始上学，马上要翻开书本的第一页学习第一个音节之前，先让他们阅读一本美妙的书——大自然。"②

---

① 黄进. 文化与天性儿童游戏性质的双重规定［J］. 幼儿教育（教育科学），2008（9）：14-18.

② ［苏联］苏霍姆林斯基. 育人三部曲［M］. 毕涉芝，等，译. 北京：人民教育出版社，1998：43-45.

如果 X 幼儿园能够做到苏霍姆林斯基所期望的那样，那么留守幼儿所生活的"快乐幼儿园"，就是"蓝天下的幼儿园"，留守幼儿的幼儿园生活可以实现在蓝天底下、在绿草地上、在大梯田上、在葡萄园里、在牧场边。

人的一生虽然充满着艰辛，但还是努力且诗意地栖息于这片大地上。这句话不单单是对幼儿留守生活的最好诠释，也是对个人生活很好的启发。生活若没有诗意，那整个人生都将是枯燥无味的。行文至此，我又想起"富翁和农民"的故事：一个富翁在农村田边看见一个荷锄而歌的农民，好奇的念头从心底里冒了出来，便向前想问个究竟。农民说："我整天日出而作，日落而息，但是却连鞋子也买不起。我曾经为此悲哀过，悲哀自我的渺小，也悲哀命运的不公。可当某一天我看到买得起鞋却失去双脚的人时，我就不能不为自己所拥有的一切而感到幸运了。"农民的诗意没有逝于劳作的辛苦中，相反，他从生活中发现了美好，在艰辛里创造出诗意。因此，我们无论面对怎样的艰难险阻，都要有一颗积极向上、勇于面对的心，才能诗意地栖居于这片大地上。

好动、好玩是儿童的天性，游戏是幼儿的基本活动。幼儿们在游戏中生活，在游戏中学习，在游戏中成长。在蓝天下的幼儿园里生活的留守幼儿，即使物质方面有些落后，但他们的生活仍然能够充满诗意。因为"蓝天下的幼儿园"也能成为"快乐幼儿园"。X 幼儿园是留守幼儿与同龄伙伴共同生活的场所，它为幼儿创造了交往的条件和环境，孩子们可以尽情地玩耍。因此，留守幼儿在这里接受到的教育若能贴近幼儿的生活和幼儿的世界，教师们对留守幼儿的成长具有总体的把握和整体的关怀，这样 X 幼儿园就能变成幼儿们接受的、喜欢的，家长认可的、放心的幼儿园，进而促进留守幼儿全面、自由、快乐地成长。

二、诗与远方：寒门也能出贵子

幼儿作为幼儿园和家庭的主体之一，他们在四五年来的生活中，体验到了生活，也对自己有了一定的认识和理解。留守幼儿虽面临着"成长的烦恼"，但如果一个人能在困难面前保持积极乐观的态度，困难反倒很容易被解决；相反，如果一个人处理事情的态度从一开始就是消极悲观的，那么无论困难有多小，都会在成长的路上摔跤。

因此，留守幼儿是否能够实现自我蜕变，是否能够成长为社会有用的人才，取决于他们是否有积极发展的愿望和能力，这是留守幼儿内在的成长动力。也正是这种积极向上的渴望和动力，使得他们有行动力应对留守带来的一系列负面事件。对自身成长负责的留守幼儿会把特殊的留守逆境视为奋发图强的机会，形成独立、坚定、孝顺、感恩、责任心强等优于非留守儿童的品质。①

10月底的一天，我分别给小英、帅帅两位孩子就"愿望"主题进行了一次访谈。我向他们解释"愿望"的含义，在他们理解的基础上，访谈正式开始。

我："如果爸爸妈妈回来了，你是想跟爸爸妈妈生活在一起，还是像现在一样跟奶奶生活在一起？"

小英："跟爸爸妈妈。"（小英的回答没有丝毫犹豫，几乎是脱口而出。即使是性格腼腆的小女孩，也毫不掩饰对爸爸妈妈的想念。）

我："你愿意爸爸妈妈出去工作吗？为什么？"

小英："愿意，他们打工去了。要赚钱，赚钱就可以买吃的买玩的。"

我："最让你开心的事情是什么？"

小英："过年。"（小英突然抬起头，愣愣地看着我）"过年，可以吃鸡，还可以喝汤。"

我："如果爸爸妈妈回来了，你希望他们和你一起做什么事呢？"

小英："我希望……他们给我买包子吃，还有气球！"

小英的愿望非常朴实，仅仅是想要热腾腾的包子和城市中随处可见的气球。然而这样简单的愿望，对她来说却很难实现，一年仅能实现一次。由于家里人口较多，家庭经济条件不好，自有记忆起，小英很不理解为什么父母长时间要离家外出，常常胡思乱想，误以为父母不喜欢自己。慢慢长大后，她逐渐理解了爸爸在外打工的良苦用心，也知道他们的艰辛与不易，对父母多了一份体谅。并且访谈中可以知道小英特别期盼"过年"，不仅仅是因为能够吃到好吃的东西，更重要的是"过年"意味着爸爸妈妈要

---

① 魏晓娟. 积极青少年发展观视角下的留守儿童"问题"与出路［J］. 青年探索, 2015(4).

回到自己的身边，这样就能够跟父母在一起。懂事的小英一直令家人倍感欣慰。

我："你喜欢跟爸爸妈妈在一起，还是跟爷爷奶奶在一起？"

帅帅："这个嘛……反正……反正我喜欢跟家人待在一起。"

我："那你以后长大了想当什么？"

帅帅："我想快快长高，当一个灭火家！"

我："灭火家？是消防员吗？"

帅帅："是的！我还喜欢跟爸爸妈妈一起照顾植物，还喜欢一起出去玩！"

相比于家庭完整、家境优渥的小孩，留守幼儿面对的世界的确不一样，他们努力地快乐地活着。实实在在了解了他们真实的生活，能看到一种蓬勃的生命力，那种和命运对抗的生命力，无论怎样也依然保持欢笑的生命力。日子就是日子，酸甜苦辣咸，五味俱全；可只要希望在，梦想就在。关爱留守幼儿，不是按照成人设想的方法直接介入，前提是要小心翼翼地保护好幼儿的自尊心，自尊心受到伤害，会引发更严重的后果；关键是激发留守幼儿向上的动力，只有主动性提高了，才能事半功倍；重点是通过有效引导，帮助留守幼儿们提高认知能力、判断能力和行动能力。只有当外界的扶持和资助转化为留守幼儿自身成长的动力和能力，才能够发挥其功效，真正地使留守儿童终生受益。

童年是人的一生中最美好的黄金时代，因为它处于个体生命的萌芽和初始阶段。这个阶段的孩子们充满朝气，因懵懂而完整，因单纯而圣洁。并且，童年的生活经历对一个人人格的形成产生的影响远比我们想象中的更加深远和恒久。

在整篇文章的叙事过程中，我不断地插入一些我对于贫困山区留守幼儿的故事的解释与理解，有话则长，无话则短。虽然每一个解释都是暂时的、相对的，并且我所观察到的故事并不会因为我的解释而停止，也永远不会完满，我的解释只不过是无数个不完满的解释之一。若从"儿童的视角"出发，主张和强调"幼儿表达"和"幼儿参与"，让他们用自己的话语和方式自由地表达他们的看法和需要，而非成人"揣测"出来的想法，是一件很有意义的事情。

幼儿对周围社会环境的看法和看法虽然常常被忽视，但这是了解幼儿如何理解和参与成人的活动的重要工具，并且在参与的过程中，幼儿也在不断地建构自己的生活经验。给予留守幼儿自身倾诉的机会，让他们表达心声，目的是更深入、更全面地理解他们的发展，以及引导他们参与和决定今后对生活的选择。与此同时，还要能引起幼儿园、家庭和社会对留守幼儿的普遍关注，从而对涉及留守幼儿自身事务的实际实施产生影响和发挥作用。表达与参与，不仅是留守幼儿感知、认识世界的方式，同时也是留守幼儿适应世界、改变世界的方式。

这一次，小英毫不吝啬地表达她的内心所想："我想当老师！"理想的声音掷地有声。

第三篇 大山深处孩子王

第一章
走进大山深处

第一节　嘿，大山

　　X 县，湖南中部的一座小县城，下属行政区域包括 19 镇 7 乡，总面积达 3567 平方公里，占全省面积的 1.69%，土地总面积 535.07 万亩，其中耕地面积 72.68 万亩，林地面积 286.08 万亩，可垦面积 25.46 万亩，宜林面积 11.48 万亩，河流面积 35.63 万亩，茶果面积 6.05 万亩，其他面积 97.69 万亩。因雪峰山绵延盘绕整个县域，所以境内地形多为山丘盆地，但有山就离不开水，清澈资水穿县域而过，给 X 县注入活力与生机，就是这样山清水秀的宜人环境给 X 县带来了"湘中宝地"的美誉。因为独特的地理环境，X 县自然资源丰富，有"南方动植物博物园"称号的大熊山国家森林公园；有广泛分布形态各异的石笋、石钟乳的天然溶洞梅山龙宫；而具有独特的耕作方式和天然的灌溉系统的紫鹊界梯田更是让游人赞叹不已。除此之外，X 县还有其独特的地方文化，作为蚩尤的故里，X 县人民血脉里始终流淌着"蚩尤"血性，他们以远古先人与大自然的斗争为灵感开创了中国传统武术的优秀拳种，因全民尚武，所以 X 县曾达到人人习武的地步，即便到了现在，X 县仍有近半数人练过梅山武术。除了武术，还有风格古朴原始的傩舞，其中以傩头狮子舞为代表。傩狮头造型以蚩尤为原型，似狮非狮，在狂野的面目之下又透出一股神秘。

　　虽然 X 县自然、文化资源丰富，但因其地貌环境多为高山丘陵，地形限制导致交通闭塞，加之传统思想的禁锢，县下所属乡镇经济发展皆较为缓慢，国家级贫困县的帽子一直未脱掉。位于 X 县西部的雪峰山脉中段的 F 镇，属边远高寒山区乡镇，山地海拔可从 371 米往上至 1584 米，虽水能资源丰富，森林覆盖率高，集中连片的楠竹有 4 万亩以上，可供开发的丘岗山地达 12 万亩，但因为农业技术较为落后，耕地形式多为人力作业，耗时长且收入少。

图 3-1　紫鹊界梯田

图 3-2　依山开垦的农田

翻过紫鹊界梯田的几座高山，车子顺着蜿蜒的盘山公路一路往山上开到尽头就来到 S 村。S 村作为 F 镇的国家扶贫工作点，其经济水平相对落后，截至 2018 年年末，村里共 452 户人家，人口 1857 口，其中贫困户有 114 户，456 人，未脱贫人均收入 2960 元。整个 S 村被包裹在群山之中，村里的住户以市集的商品供销社为中心聚集，其余的住户散落在公路两旁，依山、依耕地而住。

图 3-3　被群山包裹的 S 村中心

图 3-4　S 村的集市

村民开垦的耕地大部分沿着村里的小溪，但更多的是依山势开垦的田地。传统的人力耕种是村民们主要的耕作手段，耕种农作物是当地村民主要的收入来源，但由于人力效率较低，"靠天靠地"的农耕收入并不十分可观，因此外出务工成了村里大部分家庭的选择，留在村里的多为妇孺和幼儿。S村交通欠发达，村里没有车站，只有班车招呼点，每天有2趟通往县城的班车，早上7点半一趟，下午1点10分一趟，因盘山公路颠簸，到县城一趟要花上3个小时，要是万一有事耽搁了，可能需要第二天才能返程。村民若是去邻近的村落，最便利的出行工具就是自己的双腿了，又或是在路上偶尔遇见熟人，搭一程顺风摩托车。因此全村唯一的一条公共水泥马路也鲜少有汽车经过，沿途最多的莫过于农家散养的家畜以及放学结伴徒步回家的孩子。村里市集的商铺不多，每逢"1"和"6"是村民们赶场的日子，这也是村里最热闹的时候，各家各户都会背着背篓、提着篮子出动，购买所需的日用品和水果，或者把自己种的菜和打的稻米拿去赶场的地点售卖，换得一点收入。"这个也是老一辈留下来的风俗，那个时候从山里走出去是件很困难的事情，所以各村都规定了一个日子来赶场，这样大家就可以错开时间去交换自己需要的米啊、面啊，慢慢地也就成了传统。"L老师向我解释道。S村的村民保持了"蚩尤"后人那一股坚忍不拔的品格，也体现了湖南人"吃得苦，霸得蛮"的性格特征，常常在傍晚时分还能见到头发花白的老人戴着斗笠在山坡上的田地耕作，虽然生活条件艰苦，但是村民们都团结友爱，邻里亲如一家，只要到了饭点，路过某户人家，蹲在家门口吃饭的主人总是会主动向客人发出"恰饭卯？来来来，恰点便饭吧"①的邀请。坐进去后，主人可能还会给你倒上一小杯自家酿的米酒，一起畅饮聊天。但是就如中国许多贫困山区一般，"超生""多生"是村里的普遍现象，这与传统"重男轻女""养儿防老"的思想密不可分，这也是S村致贫的一个重要因素。

第二节 山里有个幼儿园

最初开始寻找研究地点的时候，研究者心里也有些许忐忑，一是担心贫困农村没有幼儿园，二是担心幼儿园的老师不符合研究所需。经X县教

---

① 方言，意为吃饭了吗？邀请客人来家吃便饭。

育局介绍，研究者获知 S 村有一所幼儿园，虽是民办，但是在当地颇受好评。2018 年 4 月，在做好前期准备工作后，研究者第一次前往了 S 村。一路的盘山公路略显颠簸，沿途不时可以看见背着竹篓的老人还有在山间田地耕作的农户，虽然沿路风景迷人，但还是难抚心中的担忧。大概 3 小时车程后，道路渐渐平缓，在村口一排平房的位置有一个小口，从小口进去就发现了一块平地，平地右边一扇朱红色铁门和矮墙围着的建筑就是教育局介绍的 H 园。据 H 园的园长介绍，F 镇共有 6 所学校，其中有 3 所中学、1 所小学和 2 所幼儿园，其中一所幼儿园为 F 镇中心幼儿园，属公办园，另一所是 H 园，为民办园。H 园虽是民办园，却是 F 镇的第一所幼儿园，也是 S 村唯一的一所幼儿园。

图 3-5　H 园隐蔽的入口　　　　　图 3-6　简易的操场

H 园创办于 2010 年，2013 年申请成为普惠性幼儿园，现在园所共有 147 名孩子，5 名教师（4 名教师、1 名专职保育老师），4 个班（2 个大班、2 个中班）。"我们现在都是一个老师带一个班，那个保育老师就是专门负责给孩子们做饭的。我们农村的幼儿园不像城里，如果再多请老师做一教一保的弄法，我现在这些老师怕都发不出工资啰。"

现在的幼儿园是由原镇政府大楼改造而成，两栋连着的双层瓦房和一小块前坪是幼儿园的全部。考虑到安全因素，园长只对一楼的部分房间进行改造并投放使用。整个幼儿园用矮墙围着，因楼房年代较久，墙面显得斑驳陈旧，墙上那些老师们为装饰而画的卡通图案在风吹日晒中褪了颜色，朱红的铁门也翘起了锈壳。孩子们的户外活动就在大楼的前坪开展，一旁有用油篷布和铁架子搭的简易"游戏区"，为了防止孩子摔伤，老师们在地上铺了一块毯子和几块薄薄的垫子。一套木制的滑梯、小型的摇摇桥、几个塑料木马、塑料跷跷板，还有几个小皮球是全园孩子们最喜欢的玩具，也几乎是"游戏区"里全部的玩具。

图3-7 年代久远的教学楼　　　　图3-8 游戏区

　　每个班级的活动室都较小，光线较暗，小小的活动室通常需要挤下三十多个孩子，加上孩子们的桌椅后，老师开展活动可供使用的空间非常有限。"我们也想在开展教学活动时尽可能多地插入一些游戏或者其他互动的形式，但是人多空间小，特别是下雨的时候，孩子们没办法出去，实在不知道该怎么开展活动。"每个活动室的前面都放着一块白板、一张教师用桌和一台电视，电视平时没法播放，因为没有闭路网络连接，老师只会在孩子们开展活动的时候打开。据园长介绍，这个电视是和教育局统一购买的教材配套订购的。孩子们的口杯架放在教师桌子旁边，因为没有专门的幼儿饮水室，为了避免发生安全事故，孩子们每天都是固定的时间喝水，由班上老师拿水壶去厨房接热水。

　　"每次喝水的时候其实是我比较担心出问题的环节，因为每个班只有一位老师，如果我去厨房打水，班上孩子就没人看，所以每次我都是速战速决，小跑着去小跑着回。"孩子们的毛巾都用一个圆盘晾衣架悬挂在自己教室的窗户上，班上老师每天早上都会清洗消毒。

　　幼儿园只有一个厕所，厕所的入口在两个教室的中间，厕所光线的来源就是入口通道的一盏白炽灯。厕所是成人厕所的样式，没有男女之分，男生在前面几格，女生在后面几格，因为便池的尺寸太大，所以一旦孩子去上厕所，需要老师时刻关注孩子的安全问题，加上没有冲水装置，孩子们上完厕所后也需要老师用桶接水冲厕所。活动室没有单独的寝室，宿舍安排在厨房的旁边，而幼儿园大楼背后紧靠大山，宿舍所在的楼栋又正好靠后，常年没有太阳照射导致宿舍霉味较重。宿舍对面的一排房间大多没有投入使用，一间用来做材料室，里面堆放着彩纸和胶带等办公用具，另外有两间房放着两件较大的幼儿玩具：滑滑梯和转转椅。"因为我们幼儿园没有较大的室内活动场所，山里嘛，下雨是常事，而且一下雨天就凉得很，所以一到下雨天孩子就只能挤在这两个房间里玩，或者就是我们老师带着孩子做做手指游戏之类的。"Z老师解释道。

图 3 - 9　教室里的老师和孩子

图 3 - 10　活动室一角

图 3 - 11　厕所通道

图 3 - 12　昏暗的厕所

图 3 - 13　幼儿寝室

图 3 - 14　室内游戏室

为了避免由于语言描述的繁杂造成理解上的不便，我绘制了 H 园的平面图，具体见图 3 - 15：

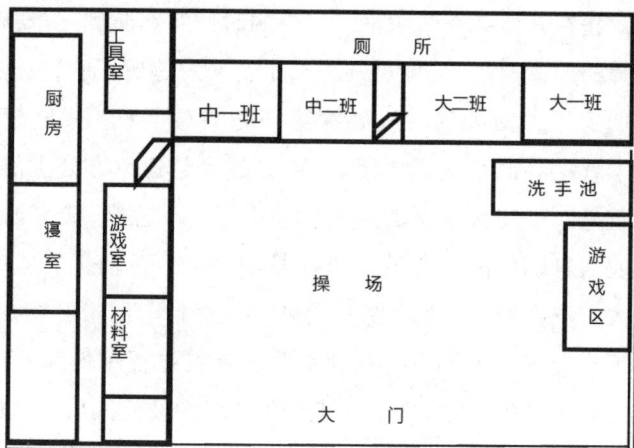

图 3 - 15　H 园平面图

第三节　山村幼儿园里的"程序员"

据园长介绍，园里所有的老师都是当地的普通家庭妇女，都是非学前教育专业出身。园长说："农村办幼儿园真是难，我这个幼儿园也办了这么多年了，从 2010 年到 2018 年，可以说是迎来了一批又一批的老师，又送走了一批又一批的老师。每次我辛苦送这些老师出去培训，她们学好了，成长了，就不想在我这里做下去了，说要去城里去更好的地方。所以现在我招人的时候，有一点比较看重，就是要愿意一直留在我们农村的，也愿意为我们农村的幼儿教育事业做出自己的贡献。"正是出于这个原因，现在园内的老师全都是本地已婚妇女，年龄小的二十出头，年长一点的也才三十出头，且大部分老师的丈夫都在外打工，家中都有 3 ~ 4 个孩子需要自己照顾。和园长表明来意后，园长对我的到来表示十分欢迎，并热情地向我推荐了 Z 老师："Z 老师是我们园的元老啦，几乎是从开园的时候就一直在这里，她很不错的，我们的家长也都很喜欢她，等下她来了我带你认识一下，你们聊一聊。"当时我猜想，元老级别的老师应该是一位年龄稍长的中年妇女吧。

　　园长安排我在办公室稍作休整，等待的时候突然听到一个孩子的哭声，这时一个老师的声音响起："宝贝，怎么了？又想妈妈了啊，你看，等下我们马上就要回家了，回去的时候要漂漂亮亮的对不对，我们把眼泪擦掉，等下校车一下就把我们给送回去了。"声音越来越近，办公室的门被打开，门口站着的就是刚刚安抚孩子的声音的主人——Z 老师。Z 老师个子不高，有着常年做农活日晒后的黑皮肤，可能是因为一直忙前忙后，或者是见到我这个陌生人有点害羞，Z 老师憨厚的脸上一直带着红晕，让我吃惊的是，我以为的"元老"其实并不老，在和她聊家常的过程中得知她才三十出头的年纪，却已是 4 个孩子的母亲。Z 老师带我参观幼儿园后，我向她表明了自己此行的目的，Z 老师爽快地答应了："这个没问题，你不用觉得麻烦，你来了我特别高兴，我们这边的老师正好在教学上有很多的问题不知道该怎么办，你真是一场'及时雨'啊。"通过几个小时的相处，可能是因为家乡话起的催化作用，Z 老师没有了之前的拘束感，主动地和我说了很多自己在教学当中的收获与困惑，我们就像朋友一样自如地交谈。在后来的交谈中我又得知了一个惊人的消息，这个在山村待了 6 年的幼儿教师竟然是一个地道的"工科女"，学习了 3 年的计算机专业，但放弃了沿海的高薪工资回到山村做一名幼儿教师，这一点让我十分敬佩，但同时也激起了我的好奇心：她为何选择回到山村做一名幼师？又为何在这坚持了 6 年之久？这些问题当时就像一块面纱等待我去揭开，但短暂的融入告诉我，老师们肯定存在着许多我们不能体会的难处，孩子们所享受的教育资源和城里的孩子相比也是云泥之别。

　　来的那天正值幼儿离园，出于安全考虑，H 园给孩子安排了校车接送，因为园里的孩子住得比较分散，所以并不是按班级依次接送孩子。下午 3 点半以后，各班老师就给孩子们安排自由活动。我原本以为老师们一天忙碌工作之后的懈怠与疲惫会在这时毫不掩饰地流露出来，充斥在我耳边的却是一些动听又美妙的声音：孩子们在操场比赛激动的叫喊声，老师们在一旁的加油声；老师带着孩子一起跳绳时绳索划破空气、鞋底踏实踩在地上的声音；孩子要离园时大声和老师再见的声音；还有交织在一起的大人和孩子的笑声……在那一刻，我的担心变得多余，在这远离工业与商业的纯净之地，还有一群可爱的孩子和可敬的老师，她们在这样艰苦的环境中依然坚守在教育的最前线。我想，通过和她们更加深入的交流后，我会获得对山村幼儿教师更全面的了解，也会让社会大众更加了解山村非专业幼儿教师的真实面貌，体会她们教育生活中的酸甜苦辣。

第二章
专业蜕变：与孩子们共成长

　　人的生活是一个连续的整体，"关系"总是在生活历程中不断被人建构，因而任何一种"关系"，都蕴含着人的生活历史，蕴含着人的能动性，而教师的教育生活不仅包括老师与学生的关系，还包括了教师与其社交网络所覆盖的对象之间的关系、教师与自身的关系。如果我们以"注视"的姿态去看待这些关系，就只能站在一条历史的河边审视着，看到是河面的潮流涌动，那些隐藏在过去和关系之下的事件则将会被永远隐藏；而当我们以"倾听"的立场去体会这些关系时，则会自然而然地走进这条历史的长河中与教师进行对话、交往，继而从四面八方去感受教师教育生活本真的存在，体会最澄明、开阔的存在性。因此，我们要打开"倾听"的耳朵，把教师的发展放置在生活的历史关系之中，走近教师的内心，走进教师成长的历史深处。那么，一名山村非专业幼师选择这份职业缘起为何？在过去的教育生活中又遇到了什么困境？自己又是如何坚守山村使自己"非专业"的身份一步步蜕变的？本章，研究者将针对这些问题从"回到山村的程序员""与山村家长的斗智斗勇""坚守山村的力量源泉""六年后的成长"这四个方面来"倾听"山村非专业幼师的专业蜕变史。

第一节　回到山村的"程序员"

一、从城市返回山村

　　Z 老师是土生土长的本地人，家共四姊妹，她排行老三。Z 老师的父母都是地道本分的农民，虽然自己没有读多少书，但是对几个小孩的教育从来没有放松过。"我爸妈从来没有因为我是个女孩就不让我读书，所以我几姊妹读书都还算比较可以的，现在我的兄妹们发展的都不错，哥哥在县城工作，妹妹现在是乡政府的书记。"回忆起自己的学生时代，Z老师很感谢父母和老师们对自己严格的教育，"能够有学上在我们这个小山村里是特别值得珍惜的机会，不应该浪费"。所以当同龄的朋友早早就外出务工时，Z老师选择了继续深造，在山村教育条件落后的情况下考取了隔壁市的一所大专。在报考专业时，出于对电脑和科技的好奇，Z老师最终选择了计算机专业。毕业后，Z老师的第一份工作是在东莞的一家外贸公司做文员，对于当初为什么选择去沿海打拼，她说："那个时候年纪小，才十几岁，想着自己年轻的时候一定要出去看一看，才有年轻的样子。"也就是凭着这份憧憬和冲劲，Z老师不仅拿到了每月可观的收入，还收获了自己的爱情。但这份工作在她发现自己怀孕后就辞掉了。生完孩子后，Z老师为了减轻家中负担，还是选择和丈夫一起去沿海的外贸公司工作，孩子就由家中的公婆照看。随着几个孩子都升入小学、中学，上了年纪的公公婆婆没办法在农忙后抽出时间来督促孩子们的学业，Z老师就觉得不能为了多赚一点钱而放弃对孩子们的教育。"当时我小孩的成绩开始变差了，我都没想太多就回来了，我老公也支持我，说靠他我们的家也能好好的。"在丈夫的支持下，2012年年底，Z老师就从大城市回到了小山村。

二、"程序员"的山村幼师缘

说到与"山村幼师"的缘分，Z老师不禁回想起与这个职业初遇时的光景。那时刚怀孕的Z老师辞掉了工作，一次偶然的机会，在广州结识了L园长，L园长向她发出了邀请，希望她能来幼儿园就职："L园长觉得我为人稳重踏实，所以想让我去幼儿园试一试。那是我人生中第一次进幼儿园。最开始对幼儿园老师的印象也是蛮好的，嗯，应该是说觉得老师这个职业挺好的。我自己是学生的时候很尊敬老师，我的父母也是教导我要尊敬老师的。正好自己又怀孕了，我想着来幼儿园工作的话可以多学点东西，对自己的小孩也有好处，所以就去了。"

Z老师去幼儿园上班后，开始以为自己能够很好地适应新的工作环境，后来发现幼儿园老师的日常工作和自己的想象很不同："一开始以为幼儿园老师的工作会比较轻松，反正也就是带小孩嘛，但是去了才发现并不是带着孩子唱歌跳舞做游戏这么简单。"她在工作的过程中也遇到了很多问题：不知道该如何撰写教案开展活动；面对孩子不知道开口该说些什么；处理一日活动各个活动环节也总是手忙脚乱……"我记得第一次上课的时候，几十个孩子齐刷刷地望着我，我心里吓得呀……当时都不知道该说些什么好了，大脑一片空白……虽然有教案，但是也不知道所谓的'教育方法'和'教育手段'，就是机械地一字一句对着教案念，才过了十几分钟下面的孩子就坐不住了，只好让主班老师来'救场'，当时觉得特别尴尬。"

虽然第一次的教学活动以失败告终，但是园长和老师们都没有因此而嘲笑她，这让她心里得到了一丝安慰和释然，也为她后续的学习增添了信心和勇气，每次园内组织培训的时候她都非常认真："当时的新老师都会由一个老教师带，我们新老师每个月都会有培训，这个培训是园内教研组来做的，我们扮演小朋友，教研组的老师来给我们上课，让我们在孩子的角度来体会一堂课的感觉，互动的时候也要求我们以一个孩子的视角去发现问题，回答问题，体会孩子感受和大人的感受之间的差别，并且还教我们怎么样站在孩子的角度帮他们去解决问题，理解问题。除了定期的集体培训，每周还会检查我们的教案，集中讨论。"

在一次次的培训中，Z老师逐渐明白为什么有时候她觉得很简单的问题孩子们却不能理解；那些她根本没有注意到的细节，为什么却能给孩子们带来莫大的乐趣……这些都为她开启了进入儿童世界的大门。那段时间，Z老师觉得虽然自己很忙碌，但内心是充实的，看着自己的已有认知在不断地被刷新，在孩子面前开展活动能越来越自信，她感到十分开心。因为来园工作时已是怀有身孕的状态，所以在这个幼儿园工作了一学期后，Z老师就辞职了，但这段工作经历给她留下了深刻的印象，特别是L园长："当初带我的老师就是L园长。最开始写教案我只会按照'傻瓜式流程'写活动目标、活动准备、活动过程这三个大块的模板，但是'师傅'告诉我，如果想要成为好老师一定不能偷懒，上课要讲什么话，全部一字不落地写在教案里，万一上课的过程中自己因为紧张忘记了，就可以根据教案知道自己下一步要干什么。而且'师傅'还说，每堂课结束后，一定要在教案后面写上教学反思，评价自己的教学，可以从哪些地方去改进。她还经常和我说，我们做老师的，教给孩子的东西，一次活动没掌握，那我们就开展第二次，第二次没掌握，我们就开展第三次，慢慢来，自己的成长也是一样的，没有什么是一蹴而就的，在这个过程中不断反思，才能够成为好老师。她说的这些话对我影响很深，到现在我都一直放在心里，并且也一直是这么做的。我觉得 L 园长是一位好老师，我也很羡慕这样优秀的教师，我希望自己有一天也能成为别人口中的好老师。"

当 Z 老师决定回到家乡后，正值 H 园开园招老师。因为都是本地村民，相互比较了解，H 园园长很中意 Z 老师："Z 老师读书的时候很厉害的，我们这的人都知道，而且做事也负责、能干，正好她回来了，我第一个想到的就是她。"面对 H 园园长的邀请，Z 老师想起自己在幼儿园当配班老师的场景和 L 园长对自己的谆谆教导，又加上可以在工作的同时照顾孩子和家里老人，于是在这一干就是 6 年。

由于每个人的成长经历、兴趣、志向都不同，所以每个人的入职动机也可能是多样的，从 Z 老师回到山村前的生活成长史中可以看出来，父母对 Z 老师良好的教育让 Z 老师形成了认真、踏实的学习品质，也让她形成了这样的一个观念：教育是人生中不可或缺的一个东西，所以她尊重和认可老师这份职业。在我国农村地区，受传统观念影响的农村家庭妇女在就业时考虑最多的因素不是经济收入而是家庭，所以不管是在广州的幼儿园还是家乡的 H 园，Z 老师选择这份工作最初的动机都是因为家庭因素，更准确地说是父母对她的教育影响了她的教育观念，在权衡更多的收入与孩子较好的未来时，她选择了让自己的孩子拥有更好的教育。

因为缺乏一般师范生的职前师范教育，非专业幼师对"幼儿教师"这一职业的定位可能会产生偏颇，定位的正确与否对今后的教育生活也会产生重大的影响，所以对非专业幼儿教师来说，在职教育替代了师范职前教育成为影响其继续就职意愿的重要因素。从访谈内容可以看出来，第一次在幼儿园工作的经历对 Z 老师回到山村后继续选择这份工作产生了很大的影响。那段时间，Z 老师努力之后得到的所有反馈都是积极的：规律且有效的专业培训、园长对自己的耐心引导、自身可观的变化，这些都让非专业出身的 Z 老师对"学前教育"有了一个粗浅的认识，并且使自身的价值也得到认可，自我效能感在一次又一次的正向反馈中得到增强。而且，L 园长成为了她人生中的"重要他人"。"重要他人"是指在成长过程中印象最深的人或者是过去生活经历中对自己影响最大的人，有可能是父母、兄弟姐妹、祖父母、亲戚长辈、朋友、老师、恋人，或者工作场所的长辈前辈等。重要他人在每个人的成长过程中都扮演着关键性角色。当一个人感觉到他被"重要他人"所接受、被尊重、被爱，那么他的自尊同时也就获得最强有力的滋养；相反，当一个人感觉到自己是不被接纳的、不被需要的，许多负面的结果包括情绪、想法以及行为也就因此产生。有研究显示，那些获得父母、老师、同学和好朋友等"重要他人"较多支持的人会比较看重自己，得不到"重要他人"支持的人其自尊程度也很低。①在 Z 老师前期对职业产生困惑时，L 园长给予了她自信和建议，没有让她因为"非专业"的标签而产生自卑和胆怯，并且给了 Z 老师许多有效的建议，传达的一些教育理念也深深影响着她，给了她面对职场困境的勇气与信心，这些都让 Z 老师对自己形成了这样一种判断：即使不是专业出身，我也能成为一名好老师。

对于山村非专业幼儿教师而言，受家庭因素影响的入职动机会对教师后续在工作中付出的努力程度产生影响，但这个因素只构成非专业教师专业发展的必要条件，对于因缺乏专业训练而缺乏职业信念的非专业幼师而言，继续就职意愿构成了非专业教师专业发展的充分条件，而这一充分条件则受到职场因素和家庭因素的双重影响，如专业成长环境、职场人际关系、家人对工作的态度等。对 Z 老师而言，在第一次的幼师工作经历中她有较强烈的入职动机——让自己孩子在未来拥有更高质量的亲子教育，而且她的继续就职意愿也非常明显，这些都是因为该园有一套与非专业幼师相适配的培训体系，不以通篇的理论知识来故弄玄虚，而是从模拟教育实践入手，让一个新手教师迅速明白什么是幼儿园的教育、幼儿园的孩子的心理状态是怎样的。所以如何使山村非专业幼师的入职动机变得强烈且持久，让她们的继续就职意愿增强，是在稳固山村幼师队伍时需要思考的问题。

---

① 张妮妮. 在耕耘中守望［D］. 长春：东北师范大学，2012.

第二节　与山村家长的思想交锋

一、"雄关漫道真如铁"

Z 老师正式入职后，她觉得自己虽不是专业出身，但在广州半学期的幼师工作经历让她稍稍有了点带班的底气，做事一向认真的她还暗暗在心底给自己定下一个目标：一定要让村里的孩子享受到好的学前教育！但是在现实面前，她觉得很多的梦想都变得遥不可及，有心无力是对此最好的说明。

第一年（2012 年）开始的时候，H 园一共才两个班，全园只有 48 名孩子，3 位老师，其中一位老师主要负责全园的保育工作。Z 老师是中班的主班老师，班上有 18 个孩子，另外 30 个孩子都在大班，由 A 老师带着。H 园是 S 村唯一的一所幼儿园，在村里办幼儿园之前，家长们都会把即将入小学的孩子送去村小附属的学前班，学前班学习的内容多为一年级的基础知识。在开园之初，园内没有专业老师对她们的教学进行指导，园长虽然以前是中学教师，但也没有任何学前教育的经验，加上"学前教育"在农村普及率不高，家长们固守"学校就是教授知识的场所"的观念，"小学化"教学成了 H 园的日常，而这让 Z 老师很是吃惊："当时完全就是小学化的教学，和我在广州时完全不一样，教室里是放着黑板和粉笔，上课也是用的小学一年级的教材，孩子的位置也和小学生一样，桌椅摆得规规矩矩，坐得也是规规矩矩，老师拿着教材站在教室前面，感觉回到了那个年代的学堂教书一样。每次路过大班的教室都看见孩子们坐在那里一个个扯着嗓子念书，哎呀，我觉得很别扭，这哪里像幼儿园哟。"

因为之前有过一定的教育经历和专业培训，所以 Z 老师在教学上有了自己的观念和态度，她也和大班的 X 老师就教学上的问题进行过交流，但是 X 老师表示"迎合家长就好，以免产生不必要的麻烦"。Z 老师决定先从自己做起，在班上开展活动时没有采取和 X 老师一样的教学形式，而是多以讲故事、做游戏的形式代替，每次活动的时候也会拿上一把小椅子坐下来，她觉得"老师不是高高在上的人，和孩子之间是平等的，这样更便于交流"。

由于没人能教她应该怎样教育孩子，作为一个非专业人士，她只能"请教"于互联网和书籍。Z老师家里没有电脑，每次下班后，她就跑到园长家上网找一些手指游戏和优秀教案抄在自己的备课本上回家学习。以前在幼儿园学到的一些游戏，她也会拿到教学中来用，"虽然我那时候不知道这些游戏和课件到底好不好，但是我觉得有总比没有好"。就在Z老师鼓足干劲想充实自己并改变园内"小学化"现状时，发生了一件让她感到万般无奈的事情，这件事情让她觉得"自己的力量实在是太渺小了"，也终于体会X老师所说的"不必要的麻烦"是什么意思。

就在开学不到半个月的一天晚上，大概十点多，Z老师刚刚辅导完自己三个孩子的作业准备去洗漱，她就接到了班上家长的电话。本来以为这么晚打电话过来是孩子第二天有事需要请假，谁知道电话接通后，家长就质问她为什么开学这么久从未给孩子布置过作业，觉得她根本没有一个老师该有的责任心。这让Z老师心里很不是滋味："那个家长很生气，觉得自己花钱让孩子来幼儿园是要学习知识的，而不是说天天玩游戏，还拿隔壁大班的小孩来说（事）。我看他这样子，就把自己在书上看到的关于儿童心理发展的知识跟他解释，但他根本就不听，觉得全是我的借口。第二天去上班我才知道那位家长还和园长打了电话，说如果再这样下去就不送孩子来幼儿园了，而且打电话的还不止一个家长。哎……说实话，当时心里有点失落，怎么说呢，因为从来没人说过我不负责……我本来也不是不负责的人，那个时候第一次觉得，想凭自己一个人的力量去改变一件事情，太难了。"

因为家长们都拿"不送小孩来幼儿园"向园长和Z老师施压，出于对幼儿园生源的考虑，园长向Z老师表示希望她能够按照家长的意思来，等幼儿园的口碑打响，自己的教学经验成熟之后再在教学上发表自己的见解。对此，Z老师没有办法反驳，自己作为下属，不可能违抗园长的命令，加上家长们的强烈反对，孤军无援的她只能在困惑不解和惴惴不安中妥协："其实当时觉得有点想不明白，我才是老师啊，为什么要听家长的指挥呢？我做的这些都是为了孩子好啊，难道怎么做还需要事先和他们通报一声？在我的印象里，父母都是教我要听老师的话……哎，不过我也确实不是专业的，别人可能也信不过，幼儿园老师还是比不上中小学老师那么有权利……这不是我愿意看到的场面。但是，那个时候我力量太薄弱了，感觉没法冲破我们农村家长封闭的思想。不过我确实也没有头绪，不知道怎么样去劝解，也就只能多多积累经验后再去改变吧。当时我觉得这是唯一的解决办法。"

二、"有时风雨有时晴"

2013 年，在园长的争取之下，H 园成功申请成为了 X 县普惠性幼儿园，并加入了 X 县学前教育协会。那年新学期伊始，教大班的 X 老师就离职了，按乡亲们的说法是"去了外地挣大钱"，幼儿园就只剩下 Z 老师一个人。我原本以为 Z 老师会因此承担更大的压力，没想到她却觉得是件好事："当时我觉得是我能作出改变的一个机会。"不出她所料，因为园内只有她一个教学老师，所有的教学任务都落在了她一个人的肩上，园长也把"业务园长"的头衔安在了她身上："一开始我就是看中她负责、认真才把她招进来，而且确实做得好。反正我也不是很懂这个教学方面的东西，所以给了她这个职位，她就全权负责教学嘛。"得到了园长的默许，有了"实权"后的 Z 老师做的第一件事情就是招老师，对于聘任的标准，她也有自己的想法："一个人做起来很难，以前和 X 老师搭班的时候我自己是深有体会，两个老师的做法完全背道而驰，特别是在 X 老师附和我们农村家长的前提下，我那些'不同寻常'的做法家长们意见重重。所以如果我招人的话，我肯定就会找那些思想开明一些的老师，并且愿意做出改变的老师。"

在招人的时候 Z 老师第一个想到的就是 B 老师。B 老师是 Z 老师的初中同学，俩人在中学时期就是特别要好的朋友。她们在初中时，成绩都是名列前茅，但 B 老师由于家庭的原因，初中毕业后就去了外地的鞋厂打工，直到成家生孩子才返回家乡。"她特别好学，也是一个愿意虚心请教别人的人，虽然她也不懂学前教育，但是我觉得只要我们俩共同努力，肯定能成为好搭档，把这个幼儿园做好。"

由于 H 园有了政策上的支持，老师们的培训机会也随之而来，虽然不多，但是她们都非常珍惜。回想起第一次培训的场景，Z 老师还是很激动："当时培训是 X 县学前教育协会举办的，是针对保育员的培训，但是对于我们来说也是一个难得的机会了。培训是在 X 县教育局的会议厅办的，虽然第二天早上 5 点就要起床赶去县里，但是前一天晚上我还激动得睡不着。那天到了会议厅以后，哇，特别正式，桌子椅子一排排的，还有红色的桌布，看着发到手里的资料，专业的老师在上面和我们传授经验和知识，我突然就觉得自己好像真正成为了一名幼儿教师，感觉被接纳了。"

后来只要有培训机会，Z 老师都会带上 B 老师一起去参加，为此，Z 老师还特地跑去县里卖电子产品的商铺买了一个大容量的 U 盘，专门存放培训老师的 PPT、音频材料和视频材料，还有自己每次培训后的心得和反思，这些培训的资料也成为她在专业成长上的宝贵资源："我们 X 县学前教育协会的会长是研究生呢，我有时候碰到问题经常会向他讨教，而且我每次都是通过视频电话的形式沟通，因为觉得有时候用文字表达不清楚我的观点。我很感谢这些老师，他们没有觉得我是一个农村的老师就看不起我，或者觉得我是个非专业的就随便糊弄我。每次在教学中间碰到一些我不知道的问题我就会和这些专家老师讨论，把它记录在本子上，第二天就回去和小朋友解释前一天的疑惑。"

由于有了得力的帮手，再加上培训的跟进，Z 老师觉得自己渐渐走上了幼儿教师这一职业的正轨，每天的生活都过得非常有规律："那段时间觉得自己干劲十足，想要学的东西很多。每天早上 5 点多起床，到了幼儿园以后要做好入园准备，一天工作结束，大概 7 点多回到家给孩子和父母做饭，然后给小孩们辅导作业。10 点左右孩子们睡着了我才有自己的时间。等全家人都睡了以后我就开始备课，写反思，学习。我觉得这些都是值得的，既然以前比人家花的时间少，现在就要补回来。"

在独挑大梁的日子里，Z 老师虽然辛苦，却是快乐的，除了充实自我，她也没有忘记自己当初的誓言，所以向家长传递正确的学前教育理念成为她日常工作的一部分。她把每次培训的资料都整理成文档打印出来发给家长，在网上学习到的专业文章也都会在家长群里进行分享，并附上自己作为教师的心得体会。慢慢的，她发现，家长们虽然没说支持，但是跳出来反对的声音开始变少，自己也就大刀阔斧地"干起来"。起初，Z 老师觉得如果直接改变整个幼儿园的教学方式，家长们肯定无法接受，所以她决定先从日常生活习惯的培养开始，让家长能够意识到幼儿园不只是一个"托幼所"，还是一个真正的教育场所："我开始就说过，要让我们农村的孩子享受到好的学前教育，不要老是让别人说村里的孩子都是'野孩子'，这个习惯养成是很重要的。我们村里的孩子习惯了爬树、抓虫，在地里打滚，所以总是喜欢跑。一开始我只是在操场上做了脚印形状的标记，是为了方便孩子们做操时站队，后来我发现我们的孩子上厕所没有排队的习惯，总是喜欢乱走，我们幼儿园又都是粗糙的水泥地，摔着容易受伤，所以我就想可以在操场上画一个线圈，每天早上我都带着孩子一起跟着音乐走红线，养成排好队不插队的习惯。后来慢慢的，就发现他们在活动过渡环节时已经有了排队的意识，这个活动也就一直保留了下来。所以我觉得只要用正确的方法教，我们山里的孩子也是一样的礼貌乖巧，和城里的小孩子没有区别。"

图 3 – 16　幼儿园保留的特色"传统"

这个画红线的方法是 Z 老师有次在县里参加培训的时候学到的，那次的培训上，有位园长分享了自己园内蒙氏班的教学，介绍的过程中提到"走线"的环节能平静孩子们的内心并提高孩子的专注力。Z 老师当时就觉得这个方法可以借鉴，于是培训完回来就在操场上画一个红线框，每天早上就带着孩子们一起听音乐走红线，几周下来，没想到效果还不错，于是这个"走线"就成了 H 园的传统。说到这些有趣的变化时，Z 老师一直紧皱的眉头开始舒展，饶有兴趣地和我说起了自己这些年给幼儿园带来的改变："你也看到了我们幼儿园的条件，不像城市里的幼儿园有草地或者塑胶地面，我们都是这种水泥地，摔在地上，情况轻一点的话会变青变紫，重的话就是会擦破皮。虽然说农村里的孩子经常在外面玩，摔着碰着也是常有的事，但孩子毕竟是孩子，在幼儿园的话我们肯定是要保证他们的安全。

以前我们的孩子去上厕所或者排队出来散步都是一个一个牵着衣角，但是这样的话只要一个孩子不小心摔倒了，就会造成更多的孩子摔倒，后来我就想到一个办法，不牵衣服，走路的时候就一只手叉着腰，一只手摆起来，有节奏地摆着手往前走，后来我们老师就把这个统称为'模特步'了。孩子们也特别喜欢走'模特步'，特别是女孩子，感觉自己走起来特别好看，他们都开始把关注点放在了'走路姿势美不美'这件事上面，自然不会在走路的时候分散精力而摔跤了。"

然而生活并不总是如自己所想一般风平浪静与一帆风顺，就在 Z 老师致力于改变幼儿园的教育现状时，她迎面遇上了家长掀起的巨浪，这让 Z 老师的内心久久不能平静。"有一次跟车（校车）送孩子回家，我根本没注意到一个孩子脸上被刮了一条印子，结果一下车那个家长就扯着我不放，说我打了孩子。当时我整个人都是懵的，我怎么可能打孩子呢？孩子可能也被他妈妈吓到了，一直在哭，我的解释她也不信，最后她说了一句话'难怪是个没证的老师'。当时听到这句就感觉脸上突然就被扇了一巴掌，不知道怎么形容，整个人都傻了。"

自那次之后，Z 老师也一度陷入对自己的怀疑之中："我当时就在想，难道我在家长们心里面就一直是这样一个角色？我所做的一切努力难道他们没有看在眼里嘛？难道幼儿园老师就比不上小学、中学的老师了？"

但家长的误解也让 Z 老师对自己重新进行了反思，她意识到并不是自己参加了几次培训就踏入了幼儿园教师的行列，她必须得付出更多，才能得到肯定和支持："我之所以留下来就是想把我知道的一些东西力所能及地带给我们农村的孩子，让他们可以幸福快乐地成长，不要比城市的孩子差……不说超过他们，至少城里孩子能享受到的教育，我们农村的孩子也要能有。尽管这些阻力有些是我没有想到的，但是碰到困难就放弃，我不是这样的人。我下定决心要做的话我就一定要做好，所以既然这些家长说我没证，那我就要去考一个……这也不仅仅是为了给我自己争口气，其实是要充实、完善自己，给孩子更好的教育。"

三、"柳暗花明又一村"

自从发生了那件事情之后，Z 老师就下了要考取幼师资格证的决心，园长虽然很支持她这个想法，但是也明确表示参加这个考试的费用自己没有能力全部报销，需要 Z 老师自己承担大部分。对此，Z 老师并没有多言："这个证我是下定决心要去拿的，这样我自己才更有能力和信心去把我们幼儿园给办好。园长当时答应出 1500 块钱，那个考试报名的学费一共是 4500 块，但是其实花出去的钱何止这么多哟。培训班是在县城和市里，每个月两次集中培训，一次就是两天连着上课，你必须得住在外面，生活费、住宿费和交通费都得自己出。我本来是要叫 B 老师一起去考的，但是她怕自己通不过……不过她孩子确实太小了，不到 1 岁，家里只有她一个人来带孩子，确实没有时间去看书的。"

培训的那段时间 Z 老师忙得不可开交，因为一心扑在工作和学习上，Z 老师与自己孩子相处的时间变得少了起来。有次 Z 老师的大女儿和她说了一句话，现在她回想起那一天，都忍不住地难受："那段时间忙着考证学习，经常不在家。有次我女儿就打电话和我说：'妈妈，以后你下班回家经过我们学校你就在那里停一下吧，虽然看不到，但是我往窗子外边望一望知道你在那里看着我就好了，就好像你每天都陪在我身边一样。'哎，当时听到这个眼泪就往下掉……但是我知道还有更多的孩子等着我，需要我，所以对自己的孩子只能多点亏欠了。"

Z 老师在外地工作的丈夫因为心疼她曾表示，希望她能过得轻松愉快一些，不需要做这份辛苦的工作给自己增添压力和烦恼。但是 Z 老师并没有放弃，她知道自己不仅是一名老师，同时也是一位母亲，她能够理解父母希望孩子得到良好教育的那种期盼："哎，说不苦不累，肯定你也不信，但是孩子在我这，我就一定要让他们好好成长。我自己也是有四个小孩，大的读初中了，最小的也读三年级了，有时候我的孩子会回来和我说某某老师又换了，一点都不想听课，每次碰到这种事情，我孩子的成绩就会下降，你说对于读小学、初中的小孩子都是这样，更何况是对幼儿园的小孩子呢？所以我不想说就这么抛下他们走了，舍不得也放不下。"

就是在这样日复一日的坚持下，Z 老师通过一年的培训，终于在 2014 年拿到了幼师资格证，回想起自己从备考到考试的情景，Z 老师依旧忍不住感慨："那个时候先是通过笔试，知道结果后我很开心，有好几天都高兴得睡不着，但是心里却一直还有块石头没落下来，担心自己会不会在面试的时候无法通过。当时的想法也很矛盾，一方面觉得自己这么刻苦要拿到这个教师资格证应该问题不大，另一方面又在担心自己非专业的身份会不会影响面试老师对我的看法。到了面试的那天，本来以为自己会很紧张，但是没想到面对一群陌生人我竟然表现得特别自如，事后想起来自己都觉得有些不可思议，而事实证明当时的感觉是正确的，也因此成功地拿到了幼儿教师资格证。"

"拿到幼儿教师资格证"这件事情对 Z 老师来说是其职业生涯重要的转折点，不仅是对她付出的努力的一种回报，同样也是对她自身教学能力的肯定，"非专业"的帽子在她专业成长的道路上似乎开始变得没有那么沉重。用她自己的话来说，"我走在路上感觉自己脸上都有光一样了，国家都已经承认了我的教学能力和教师的身份，别人又怎么来怀疑我呢？"而从旁人的角度，特别是从山村家长的角度而言，一个证，让老师的话开始变得有分量，家长开始刮目相看，他们也逐渐开始停下脚步学会感受教育"慢"的艺术。

第三节　坚守山村的力量源泉

Z 老师说，自从回到家乡，熟悉的饭菜香、扎实的黄土地、满山的水稻穗就成了她生活中不可或缺的一部分。在这片生她养她的土地，她曾奔跑于乡间小径抚摸山间的风，也曾跳跃过溪涧石子畅饮甘甜的水，过去怀抱梦想走出了山村，但现在又回到故土升起新的理想。她对这片土地的爱没有磅礴到不可阻挡，但家乡始终是留在她心中不可忽略的一点朱砂痣、不可磨灭的一轮白月光，这股子温柔又倔强的存在铸造了她最忠诚的信仰：我，要为这片土地做点什么；我，要为现在是孩子——将来是希望的人做些什么。

一、"我一定要把山村幼儿园做出点名堂来"

和许多曾走出过农村又回到农村的人不同，Z 老师脸上从来没有浮现出对现下生活的不满或是远离城市繁华后的遗憾。她脸颊上的晒斑见证了她曾在祖辈留下的耕地里洒过的汗水，手指间的茧痕是秋收麦秸留下的收获的喜悦，她并没有像其他家长那样希望自己的子女远离田地，用埋头苦学换取走出大山的机会。Z老师常带着自己的孩子下农田干活，因为她始终记得自己是农民的儿女、大山的子孙。生长于这片土地，Z老师有她自己的信仰和坚持，成为一名人民教师是她对山村的爱最好的回报。Z老师是个直性子，但也是倔脾气，定下的目标、做出的决定从来没有让自己和别人失望过。当初Z园长把"业务园长"的头衔交给她时，她就给园长许下承诺：一定要把我们山村幼儿园做出点名堂来！

自Z老师考取教师资格证后，她的教育理论知识越来越完善，教学实践经验也越来越多，Z老师每天除了思考自己如何教学，就是思考如何改变农村家长的教育观念，她认为自己如果真的想做好山村幼儿园教育，家长的教育观念就必须得改变。Z老师知道，教育的变革之路是艰辛的，也不可能仅凭自己给家长发放的几页资料就有很大起色，因为"那时候我们幼儿园都办了两年了，开始是四十几个孩子，两年后还是只有六十几个孩子，我觉得这个效果肯定还是不行"。于是她决定从其他方面入手："当时第一个想法就是要上一次公开课，让家长亲自感受，幼儿园的教育和小学、中学到底有什么区别。我现在还记得当时的那个活动是一个中班的语言活动：《我是山中总司令》，这个活动其实是我在网上看到的优秀公开课，因为没人可以现场指导我，怕自己的教案不是那么好。我当时准备了很多图片和头饰，让孩子们扮演各种小动物，通过与孩子之间的提问和互动，引导他们大胆地表达自己的想法，并且还自己设置一些游戏带孩子去掌握整个故事情节。反正到最后，那些家长都觉得我的活动效果很好，感觉到这样的课堂才不是压抑的，孩子们是开心的"。

那次公开课一结束，当场就有很多家长向Z老师表示自己终于对幼儿园有了全新的认识，虽然还是有一些家长坚持自己的旧观点，但Z老师知道观念不是一下子就能改变的，即使只有一个人的肯定，她觉得自己的付出也值当。有了公开课成功的经验，总想干出点名堂的Z老师又开始想出新花样——她准备在园内举办亲子活动和文艺晚会："我们农村里面留守儿童多，像我们幼儿园70%的孩子都是留守儿童，所以亲子活动我一般都是放到元旦那时候弄，在外地打工的家长那时候也差不多会回家准备过年。我想通过这样的亲子活动，可以让孩子和家长都更了解对方，让孩子能够感受到父母更多的爱。像文艺汇演的话，我是要保证每一个孩子都有演出机会的，不管是表演还是当小主持人。我们的家长看到孩子们在台上开心的笑容，活泼可爱的样子，意识到孩子们的童年生活应该是快乐、无忧无虑的，长大以后也能够拥有一个美好的童年回忆，渐渐地就觉得把孩子送来幼儿园是正确的选择。"

在 Z 老师的不断坚持下，H 园从最初的 45 个孩子，到现在的 147 个孩子，这都是她"不停弄出名堂"带来的结果。虽然有些老师不理解为什么农村的幼儿园也要弄出这么多花样，但 Z 老师在不断"折腾"自己的过程中也逐渐获得了家长们的信任。每到放假，村子里的家长都说要她办一个暑假班，想把孩子送到她家里来，让她好好教，不过她从来没有同意过："暑假就是要让孩子玩的嘛，如果说这个家长今天有事出去了，让我帮忙带一天，那完全没问题，我可以和她们一起玩游戏、唱唱歌之类的，和我家小孩一起，但是孩子的假期就该让孩子多玩一会，自在点。那个时候，我家附近想把孩子送来上幼儿园的家长都跑到我家来，想了解幼儿园到底是怎么上课的，我就让他们自己把孩子带过来，我当场给孩子上一次活动，让那个家长直观地看到幼儿园教育到底是怎样的，自己的孩子到底喜不喜欢，如果有家长反驳我的教法，说要采用小学化的教学的话，我会和她们解释，但是不会为了招生而彻底妥协。"

图 3-17　孩子们的六一

图 3-18　亲子游戏

Z 老师的"名气"逐渐在村里传开，园里有个孩子的爷爷是村小的校长，有次一个一年级的语文老师请假，村小的校长让她去代了两节课，那几次课给校长留下了比较深的印象。那次之后，只要在村里碰面，校长就和她说希望她能去考个小学教师资格证去村小当老师。这让 Z 老师又意外又开心："我当时就是觉得一年级的孩子和幼儿园大班的孩子身心发展水平还是比较像的，所以我就用幼儿园的那套教学方法，用游戏和肢体动作的方式帮孩子们记忆诗歌，那些孩子学得很快，也都很喜欢。其实我没想到校长对我评价这么高，但是我真的蛮开心的，当初那种'非专业'带给我的挫败感渐渐的都没有了。"

二、"我不止是 4 个孩子的母亲"

刚来幼儿园工作时，Z 老师就已经是 4 位孩子的母亲，所以照顾孩子这件事对她来说并没有太大难处，可面对一群孩子的哭闹时，她却也焦头烂额。幼儿园开园之初，Z 老师一个人带着中班的 18 个孩子。因为园长一开始怕没有生源，所以在分班编班时并没有遵循严格的年龄界限。所以虽说 Z 老师带的是中班，但其实是一个"混班"——"小的只有 2 岁多，但有些大的都有 5 岁了"。在这种情况下，孩子的"哭"和"黏"成为了常态："以前那些小一点刚来的时候，就一直哭啊，有时候大一点的看见小的哭也会去戳一下搞一下，小的就哭得更厉害了，所以我都是左手抱一个右手抱一个，累得很。等他们不哭了，一放下就又开始哭，就要黏着你，我到哪里他们就跟到哪里，走到厕所就跟到厕所，走到厨房就跟到厨房，屁股后面都是一队队的。那个时候一个人带一个班，那个场景怎么形容呢？就像母鸡后面跟着一排小鸡。"

那时，Z 老师就像 18 个孩子的母亲一样，悉心照料他们的生活，用温柔安抚他们的情绪，用最饱满的激情带他们玩以前没玩过的游戏，让孩子们在一点一滴和一天一天的时光流逝中感受探索周围世界的有趣。据 Z 老师回忆，除了这些，小孩的衣物也成了那段时间她的常年必备物品："村里的小孩子本来就有点怕生，以前也没有过这种集体生活，有什么事情也不敢说不会表达，大部分孩子都是爷爷奶奶带，他们根本不会和孩子讲这些东西，所以孩子经常憋尿，一憋就容易尿在身上。大冬天的，山里特别冷，我们又没吹风机，孩子很容易感冒。所以我就把我自己小孩的衣服都带过来，有谁尿湿了就换上，然后再给他洗掉。"

园里的孩子大多是留守儿童，父母外出打工，而老一辈又得忙于农活，所以孩子的起居生活有时就被忽略了，加上农村里的卫生观念本就比较随意，因此在园里经常可以看到很多孩子连续一周都没有洗澡换衣服，甚至每天的头发都是乱糟糟的。

　　每天上午的户外自由游戏时间是女孩儿最开心的时刻，大家都一个个排着队等 Z 老师给自己梳漂亮的辫子。"这么小的孩子妈妈不在身边，真的挺让人心疼的。好多孩子有时候身上都臭了，但是爷爷奶奶都不会给他们洗澡。我每次就借着这个唯一空闲点的时间，给那些没梳头的孩子把头发给梳清爽点，顺便和她们强调，回去一定记得和爷爷奶奶说自己要洗澡。"孩子们都一个个靠在 Z 老师的腿旁，一边看着前坪玩耍的小伙伴，一边不时地回头张望着是否轮到自己，眼神中的清澈与期盼成了 Z 老师心中难舍的羁绊。

　　而一直都让 Z 老师放心不下的是多年前自己带过的一个"问题孩子"。当初孩子才送到园里来的时候，所有的老师都不愿意接纳他，因为"这个孩子总是喜欢舔别人，也不喜欢讲话"。但是 Z 老师觉得孩子就只是孩子，"从来都没有带不好的孩子，只有教不好的老师"，因此，Z 老师毅然决然地把那个孩子放到自己班上来教。

　　那个孩子因为先天的原因和其他孩子不太一样，开始他任何人都不理，后来我一直跟他说话，带他参与活动，慢慢的他好像认识我了之后，就挺喜欢我的，只要一来幼儿园就抱住你，到哪跟哪，而且舌头伸得很长的对你，一下就舔你的脸。有一次他直接蹲在操场上上厕所，我看到了就跑过去和他说："宝宝，不能够在操场上上厕所，如果想上厕所但是自己不敢去的话，就和老师说，我带你过去。"突然他就转过身子，舔我一下。后来他只要是想上厕所了，就指着厕所的方向，和我说"老师、老师"，我就知道他是要上厕所了，带他去上完厕所以后，他就又把我舔一下。

　　那时候我们时时刻刻和孩子说不要乱扔垃圾，垃圾要放进垃圾桶的，后来那个孩子只要看到那里有垃圾，就会跑过去把它放在垃圾桶里。他读三年级的时候，和我儿子在一个班，所以我对他的情况也比较了解，他在学校里的时候也是看到哪里有垃圾就会把垃圾给放进垃圾桶里，他们老师都说，你们幼儿园教得这么好啊。所以这个孩子变化非常大，以前把尿都给撒在地上的，现在是只要看到哪里有垃圾，他就会把垃圾拣起来。

　　让其他老师畏难的孩子除了这个，还有一个"调皮鬼"。那个孩子的脾气很坏，一激动起来就喜欢用打人的方式解决问题。刚来幼儿园那会，他动不动就发脾气，有时候连老师都打，大家都劝园长不要接这个孩子，怕对其他孩子产生不好的影响。这时，又是 Z 老师主动站出来把这个孩子接到自己班上。

我也被他打过，但是我知道小孩子只是不懂事，只要好好讲道理他一定会听的。一开始我讲的他也不听，所以我就想了个办法，让他随时有事可做，经常安排他做小组长，只要哪一天他没有打人，我就会很大大地表扬他。

有次他和一个小朋友又发生争执想要打人，我看到了马上冲上去紧紧抱住他，让他冷静下来。后来慢慢，这个孩子发生了很大的改变，他在教室里特别听话，组织活动的时候会积极地参与进来，回答问题总是第一个举手，在户外开展活动的时候也非常活泼，他的家长也因为这个还特地到我家来感谢我。后来他上小学了，作文写得特别好，经常被班上老师当范文念嘞！每次回家我都会从他家门前经过，只要看见我他都会跑出来喊我，毕业以后也是，还邀请我去他家吃饭，哈哈哈，不过现在有一段时间没看见他了，应该是他家里人把他送去城里读书了吧。

只要是跟着我的孩子，后来就都蛮乖了。刚来的时候，这个也哭，那个也哭，但是过了一两个星期之后，认识你了，黏着你了就也蛮好了，我到哪就跟到哪，看着你就笑，跑过来抱着你亲你。那个时候觉得自己付出再多都是值得的。

谈到孩子，Z 老师脸上浮现最多的表情就是笑，她觉得孩子们的无忧无虑与天真无邪带给她的是"宁静、舒适的感觉"。对一名幼儿教师来说，不管是在繁华的城市还是偏远的村落，职业带来的最大的幸福无非就是孩子的成长与进步，这些也是幼儿教师职业幸福感和认同感的来源：孩子身上体现了教育成果，自己感受到了精神的愉悦享受。对 Z 老师而言，最初留在 H 园也许只是因为时间和命运的"彼此合适"，但是随着时间的流逝，在与孩子真诚的交往过程中，他们每一个细小的举动、每一句不经意的话都能在她疲惫时予以安慰。面对这样一群可爱的小天使，Z 老师不舍得离开："我不止是 4 个孩子的母亲，这些孩子在我眼里都像亲生孩子一样，放不下的。"

三、"我有最强大的亲友团"

岁月流逝，Z 老师在成长中经验积累带来的成就感、孩子和家长对她的工作给予肯定后带来的自豪感，都使她面对工作和生活的困苦时多了一份坚守的力量，但除了这些和自己内心的那份信仰，还有一股来自家人的温暖的力量，就如港湾的暖风，这是她最安全和最柔软的依靠。

Z 老师的公公婆婆都是地道的农民，两位老人勤劳善良，即使现在双双古稀高龄，但是却依然包揽家中所有的农活。除了种稻田和各种农作物，家里还喂了三头牛和两头猪。"我们都做了几十年的农活了，这些早习惯了，不让自己闲下来才觉得自己有出息，还能给家里多挣点钱嘞，不然儿子在外面太辛苦了。"

在谈到自己媳妇的工作时，婆婆脸上是止不住的自豪和喜悦："你知道吗，我们周围的人说要送幼儿园就都要往她班上送嘞，说她教得好，对小孩子也好，是个好老师。"但婆婆心里也知道 Z 老师在做这份职业时的艰苦："别人家的都是说要媳妇在家里照顾孩子，看家做农活，但是我们从来不这样，她做这个我们不仅没有说过她的，还支持她去做，因为我们觉得家里的活我和她公公也都可以干，她有份老师的工作也蛮好的，自己的小孩也能顺便带着。她开始做的时候有好多都不懂，经常就自己买些书回来看，自己的工资又只有那么多，一看呢就看到好时候①，她每天又都是天不亮就出门，晚上也要到天黑才回家，我们开玩笑就说她是'两头黑'。唉，我们俩都觉得她是个好老师嘞，不过有时候还是会有家长误解，虽然我们都不懂这些教书的东西，但是我们心里很清楚，对不起人的事情我们家是绝对不会做的。"

面对公公婆婆的支持，Z 老师很感谢，因为村里有太多因为公公婆婆不支持只能在家待着的农村妇女，"除了带孩子就是养孩子、生孩子，看那个样子就感觉自己的人生失去了追求一样，我不想要这样"。

Z 老师的丈夫是 Z 老师当初在外地打工时相识的，同是老乡的异乡人陷入爱河，最终组建了自己的小家庭。Z 老师丈夫在外地打工的收入是家里主要的经济来源，虽然比在家时赚得多一些，但是家中有 4 个小孩，所以"也只能算得上饿不倒②"。即使是这样，Z 老师的丈夫也从来没有因为钱的问题对自己的妻子提出过任何要求，在 Z 老师选择做一名山村幼师时，他全力支持；在 Z 老师工作上有难处时，也让她有一条安稳的退路。这些让 Z

---

① 方言，指很晚。
② 方言，指饿不着。

老师很感动："开始自己不会写教案，也不知道怎么开展活动，就只能自己在网上去找资料，但当时家里没电脑，只能天天往园长家跑，或者是周末坐上谁的顺风摩托去一趟县里的书店买些资料，或者去网吧把这些东西下载下来。当时还挺庆幸自己是学的计算机专业，不然这种下载视频或者文档的事情我真不知道去问谁。后来，因为我老公不想让我这么辛苦，觉得老往别人家里跑也不太好，所以2013年冬天过年的时候他就买了台电脑回来，当时觉得真是个新鲜玩意，非常开心，也很感谢我老公这么支持我的工作。最近他看我说上课准备教具比较麻烦，如果能直接在网上打印的话就比较方便，又说要不要再给我买台打印机。我真的挺感谢他这么多年来都这么支持我。"

说到这些，Z老师脸上总是挂着止不住的笑容。除了公公婆婆和丈夫，Z老师家中的4个孩子也对Z老师的工作有着不小的影响。"妈妈，你是老师真的很厉害""妈妈，我觉得你教我做题目的方法比老师还好"……诸如此类的话让Z老师觉得贴心又温暖，也成为自己坚守岗位的不竭动力："我不知道别人是怎么想的，但是我是真的觉得自己很幸运，能碰到这么好的公公婆婆还有老公，孩子也这么懂事听话，能理解我。有了家人的支持，我还有什么放弃的理由呢？他们就是我的最强亲友团。"

第四节　六年后的成长

每个教师的成长过程是不一样的，因为他们有不一样的生活背景和人生际遇，不同的网络交织出的是不同的人生。而正如"冰冻三尺，非一日之寒""滴水穿石，非一日之功"，时间是广域的，它既有横向的悠远，又有纵向的绵长，对于每一个教师来说，于这横向与纵向的每一次交汇就是一次蜕壳的过程，经历了无数次的纵横交错后，从不成熟到成熟是必然结果，这个结果也是他们的教育之花开放得最绚丽的样子。在Z老师六年的山村幼师生涯中，她经历了从懵懂无知到初步入门再到了然于心的过程，其间付出的汗水和无数个挑灯充电的夜晚让她成功转变了自己"非专业"教师的身份，时间悄然地对一位山村非专业幼师进行着改变。

一、大山里的作息表①

5：30

"喔喔喔——"家门口的公鸡几乎零误差报时，Z老师一天的工作也从清晨的鸡鸣声中开始。天上的星子还未褪去，整个村庄也被薄雾和水汽包裹着，初秋的寒意在这大山中似乎来得更早一些。从被窝爬起来穿戴整齐后，Z老师赶紧跑去一楼厨房把昨晚准备好的柴扔进灶炉，为父母和孩子准备早饭。等待柴火释放能量的空隙，Z老师在家门口的水井旁开始洗漱。

6：30

"滴滴滴——"校车的喇叭声在安静的清晨里显得特别清脆。Z老师把做好的饭菜放在灶台旁边用余火温着，碗倒扣在菜上，防止它冷得太快，自己拎着一个布袋子就急匆匆地出门了。开校车的司机师傅是以前村里的支书，因为自家孙子在H园读书，退休后就自告奋勇当起了幼儿园的校车司机。校车在乡间的小道上开着，有些村民家的窗户已透出黄色微光，烟囱也升起了白色的烟雾，偶尔还能看见几位扛着锄头上山的农户，他们也呼吸着清晨的空气，开始了自己一天的工作。

"宝贝，早上好啊，来，跟妈妈说再见。""等下要把屁股牢牢地贴在座位上，把安全带系好哟。""1、2、3……10，好了，人齐了。各位宝贝早上好呀，我们也和坐你旁边的好朋友问个好，抱一抱吧。但是千万不能站起来，现在我们帮自己的好朋友检查一下，看大家的安全带有没有系好……"在接孩子的路途中Z老师重复这些叮嘱，颠簸弯曲的山路让她必须时刻把孩子们的安全放在第一位。

9：30

"好了，慢点慢点，一个一个进去。"各班老师陆续把最后一趟校车的孩子接回了教室，Z老师来到办公室把窗户打开，陈旧木制桌椅的霉味被涌进的新鲜空气稍稍冲淡了些。从老式木制立柜里拿出《校车安全记录本》，Z老师把今天孩子的出勤情况一一登记。旁边并没有花名册，但是每一趟校车坐了哪些孩子，孩子叫什么名字，Z老师丝毫不差地誊写在了本子上。6年来从未间断过的接送工作让她习惯把每一个孩子的基本情况都牢记于心。

---

① 所有片段记录均来自作者田野日志。

"吃早饭嘞，等下还不吃就凉了。"只见 B 老师端了一碗米粉进来。除了最基本的调味品——盐，米粉唯一的点缀就是上色的酱油以及几颗葱花，这算得上是老师们用来打牙祭的早餐了。米粉需要负责采购食材的老师在村里赶场的时候去购买，平时就是用馒头就着咸菜匆忙应付。"她每天只能在接完所有孩子后才有时间吃早餐，接完之后又要写登记手册，所以有时经常忘记吃早餐。"所以 B 老师会在最后一趟校车到园后把早餐送到办公室来。Z 老师向送早餐的 B 老师报以微笑，放下手头的笔和本子迅速地吃起来。

10：00

匆匆吃完早餐，Z 老师就进班开始做活动准备。教师桌上摆着教材、粉笔和一个被胶带缠裹住边缘的水果纸箱。水果箱是用来做文件分类盒的，孩子们的作品，老师的教案和教具都被 Z 老师收纳在里面。挨着桌子的窗户上挂了一个圆盘夹，上面夹着大班的周计划表。

"宝贝们，上午好啊！"

"老师——上——午——好——"

"哇，那我们在今天开始上课之前就来动一动，活动活动我们的关节和身体吧！"

活动在 Z 老师的韵律操中开始，旧式的录音机里放出节奏欢快的歌曲，老师和孩子们都欢快的随着节奏摆动。

"好，现在我们都坐下。宝贝们，你们知道过几天是什么节日吗？"

"不知道——"

"中秋节——"

"是的，看来有些宝贝知道。过几天啊是中秋节，那你们知道中秋节是怎么来的吗？在中秋节的时候我们又要干些什么呢？现在我们一起来看一看视频里是怎么说的。"

教室的电视被打开，Z 老师插上 U 盘，这是昨天她仔细问过我之后下载好的介绍中秋节传统的视频。

10：40

"刚刚的活动我们可以回家和爸爸妈妈说一说，中秋节可以和爸爸妈妈一起做的事情有哪些。那现在是我们喝水的时间，你们都在这里安静地看会书，我去给大家拿水过来。请小组长们把杯子都发给大家。"说完，Z 老师急忙走出教室，并把教室的门从外面关上。不到 1 分钟，她就提着水壶从厨房跑过来，看到没有孩子哭，心里好像落下一块石头般松了一口气。孩子们一个一个排着队去老师那接水喝，喝完以后把杯子放在了教室前面的水杯架上。

上厕所前，Z 老师又一次重复了安全的问题，"好了，现在我们排队去上厕所。男孩子一队，女孩子一队。上厕所的时候我们要怎么样呀？"

"不能推，不能挤，不能到处跑——"

昏暗拥挤的厕所过道，孩子们一进去就开始躁动起来，在这样的环境下，他们觉得十分神秘有趣。Z 老师却始终紧锁眉头，时刻关注着孩子们脚下的安全。

"上完厕所一定记得洗手啊——"有个孩子趁她没注意没洗手就想跑进教室，Z 老师急忙跑过去"逮"住他给拎到了洗手池边。

10：50

"现在去操场上集合，我们要踩在小脚印的位置上哦。"今天没有下雨，Z 老师抓住这个机会带着孩子们出去做操。她安排了两个小组长组织孩子们排队，自己赶忙挨班通知老师们出来做操。

孩子们都站好队后，Z 老师的旧式音响又开始发挥作用了，一首接一首的律动音乐让老师和孩子们玩得不亦乐乎，笑声和音乐声回荡在清新的空气中，似乎又增添了别样的趣味。

11：20

回到教室，有些孩子还忘不了刚刚的音乐，依旧和旁边的伙伴热烈地讨论着。

"小眼睛——"

"看老师——"

"小手——"

"放在小腿上——"

……

新的教学活动展开了。

12：00

上午最后一节教学活动结束，Z 老师照例组织完孩子们的盥洗，就到了午饭时间。Z 老师把刚刚搬到教室后面的桌子又一张张地搬回来，刚刚搬好，保育老师就把饭菜和餐具送到了教室，饭菜分配工作由老师自己进行。

"小杰、小乐，你们把这些装好饭的碗发给每个小朋友，我来给你们打菜。"Z老师一边迅速为孩子们打饭，一边安排小组长来给孩子分饭。"今天我们吃的菜是海带肉沫汤，海带里面有丰富的营养，对我们的身体很棒，我们一定要认真吃饭哦！"Z老师一边给孩子们盛菜，一边给孩子们介绍菜品和营养小贴士。这是孩子们唯一的下饭菜，"孩子们一直是这样吃，每天都是汤，然后汤和菜一起放进饭里"。虽然菜的种类不多，但是所有孩子在吃饭的时候都没有出现挑食的情况，他们的脸上流露出了共享食物的喜悦。

为孩子们分配完饭菜，Z老师匆匆跑进厨房盛饭："坛子菜①好下饭嘞，还有一个冬瓜，挺好的。"盛完饭菜她端着自己的碗回到了班里："不能走开呀，班上没人我不放心。"

12：40

吃完午饭，Z老师就带着孩子们在操场上开始散步。

"今天是晴天，天上有云，空气很清新。"

"过两天中秋节的时候你们想干什么呀？"

"这是中一班的小朋友，我们和他们打声招呼吧——"

12：50

"想睡觉的小朋友可以趴在桌子上休息一下，不想睡觉的小朋友可以去游戏区玩玩具。"趁着这个能稍微喘口气的时间，Z老师拿出备课本，开始了下午教学活动的备课。

14：00

"什么水果是红彤彤的呀？"

"苹果——"

"西红柿——"

"那这两个里面长在树上的又是什么呢？"

"苹果——"

Z老师拿出一张黑白的苹果图片，这是今天早上临时在办公室里打出来的。幼儿园的老师们共用着两盒彩笔，Z老师需要的颜色已经没办法作画，只好用黑白的来代替。

---

① 方言，指在坛子里腌制的咸菜。

"苹果除了是红色的，你们还见过其他颜色的苹果吗?"这个问题一出来，孩子们面面相觑，都不敢回答了。"有! 绿色!"一个孩子说完就捂着嘴不好意思地笑起来。

"是的! 苹果有绿色，还有黄色，这些都是科学家们通过自己的魔法变出来的，如果以后你们成了科学家，也能变出自己喜欢颜色的苹果! 现在你们就拿出自己的画画本开始画吧! 涂上自己喜欢的颜色。"说完，孩子们从书包里拿出自己的画画本，褶皱和污渍可以看出年代的久远，孩子们的画密密地排列在本子上，也许是想通过这样的方式让本子消耗得慢一些吧。

班上有彩笔的孩子只有 3 个，"我们开展活动都需要孩子自带彩笔，幼儿园没有这么多经费……但是愿意买的家长很少"。正是因为这样，有的孩子随意地画完了就开始无所事事，有的孩子就开始了画笔"争夺战"。

14：50—15：20

"好了，作业本拿出来，今天的课堂作业就是写 '一' 和 '人'，每个字写两行，写好了就给我看，不会写的就和我说。"20 分钟过去了，那些写得快的孩子已经给 Z 老师检查完了，于是她开始去看那些剩下的孩子写得怎么样了。

"宝贝，你看，笔要稍微握上去一点才能看得清自己写的字啊。"

"宝贝，一横直直地写过去，就行了，手不要歪不要抖。"

……

"滴滴——"司机开始在门口摁喇叭，送孩子的时间到了。Z 老师刚好把所有孩子的作业检查完。

"好了，大家把自己的本子收好，回去记得给爸爸妈妈爷爷奶奶看啊。是第一批的小朋友背好书包跟我来，其他小朋友等林老师过来。"林老师是幼儿园的保育老师，通常 Z 老师走后就由她来照看剩下的孩子，有时她没空，就把孩子都送到 B 老师班上一起照看。

18：00

最后一趟孩子送完了，绷紧一天的神经终于能放松。Z 老师略带倦容，走进厨房匆匆吃了几口饭。老师们的晚饭有家常豆腐，还有一道新菜"大杂烩"——是中午没吃完的菜重新回锅做的。吃完饭，Z 老师就和 B 老师一起回家了，两人都不会骑摩托，于是走路回家是两人一天辛苦工作后的日常。在路上两人一直在讨论着今天班上发生的趣事。除了这些，Z 老师的

"徒弟" B 老师还就教学中的一些疑问向 Z 老师请教。

出幼儿园的时候还是白天的光景，还没到家却已是灯火燃起、明月升空。Z 老师远远看见自家一楼的厅屋没有亮灯，知道公婆肯定还在地里干活，于是加快了脚步赶回家生火做饭。等家人吃完饭，Z 老师开始辅导孩子们做作业。

Z 老师的三女儿读五年级了，成绩在班上数一数二。儿子是家里最小的孩子，虽然调皮，但是很听妈妈的话："因为妈妈好厉害啊，经常教我好厉害的方法去做题目。"

10 点以后，孩子们陆续睡去，Z 老师终于有了自己的时间。洗漱完后，她拿出自己的备课本开始准备第二天的活动。"还是要上网参考一下，这个教材有点不知道怎么搞。"她口中的教材是 H 园加入 X 县学前教育协会后教育局统一订购的，但据她了解，并不是所有村的幼儿园都用这个。

23：30

全家人都已入眠，第二天的教案备好后，Z 老师怕误点，还是在手机上调了第二天早上的闹钟。手机没关机也没调成静音，就放在枕头边，"万一家长有事打电话也能第一时间接到电话"。

"滴答……滴答……"表盘上分针追着时针指向了 12，Z 老师一天的工作终于落下帷幕。

见微知著，Z 老师这一日生活作息表虽然只是她悠悠山村幼师岁月中再平常不过的一天，但是这时间的节律在分秒之间，在日升月落之下，慢慢刻进她的青春里，融入她的生命中。相对于 Z 老师初入幼师这一行业的大门时所表现出来的害怕与慌乱，她现在面对幼儿园细致又繁琐的一日生活已能表现出从容和淡定，她的成长也体现在每一个环节中：渗透在校车接送、盥洗环节与户外活动中的安全教育；进餐环节向孩子们传递着食品营养安全知识；午休散步时与孩子们聊着生活的日常，让孩子在自然而然的交谈中体会时间与空间的基本概念；在日常的交往中时刻告诉孩子礼仪的重要性，并在教学时保护孩子的好奇心与天性……这些成长背后是她不懈的坚守：从幼儿园回到家，一位母亲角色所需承担的责任在等着她来完成，繁忙的家务、辅导孩子学习她不可懈怠；待家人熟睡后，她又转换角色，备课、反思、学习是她专业成长的必修课。

看到这样一位普通的非专业农村家庭妇女幼师为了山村幼儿教育事业

付出如此多的努力，我感到尤为喜悦，因为我相信肯定还有千千万万个 Z 老师坚守在自己的岗位上努力着、奋斗着，但同时我也有一种隐隐的担心，她们的倦容是否在透露着对这份职业的失望？她们的身躯是否会被工作的劳累所打倒？当倦容与疲惫的躯体所带来的负面体验日趋增多时，她们坚守的那份决心又是否会动摇？

二、一日生活皆教育

如果说某一天的教育生活是 Z 老师教育生涯时间轴上的一个点，那六年后从幼儿园各类教育活动中体现出来的变化则是由无数个点所连成的线，再由线组成的面，这幅画卷也更加完整与丰满，它的色彩被 Z 老师与孩子互动的点点滴滴填满，从理念到实际的变化也在一丝一丝的线条中悄然得到答案。

（一）我们都是"好朋友"

观察时间：2018 年 9 月 24 日

观察活动：集体教学活动《好朋友》

观察地点：大一班教室

"今天我们班那个孩子又打人了，说了好多次都不听，明天得把活动给换一下。"昨天回家的路上 Z 老师和 B 老师如是说着。今天 Z 老师一接完孩子，都顾不着吃早饭就跑进办公室开始捣鼓打印机。把图片打印出来后，Z 老师走进教室，把桌子整齐码到后面，把孩子们的椅子按照马蹄形给摆好，上午的集体教学活动就开始了。

"宝贝们，上午好啊！"

"老——师——上——午——好——！"

"哇，你们声音这么洪亮，看来今天早餐都吃得饱饱的。所以只有好好吃饭，我们才会有力气一起做游戏哦！那现在开始活动之前，我们一起来活动活动筋骨吧。"老式录音机里放出欢快的音乐，Z 老师和孩子一起随着音乐开始扭动自己的身体，并发出"咯咯咯"的欢快笑声。

"好，请坐下！"

"坐好啦！"

"刚刚小朋友们都非常开心，我还看见你们有些还和自己的好朋友拉着手一起在互动呢。今天我也请来了几位小朋友，你们一起看看，他们在做什么。"

Z老师拿出刚刚在办公室打印的几张黑白图片，用小磁块把它们一一放在了小黑板上。

孩子们一看到图片立马就兴奋起来，有的孩子开始发出叫声，整个教室的分贝瞬间有了淹没老师声音的架势。

"谁的声音最小啊？谁的声音最小啊？"Z老师突然用玩游戏时那种带着奇妙音调的声音小声地走到小朋友的面前，重复几遍后，孩子好像被这个异常的声音吸引，慢慢地安静了下来。

"好，从现在开始，我们一起来玩一个游戏，游戏就是'比比谁的声音小'，如果你们在整个游戏中都很安静，我就会给你们每个人奖励贴贴纸，表现最好的，贴贴纸就最多。游戏规则都明白了吗？"

"明白了！——"宣布完这个游戏，孩子们都认真地盯着黑板，不再说话。

"好，那等下如果我需要你们回答问题的时候，你们举手我会喊你来回答好吗？"

"好的！——"

"那现在我们看一看这几位小朋友在做些什么？"Z老师打印的这些图片都是黑白的没有上色，选择的都是两个小朋友在一起的图片。

"他们在跳绳""他们在拍拍手""他们在玩皮球"。孩子们陆续说出了答案，这些都是孩子们日常生活中常做的事情，对大班来说，难度不大。

"对，你们都说得很好，那他们的表情又是怎样的呢？是开心还是难过啊？"

"他们很开心，都在笑。"一个孩子站起来笑着说。

"嗯，是的，他们都玩得很开心，那他们是好朋友吗？"

"是好朋友！"

"你们为什么觉得是好朋友呢？"

"因为在一起玩""因为在一起玩玩具""因为很开心"，孩子们争先恐后地说着。

"嗯，对，你们都说得很好，他们因为是好朋友，所以在一起分享玩具，那在一起分享玩具的时候我们能够去抢去推你的好朋友吗？"

"不可以——"

"是的啊，我们和好朋友一起玩玩具的时候也不能去抢去争，要做一个讲文明的好孩子。"

"那我是不是你们的好朋友啊？"

"是的！"

"那我现在作为你们的好朋友，我想和你们来握握手，你们愿意吗？"说着Z老师走近了孩子，孩子们都争着要和她握手，有的孩子不好意思地伸出手又缩了回去，Z老师看见了，说"除了握手，我们还可以抱一抱别人，你们看"。边说着，边把那几个害羞的孩子给抱在了一起，孩子们不好意思但幸福地笑了起来。

"以后我们好朋友在一起玩玩具的时候，要记得分享，不能去争也不能去抢。如果我们想和别人交朋友也可以去和他握手或者拥抱，不能去打别人，知道了吗？"

"知道啦！"

"好，那等下我们要出去玩游戏，玩球的时候要怎么做啊？"

"不能抢，也不能打别人，要做好朋友！"

"嗯，是的，那我们现在一起来听听好朋友的歌曲吧！"Z老师打开录音机，放起了《找朋友》的音乐：找啊找啊找朋友，找到一个好朋友，敬个礼，握个手，我们都是好朋友……

活动在音乐声和孩子们的歌声中结束了。

一台老式录音机是Z老师开展活动的宝贝，无论是集体活动、户外活动还是户外早操，都靠它来"发号施令"。从最初的只会套用教案模板来撰写教案，到现在将教学活动流程熟记于心，Z老师在教育过程中体现出了经由时间打磨后才有的教育智慧。在教育内容的选择上，Z老师现在不局限于现有的教材，而是善于从生活中捕捉，将一次有可能是面向个人的单纯说教转化成了一次面向全体的教育活动；从教育形式上来看，Z老师将游戏当作教育的基本活动，当作教育的载体，这也是她教育理念发生转变的体现；从教学准备上来看，在材料十分有限的情况下，Z老师还是时刻遵循幼儿身心发展规律，在教学中呈现图片和教具，使幼儿能更直观地理解和感知事物，孩子们的表现就是她专业成长最好的证明。但是从整个教学流程来看，还是存在一些不可避免的问题。从师幼互动上来说，互动的形式多为提问，且提问方式局限于"是不是""好不好"这样封闭式的问题，无法充分调动幼儿思维；从互动的类型上来看，多为教师与全体幼儿的互动，缺乏教师与个别幼儿的互动，难以照顾幼儿个体差异；在整个活动过程中，教师虽然使用游戏贯穿，但是从根本上还是强调了一个"纪律性"的问题，体现的是游戏的"工具性价值"，而非"真游戏"。

（二）大山里的游戏时光

观察时间：2018 年 9 月 24 日

观察活动：游戏活动《接力运球》

观察地点：幼儿园操场

因受台风"山竹"的影响，近段时间村里一直是雨天，难得碰上好天气，一组织完教学活动，Z 老师就带着班上的孩子来到前坪，准备玩游戏。Z 老师从室内的游戏室拿出一个纸盒，里面装着一些球类玩具，有小篮球、充气皮球，还有各种颜色的塑料球，虽然款式不一，有些球也开始瘪塌，但是依旧不能阻止老师和孩子们玩游戏的热情。

"宝贝们，今天我们来玩运球的游戏，现在请男孩子站成一队，女孩子站成一队！来来来，快快快！"

为了调动孩子的积极性和情绪，Z 老师的声音突然开始加速，孩子们也一下开始兴奋了起来。

"好啦，现在我来说一下规则，每队的男孩子和女孩子前面都有 5 个球，第一个球必须从第一个人运到最后一个人以后，才能开始运第二个，后面也是一样。这次的姿势也有规定哦，必须从头顶运球，身子不能反过去，现在我来做下示范。"

说着，Z 老师就开始做起了示范，这个示范的球在孩子们中间开始传开，有些女孩子开始激动地拍起手来。

在孩子们的期待中，游戏开始了，Z 老师一声口哨下，两队的孩子都从地上拿起球开始往后运，但是由于队伍的身高排序参差不齐，男生队的孩子有好几次都掉了球，本来占上风的男孩队渐渐落后。Z 老师见状赶忙上前鼓励每一个孩子："继续，不要着急，慢慢来！"那紧锁眉头的样子好像和他们是同一战壕的战友一般，本来丧气的情绪一下子又高涨起来。

游戏结束后，Z 老师带着孩子们在原地围成一个小圈坐下。

"现在我们一起休息一下，请每个宝贝帮你左边的宝贝按按肩膀，捏捏腿。"

"好，现在请每个宝贝和你右边的宝贝说声'谢谢，辛苦你啦'。"

"刚刚我们玩的游戏好玩吗？"

"好玩——"

"如果是你们自己一个人玩，能玩得好吗？"

"不可以——"

"如果我们好朋友之间不一起合作，可以把球顺利地运到后面去吗？"

"不可以——"

"是的，所以，就像我们刚刚在教室里说的，玩游戏的时候一定要和好朋友一起分享，不能抢玩具，这样我们才能都快乐对不对啊？"

"对！——"

"那我们的宝贝都是最棒的啊，表扬一下自己吧！棒，棒，你真棒！牛，牛，你真牛！"

在欢乐游戏之后，到了午饭时间，孩子们收拾自己愉快的心情准备进餐。

观察时间：2018 年 6 月 14 日

观察活动：翻皮筋

观察地点：幼儿园操场

"哇，好厉害！"我原本在办公室整理资料，听到孩子们和老师们的欢呼声不禁被吸引，往窗外看去。前两天的大雨让空气变得更加清新，灿烂的阳光洒在户外器械的棚子下，老师和孩子们正在玩皮筋。

"孩子们，你们有谁想要来试一试吗？"Z 老师试图用欢快的语气来引起孩子们的兴趣。大部分的孩子刚刚看到 Z 老师和 C 老师都灵活地翻过去，虽然跃跃欲试，但都是走上前去碰了一下皮筋又不好意思地退了回来，有的孩子则羞于尝试，只是在旁边观望。Z 老师见状，估摸孩子们对这种游戏形式还有点陌生，于是她和 C 老师又慢动作示范了两遍，并且邀请已经有成功经验的孩子再次来玩。见到同伴和老师都能顺利地翻过皮筋，愿意尝试的孩子多了起来，一旦有孩子成功，其余围观的孩子都高呼拍掌，在旁兴奋不已。

游戏一直进行得很顺利，突然一位小男孩在翻的时候因为距离皮筋太远的原因失败了，这时 Z 老师走上前去邀请他再来一遍，这个孩子直往后躲，有点抗拒，我猜是刚刚失败的经历让他的自信心受挫了。这时 Z 老师蹲下来和那个小男孩说："没关系的，老师和你一起再来一遍，看看刚才问题是出在哪里好吗？"看着 Z 老师，小男孩犹豫了一下最终还是点了点头。Z 老师和那个小男孩说："我们慢一点，不要着急，不要离皮筋太远了，先把两只手用力地撑在地上，把一条腿抬起来……"Z 老师一边说着，一边借了着力帮这个小男孩把腿翻过去了，让这个孩子顺利地完成了这次挑战。"哇，宝贝你真棒，你看你做到了！我们一起给他鼓掌吧！"这位小男孩脸上重新露出了喜悦的笑容，并且在后面轮流挑战的时候又主动翻了好几个，虽然没有次次成功，但是没有退缩和放弃。

图 3-19　正在挑战翻皮筋的孩子

　　Z 老师说："其实我们也想给孩子们玩更好的玩具，但是我们农村幼儿园条件有限，没有那么多的资金采购，所以就只能选一些现有的比较常见的东西作为玩具，这个橡皮筋就是家里做裤头剩下的松紧带。我们这些老师都是在这个农村土生土长的，小时候也没上过幼儿园，我们就凭借这小时候的记忆，把那时候自己觉得好玩的东西，也拿来给孩子们玩，当我们是孩子时觉得好玩，我想现在他们肯定也会喜欢吧。幼儿园还有一些轮胎，这些都是我在镇上修车的铺子里人家的废轮胎里选的，孩子也爱玩，自己有时候还能想出很多花样嘞！"

　　卢梭在《爱弥儿》中说："生活得最有意义的人，并不就是年岁活得最大的人，而是对生活最有感受的人。"孩子们生活在大自然大社会中，这构成了他们生活的全貌，去亲近和体会自然最能发展孩子的天性，原始的美才是最和谐的美。孩子们自由地奔跑，欢乐地跳跃，无忧无虑地大笑，这是他们童年本该有的面貌，城乡差序格局下的压力与重负不应该成为孩子们快乐的囹圄。"成人"这个角色也不应该为孩子的自由套上枷锁，在最亲近自然的地方，我们就要把孩子自然的天性最大限度加以挖掘。古语曾说，"山人自有妙计"，虽然此"山人"非"彼山人"，但是山村幼师没有因为资源条件的匮乏而随意对待孩子们成长的环境，而是把一颗心都放在了幼儿教育事业上，因此才能想出"走红线""走模特步"这样因地制宜的方法，才能利用起最普通的皮筋和轮胎为孩子们带来欢乐，为他们营造一个更加和谐、宽松和愉悦的成长环境。

图 3-20　老师和孩子一起玩轮胎

（三）盥洗间等待的智慧

观察时间：2018 年 9 月 11 日

观察活动：盥洗活动

观察地点：盥洗室通道

"好了，现在男孩子一队，女孩子一队一起去上厕所。我们排队的时候要怎么样啊？"

"不能推不能挤——"教学活动一结束，Z 老师组织孩子去上厕所，去之前又再一次强调了安全问题，这是 Z 老师组织户外活动时最关心的事情。两队孩子一进厕所通道，厕所狭窄的空间显得尤为明显。

"男孩子在前面 4 格，女孩子在后面 3 格，出来一个下一个再进去。"Z 老师站在厕所门口把关，以防出现安全事故。

"老师，他想跑出去了！"一个小女孩指着一个上完厕所后一直不安分男孩向 Z 老师告状。

"丽丽，你来当小老师，看着上厕所的小朋友，让他们不要在里面挤人和推人。上完厕所的小朋友，挨着墙分两边站好，来，立正！"Z老师安排的那个女孩是班上最懂事的孩子，"我们上完厕所的小朋友来玩个游戏吧，你们比赛，数一数自己队伍里面一共有几个小朋友，看谁数得又快又好好吗？"

"好好好——"一说到比赛，班上那些男孩就开始激动起来。"1、2、3、4、5、6、7、8、9、10……16、17、18……100，哈哈哈哈。"有一队的孩子开始把唱数当乐趣，忘记比赛的目的了。"1个小脑袋，2个小脑袋，3个小脑袋……14个小脑袋，所以你这一队一共有14个小朋友。"Z老师并没有立马制止，而是从第一个小朋友开始，一边摸一下孩子的头一边数数。看到老师这样，那些调皮的孩子开始不好意思起来，其他孩子的目光也跟着老师的手一起数起数来。"孩子们，我们以后数数，要一个一个慢慢数，最后数的数字是几，一共就有几个，明白了吗？"

"明白了！——"

"好，现在手叉腰，我们回教室啰！看谁走得最好看啦！"

话音一落，Z就站在队伍的前面，一只手叉腰，有模有样当起了模特，"小模特们"也在后面跟着，一支整齐又美丽的队伍走进了教室。

Z老师在和我谈到自己的教育方法和教育理念时，可以很明显地感受到她是一位"野生"老师：没有经受系统的师范生教育，也不会使用教育学上的专有名词来阐述自己的教育方法，更不会引用某位教育名家的教育理论来支撑自己的教育观念，但是朴实的话语里却透露出对孩子满满的爱，也体现出了自己在实践中摸索出的教育智慧与经验。虽然条件是艰苦的，过程是曲折的，但是她的话语让我深深感受到了一名山村幼师对这份职业的满足与热爱。对于与孩子相处时的态度与情绪，Z老师抱着这样的观念："我觉得越是调皮的孩子，就越要放到我面前，用眼神关注他，感化他，给予他越多的爱，他也会来爱你的。我从来不把孩子的缺点当成缺点，而是把缺点也当成优点看，孩子都是聪明的，有时候就是孩子的天性，想顽皮一下，自己其实知道这样不对，如果你越夸他，他自己反而觉得不好意思，自然就会改。我教了这么多年的书了，从来没有凶过一个孩子，孩子们对我也是非常热情的。"

在我品读她朋友圈文字的过程中也感受到了漫长山村幼师岁月中的爱心、甜蜜与满足："幼儿园教师的工作并不是想象中的那么简单。刚开学的时候，孩子们的哭声总是不绝于耳，应对新来的宝宝，应对他们的哭闹、不安、焦躁，有过安抚、引导，也有过束手无策。但是经过几天的情感培养，就渐渐地学会用心去聆听他们，爱他们，照料他们。有人说过：'谁不爱孩子，孩子就不爱他，只有爱孩子的人，才能教育孩子。'关爱孩子是每一个幼儿教师务必具备的，岂有不能被爱感化的孩子呢？"这些文字正如她每次和我聊天时所透露出的那份对职业的坚守和对孩子的爱，朴实又真挚。我不由想起初到 H 园时其他老师对 Z 老师的评价："她能干，脾气又好，每次我们搞不定的孩子放到她班上去绝对就变得乖乖的，以前我们还以为是她凶，但是看见那些孩子一个个都和她亲得很，我们就知道是她的耐心和爱心改变了这些孩子。"

人们的行为和思想是由人们自身的人格特点与所处环境特点的交互作用所决定的。对于自幼生活在淳朴农村家庭的 Z 老师来说，当地的习俗文化和家庭文化造就了她平和、宽厚、耐心的性格特征，这样的性格也赋予了她对教育工作的热忱、对孩子的尊重与对家长、同事的理解，这些都是一名优秀的教师所不可缺少的品质与内涵。同时在世代务农的环境中成长的 Z 老师，身上深深烙下了吃苦耐劳的印记，面对高压和繁杂的教学任务时依旧保持一颗积极上进的心，全心全意为孩子付出自己的一切。正如陶行知先生所说，"捧着一颗心来，不带一根草去"，这或许是对她最好的写照。因此，在悠悠岁月长河里，她依旧能乘着"幼教之舟"，看云卷云舒，过万重高山，在大山中打造出一片属于自己的幼教天地。

第三章
现实窘境："苦行僧"的生活

生活总是有两面性，即使是当下幸福的生活，背后也总会有付出汗水与努力时的痛苦。当我们"倾听"成长与幸福的同时，不要忘记这些甜蜜下隐藏的伤疤，快乐并痛苦着才是生活本真的模样。

第一节　生活教学皆论"五斗米"

一、紧紧巴巴过日子

H 园是一所农村民办幼儿园，园内的老师不存在"编制"这一说法，工资全由园长一人负责，标准也由园长根据周边村里幼儿园老师的工资情况而定。Z 老师 2012 年来到 H 园，当时的工资只有 1000 块，虽然幼儿园能管三餐，丈夫在外打工也能有一定经济收入，但是家中还有 4 个孩子和 2 位老人需要照顾，随着农村逐年上涨的物价，这些工资只能说刚够温饱，有时还需要省着点消费。"最开始才来的时候只有 1000 块，后来当了业务园长，工资就慢慢涨上来了一点，现在大概 1600 一个月吧，有时候工资还不能按时发放，园长说发不出来，就会拖着……这个我们也没办法啊，又不能找哪里去申诉，我们也就觉得算了吧，就少吃点呗。但是这些工资我花在自己孩子身上的真的可以说非常少。有些老师发了工资就给自己的孩子买新衣服什么的，但是我真的大部分都用在了自己这个专业上面了。就说这个教师资格证吧，住宿费、交通费这些加起来一共花了近万元，但是园长只能帮我出 1500，其他都是我自己出的。不过我也从来没说过什么，这是我愿意的。还有自己经常去买一些书来看，这些都是我自己花钱买的。"

Z 老师的家以前一直是瓦屋小土房，全家 7 口人都挤在小土房里。今年上半年丈夫在外积累了好些年的工资，终于回家把房子给重新装修了一下，砌了一幢水泥砖房，Z 老师说这是走出山村的人心中始终牵挂的一件事，也是他们觉得最自豪的事情，因为懂丈夫心中的这个"情结"，就像自己在幼师事业上付出的努力一样，即使经济并不宽裕，Z 老师也没有反对丈夫的决定，如同丈夫也支持她在事业上的付出。翻阅 Z 老师的朋友圈，感觉这么多年来，她的样子似乎没有丝毫改变，然而仔细再瞧瞧就能看出端倪：原来五六年前的衣服她现在依旧在穿，左右换去，也就是那么两三件。

一天回家的路上，Z 老师主动和我说起了园里新来老师的事情："今年新来的 R 老师情况和我差不多，家里有三个孩子，前面两个都是女儿，你在幼儿园看到的是她最小的男孩子，才 2 岁不到。当初她也是在犹豫要不要来，我就和她说在这工作一年可能就和养一头猪赚的钱差不多，虽然在幼儿园工作很辛苦，工资也不高，但是在这里做事的话离家近，有亲人在身边，可以照顾孩子，而且饭菜的口味、住的环境更合自己心意，心里的感觉都不一样，在家里还是舒服、亲切一些。但是我们幼儿园这么多年走了不少老师，大部分都是嫌工作辛苦钱又少，一直留在这里的就只有我、B 老师还有 C 老师了，平均下来，几乎每个学期都会有新的来，老的走，唉，人难留啊。"

农村教师的流动性大是我国当前面临的一个普遍又现实的问题，而这一情况在山村幼师群体中更为严重。因为山村幼儿园多为民办园或依附于村小的村小园，大部分幼师又是非专业的农村妇女，所以有人认为"没编制、工资低"对她们来说是理所当然，这却是山村非专业幼师在生活中面临的最大困境。农村家庭妇女家庭观念较重，如何保证家庭的正常运转是她们时刻牵挂的事情，因此在职业收入满足不了日常开支时，她们会选择一些其他的方式去获取收入："每年暑假我都会去我老公那边的，一来是两夫妻一直两地分居对夫妻感情不好，二来也是去打点零工多些收入嘛。"

Z 老师会在幼儿园休假时在周边或外出做点零工补贴家用，园里其他老师也不例外："我们村子环境好啊，周边有几个旅游景点，像紫鹊界啊，渠江源漂流啊，桃花源啊，每次放假，那边的农家乐或者演艺中心需要人做饭或者是要服务员我们都会去那边做事，反正是按兼职算，一天下来也能赚个百把块，挺好的，总比没事在家待着好。"

由此可见，因为要补贴家用，这些老师们需要花费更多时间在其他的工作上，无形之中就减少了她们专注于专业成长的精力和时间，"每次回家都很累，只想休息，但有时候还需要带孩子，就更没时间了"。这些都是她们最真实的声音，在忙碌的本职工作和超负荷的兼职工作的双重重压下，"反思教学"与"精益求精"已经从"有心无力"转变成了"无心无力"。较低的职业收入影响着老师们的继续就职意愿和职业幸福感，外出兼职使原本鲜少的个人时间压缩程度更大，压力也更大，这些都使得非专业幼师的专业成长变得更加困难，而较差的专业性又只能与较低的收入相匹配，这就陷入了恶性循环当中，这个恶性循环便成了山村幼师专业队伍建设的桎梏。

二、师资薄弱心中愁

关于幼儿园的班额与师幼比，《幼儿园工作规程》① 中做了明确的要求，一般小班二十五人，中班三十人，大班三十五人，混合班三十人。但在偏远山村幼儿园一名老师带四五十个孩子却是常事。教师的本职工作是教书育人，教育教学工作是职业的基本，但由于幼儿园教育的特殊性，保教并重的特点对幼儿教师的工作提出了更细致和复杂的要求，与此同时也增加了幼儿教师的工作压力。从 Z 老师一天的教育生活可以看出来，她一个人照看四十多名孩子，需要保证所有孩子都在自己的视线范围内不出安全问题。除了准备日常的教学活动和游戏活动之外，还要照顾孩子们的日常饮食和盥洗，用"永不停歇的陀螺"来形容也不为过，如果稍不留意出了意外，不仅家长会对老师有意见，她自己心中也难免自责。因此，Z 老师每天在孩子面前强调最多的就是安全问题，由于没有帮手，自己的心也时时刻刻悬着："其实说真的，要我带这么多孩子累点也没什么，但是就是不能让孩子出意外，出了事家长肯定要找麻烦，自己心里也过不去。有次我们在早读的时候，有个女孩子就拿笔想去戳另外一个小孩子，还是隔壁班的老师路过窗子看见了，不然可能会出大问题。还有前几天，我们班的一个孩

---

① 中华人民共和国教育委员会. 幼儿园工作规程［Z］. 2016.

子就掉进厕所了，就是当时一下子没看到就出事了，我吓得要死，不过幸好那个孩子没出什么事，人家家长也没说什么。"

关于园里老师少的问题，Z老师多次和我提起过，她也和园长反映过这些问题，希望能多请几位老师，至少保证"一教一保"的班级配置，但都没有得到回应。就这个问题我和园长进行过交流，园长觉得老师流失大的主要原因就是嫌工资太少，如果自己再多聘用教师，发放到每位老师手上的工资就会更少了，"这样她们岂不是更不愿意干了？"

师幼比的严重失衡除了给Z老师在心理上造成巨大的压力外，也在日常的教育教学工作中为她增添了很多负担。学前儿童因其思维的直观性与具体性，主要依赖动作和表象来进行思维，直观感受和操作实物是他们认识和了解世界最有效的途径，所以教具和学具是幼儿园开展活动必不可少的东西，但准备这些教具对Z老师来说是最让她头疼的事情："哎呀，实在是没空啊，我也知道有时候一个人在上面讲再多，还不如直接给张图让孩子们理解来得快些，但是我不是专业出身，画画那些虽然可以做，但是没人家专业的做得那么美观，主要是得多花人家好几倍的时间，也没有那么多时间来做这些。如果有个人能来帮我看着点孩子的话，那这些都让我来做都没关系的，我真的不是怕难，而是没办法啊。"

因为缺乏专业的训练，Z老师在开展活动时用得最多的就是A4白纸打印的黑白简笔画。而在幼儿园今年购置打印机之前，Z老师开展活动需要教具时，就用黑色的笔在白纸上简单地画一些图样，有时候班级之间还会共用教具，但是园里的孩子几乎从来没有使用过学具。更让Z老师心力交瘁的是，随着无纸化办公的普及，做各种表格成为了家常便饭，而这些事情落在自己身上的原因就是因为"幼儿园没老师啊，现在一有多的任务就是落在我这个业务园长头上啰"。Z老师回忆说，以前自己写得最多的就是教案和教学反思，还有孩子们的名字，但是现在写得最多的却是应付各种检查的表格，这些都是H园申请成为普惠性幼儿园之后带来的改变。成为普惠性幼儿园，确实为园内建档立卡的特困家庭幼儿争取了许多福利，但同时也增加了教师应对考核的负担，在Z老师的朋友圈中经常可以看到她去县城开会的照片，这些照片更多地不是参与培训，而是县里的各种工作精神的传达。Z老师曾说："下班回来有得忙，忙来忙去，每天都是在忙碌中度过！"县里对幼儿园的考核，大部分都需以表格的形式呈现，但这些任务没有人能来帮她分担，"每个老师都很忙，就算开了这个口，别人不一定帮呀"。因此 Z 老师常说："真希望自己是千手观音，那样我就不会那么累了。"

三、巧妇难为无米炊

幼儿园的材料室里有一台电子琴，虽然黑白琴键还是崭新如初，但是从琴罩上的灰尘可以看出来，这架电子琴似乎从来没被使用过。Z 老师在谈到这架电子琴的时候也是感慨良多："其实我一直都想学，那个时候幼儿园才买回来的时候也想弹一弹，但是发现根本就不会，那些五线谱啊根本就看不懂。我有个妹妹在冷江师范学幼师，本来想让她教教我，但是她放寒暑假我也不在家，平时也没时间，就算学习我也是更关注怎么更好地开展活动，这些技能的东西就对待得随意一些了。"

在幼儿园，钢琴除了能够为孩子们弹奏美妙的乐曲，同时也是老师与孩子互动的一个非常有效的工具，教师可以通过固定的乐曲让孩子熟悉一日生活流程。所以在城市里的幼儿园，我们经常能看到老师会在不同的活动环节弹奏不同的乐曲，以此保证一日生活流程的有条不紊。但是山村缺少条件，老师若要保证一个大班额的孩子能够有序地参加一日生活的各个环节，有时只能靠"拼嗓"。H 园的另一位元老级教师 C 老师就是因为用嗓过度，声带小结痊愈后音色却再也无法恢复。

老师们在说出这些叹息和感慨时，作为听者的我也为她们感到一丝难过与辛酸，对城市幼儿园来说最基本的硬件配备，却是山村幼儿园难寻的宝贝，而这一缺陷往往需要由教师牺牲健康的身体来弥补。除此之外，让 Z 老师愁云满布的还有幼儿园教学材料匮乏的问题，这对她想开展多样化的教学活动产生不小的阻碍："上次你也看到了，我开展美术活动，自己的画笔还是向隔壁借的，而且孩子们也没有画笔。哎，这个也就算了，我一年前向园长申请希望可以给孩子们购置一批幼儿剪刀，还有双面胶，方便孩子们做手工，但是大半年过去了，到现在还没见着影子。有时候我真的想自己给班上孩子买，但是自己的工资又没办法承受住这些开支，有时候都觉得挺对不住班上的孩子的。"

因此，只要班上开展美术活动，就逃不开绘画，有时候老师们觉得自己会画的东西都已经全画完了，不知道下次美术活动又如何开展。园长却觉得绘画很好："孩子画画的时候挺开心的啊，而且拿回去家长也看得到，有时候做那些手工又浪费材料，又做不好，家长到时候还以为我们幼儿园什么都没教呢。"

整齐有序的教具陈列柜，划分鲜明的自选游戏区域，这是 Z 老师想都不敢想的画面。Z 老师曾在网上报名一个如何开展语言教学活动的课程："这个课程最吸引我的不是说能教我怎么上课，而是报了名以后再交 200 块钱就可以领 100 套图书，当时想都没想就报了。"

图 3 - 21　被遗忘的角落

Z 老师本以为这些图书会被幼儿园利用起来，但是没想到却被堆在材料室积满了灰尘。"我向园长提议专门弄一个图书室，搞几个架子就是了，但是他却觉得孩子们一天的时间本来就紧张，没时间还跑去看书。哎，主要是怕家长说没学到东西吧。"

俗话说"巧妇难为无米之炊"，对于教师来说也不例外。教育活动的基本要素不仅包括教育者和受教育者，还包括了教育影响。教育影响是连接教育者与学习者之间的桥梁，是教育方法和教育内容的统一，这些都离不开具体的教学材料，特别是针对学前期儿童的教育，丰富的教学材料是保证幼儿园教育活动顺利且有效开展的前提，这也是由学前儿童的思维特点决定的。但在山村，幼儿园材料的缺乏不仅仅在于没有充分的资金，家长对幼儿园教育的误解也是一个重要影响因素。家长在过分追求即时的显性的教育结果时，失去了"等待成长"的耐心，为了迎合家长的需求，幼儿园的管理人员做出让步，但这不仅有碍于非专业幼师的专业成长，还对这一教师群体专业信念的形成造成负面的影响。

第二节 "求索"学习门难叩

陶行知先生说："要想学生好学，必须先生好学。唯有学而不厌的先生才能教出学而不厌的学生。"学习是教师专业成长的基础和前提，特别是对于山村非专业幼儿教师来说，在职期间进行系统专业的培训是使自己的专业水平得到提升的有效途径。而这些山村非专业幼师踏上"求索"之径时，山门却难以叩响。

一、"囫囵吞枣"嚼不烂

"在 H 园成为普惠性幼儿园之前，我们出去培训的机会几乎没有。"在谈到是否拥有培训机会时，Z 老师如是说，而这一点，也在其他村落幼儿园老师的口中得到了验证。来 S 村之前，我走访了 X 县其他几个贫困农村的幼儿园，据园长和老师们反映，每年的培训机会都很少，虽然会有国培项目的指标，但是这些指标都由县教育局分配，而多数获得培训指标的山村幼儿园都加入了县学前教育协会。每年交纳 1200 块的会费是加入协会的硬性指标，这也成为了阻挡多数山村幼儿园教师参与培训的门槛。

2013 年，H 园挂名成为普惠性幼儿园，同年也加入了县学前教育协会，老师的培训机会开始多了起来。Z 老师说以前自己想要学习只能靠自己去书店买书，或者去网上查查资料，但是总觉得这些都是野路子，"因为我没有辨别能力，也不知道好还是不好"。后来知道自己也能接受专业的教师培训时，她非常兴奋和激动，培训老师说的每一句话她都记录下来，但是渐渐地发现，并不是每一次的培训效果都那么理想："最开始参加的培训是关于保育方面的，后来也有去镇上的幼儿园参观，听那里的老师上课，还参加过国培项目，也去过长沙和冷江师范，那里的培训就都是一些高校的老师还有领导来给我们上课。可能一年有 2 ~ 3 次这样的机会吧，所以我每次都挺珍惜的。虽然是难得的机会，但是老师一直在上面讲，一听就是半天或者一整天，多少会有点无聊，有时候甚至会讲一些理论知识，我们这些门外汉根本就听不懂，就像天书一样，感觉太高大上了。所以我们园里面有好多老师都不想去培训，觉得浪费时间，还不如用这个时间做点农活。每次我们园里的老师出去培训，培训保育知识的时候感觉效果好一些，因为听得懂，怎么说，接地气一些……我们自己平时也要在家带孩子，和生活还是有很大联系，但是培训教学那一块的时候呢，感觉作用不大，理论的太多了我们就像看天书。有时候让我们去人家幼儿园观摩活动吧，他们又是弹琴又是唱歌，还搞了很多教具、视频什么的，我们根本学不来，也做不来，我们幼儿园里根本没这条件。"

而最让她印象深刻的一次培训，是省教科院的 D 老师给他们进行的一次培训："那次培训我觉得特别好，D 老师亲自给我们上了一次课，上完之后还和我们互动，让自己说体会和感受，还和我们分享了她的活动教案，分析教案要怎么写。当时她上的那堂课我还录下来了，后面还经常看呢。"

研究者在 H 园的几个月，看到老师们确实有去县城培训的机会，但是培训的主题多为保育方面的安全教育知识，县教育局好像更希望这些农村幼师掌握这些。有次培训，园内有两名老师没有去，问她们原因，她们都表示自己不太想去，觉得"培训没什么意思，有些是重复的，听来听去还不如在家多陪陪小孩"。

根据《幼儿园教师专业标准（试行）》的基本内容，幼儿教师所需具备的专业素质包括了专业理念、专业知识和专业能力三个部分，这三部分的具体内容和要求都是与"一日生活皆教育"的基本教育原则相吻合，因此过分单一地强调保育知识的培训不仅会使这些非专业教师的专业知识结构缺失完整性，还会让她们对自身的定位产生误解，加之培训的内容不接地气，非专业教师理解起来会更加困难，从而丧失培训兴趣。"好心办坏事"是意料之外的结果，也不是我们愿意看到的事情。因此合适的培训内容和培训形式对非专业幼师来说非常重要。

二、制度缺乏无规章

教师的专业成长除了来自园所外部的支持，园内是否有系统的在职培训制度也是影响其专业发展的重要因素，因为"幼儿园的管理制度会潜移默化地影响教师自我价值认同以及对工作的积极性、主动性等"①。

---

① 王静. 促进幼儿教师专业成长策略研究［J］. 黑龙江教育学院学报，2017（5）：30－32.

2018 年 9 月 13 日，吃完中饭后，我和今年新入职的中班 R 老师在游戏区聊天，园长走进来给了她一本书和一个 U 盘，只是交代说让她自己回去学习就匆匆离开了。R 老师翻了翻书本后说："这要我怎么学啊，难道都要看嘛？"对此我向 R 老师询问了关于园内组织老师培训的情况，R 老师表示几乎没有，但在 Z 老师的周计划表上可以看到每周五的下午是老师们集体会议的时间。问及会议的具体内容和安排时，Z 老师略带不悦却又无奈："周五我们的孩子吃完中饭就回家了，本来下午的时间大家正好可以一起学习学习，说说自己在教学中的问题，有问题大家一起想办法，但是每次园长都会利用这个时间开会，开会主题每次就是安全……我当然知道安全问题很重要，但是教学才是根本啊。"

为了具体了解会议的开展情况，我向园长申请参与一次周五的教学研讨会议，园长欣然同意，并表示希望我多给老师们提些建议。会议那天中午，孩子们都离园后，老师们聚集在厨房吃中饭，我听到了这样的对话：

A：等下是不是又要开会？

B：对啊，每次老板都说些现的①，哎，烦死了，我还要回去收谷呢，昨天说要收的也没收。

现在正值农忙时节，水稻成熟各家各户都忙着晒谷收稻，这也是老师们这段时间下班回家后的重要任务。吃完饭，大家都聚集到了办公室，园长拿出自己的会议记录本，就像 Z 老师说的一样，讲的内容几乎全都是幼儿园的安全教育工作。园长讲完已是 40 分钟后，老师们开始不时地张望墙上的挂钟，好像希望会议能尽快结束，听着这样絮叨的文件精神般的传达，我也觉得枯燥无味。本以为园长会对之前发放的资料做一个学习计划说明，但是他并没有提到任何关于那份资料的事情。园长之后是 Z 老师主持会议，作为业务园长，她对大家这一周在教学方面的问题提出了自己的一些看法，并表示老师们在教学中有什么问题都能提出来一起解决，但老师们都低着头不愿说话。最终，这样尴尬的局面在 Z 老师草草的几句总结中结束。Z 老师跟我说这是每次开会的常态，以前自己还会要求老师们准备手指游戏和故事还有舞蹈，轮流分享经验共同学习，但是总是坚持不了多久，"园长从

---

① 方言，指重复的话。

来不管这些，也不检查，没有人监督的话，大家就松散了"。一直到研究者离开 H 园，那次发放的资料，老师们没有过任何的讨论和说明。

对于培训，园长觉得自己不是很懂，也不敢多发表意见："教学上的我也不是很懂，既然 Z 是业务园长，她肯定比我在行些，老师们多跟她学习就行。我们不都是要强调快乐教学吗？爱孩子，保证孩子在幼儿园的安全，这是我主要抓的问题。"由此可见，幼儿园没有形成有良好的园内培训制度，缺乏督促和监管让老师们在辛苦工作之余对专业学习产生一种懈怠的情绪。R 老师在和我谈到培训的时候还和我说过自己的一个困惑："其实这些资料发下来我们有时候也会去看去学，但是这种文字的东西我们看了，没人指导，还是空的①。"加之缺乏有经验的人对这些非专业的老师们进行指导，所以"迷茫"是常态，碰壁式的摸索也让她们丧失了学习的动力。

第三节　进退维谷多苦闷

一、山村资源难利用

孩子的认知结构是在不断与周围环境互动的过程中主动建构的，周围的环境是他们获取知识和经验最宝贵的来源。陈鹤琴先生曾说过，"大自然、大社会都是活教材"，让孩子在自然中和生活中体验生命的成长和变化规律，打破幼儿园围墙的囹圄，这或许才是教育最自然的模样，因为儿童本就是自然社会中的一分子。回忆起自己幼时在乡村生活的日子，上山喝花蜜，下小溪捉螃蟹，草地里寻蚱蜢，无忧无虑又自在飞扬，本以为这次在山村里能看到孩子们自然的生活状态，让自己再重新体验一把童年的欢乐时光，但是逐渐难觅的田野风采让我略感诧异。

2018 年 6 月 12 日，马上就是端午节，Z 老师主动向我询问是否有优秀的端午节课例可以分享给她，她想给孩子们上一堂端午节活动课："虽然我

---

① 方言，指白费力气。

们没别人那么多丰富的材料，但是中国传统的节日和风俗还是不能让孩子们忘掉。"在给她找资料的空隙，我发现她从材料室里拿出了一些绿色的卡纸。这些卡纸都已经缺失了某些部分，上面还有剪裁过的各种图案的轮廓。

我：您拿这个（绿色卡纸）是想做什么？

Z：端午节快到了，想用卡纸做粽叶，大班的可以学会包包粽子，中小班的可以看看视频，或者开展画画活动。

我：昨天去您家里看您地里有种粽叶，农户家应该也都自己种了吧，让孩子自己带两片粽叶来不是更好吗？能更直观和真实地感受到粽子是怎么做成的，也符合孩子们的思维特点，而且这样也更方便。

Z：其实我也这么想过，但是家长有时不太配合。记得以前我教大班的孩子认数，没有数棒，就想用木棍当教具，希望家长们能配合第二天带一小捆小木棍来，但是家长们都说不知道去哪里弄。其实就在柴房搞几根木棍，或者在小树上折几根下来就可以了，但他们就是不配合，最后还是我自己跑到山上弄的。有一年假期，我侄女在县城幼儿园上学嘛，就和我打电话说想让我教她种菜，老师说要每个小朋友都带一盆盆栽去学校。当时我也就是有了这个灵感，想着我们农村弄个种子种东西方便得很，也让幼儿园的孩子带来幼儿园，结果没有一个家长给孩子们准备……反正每次都是这样，后来我也就不再说了。

就在城市大肆宣传教育要回归自然，让孩子学会感受自然的生命而成长时，山村的孩子却在忙着城市化：家长们努力地想为他们营造城市的氛围，生怕存留在孩子生命中多一分的乡野气息会让他们走出大山的步伐多一分沉重。因此，他们抗拒这样回归乡土的教育内容和教育形式。之所以会出现这样的局面，除了家长缺失正确的教育理念无法支持老师们的日常教学工作外，园内老师们不强的专业性使得她们无法对家长进行指导也是重要原因。

我曾问过 Z 老师和园内其他的老师是否了解过陈鹤琴"活教育"理论关于"大自然皆教育"的论述，大部分老师表示没有听说过。Z 老师说自己曾在一些相关书籍上看到过："觉得蛮好的，但是要我自己把这些理论放到现实中来用，我是真的做不来。"对于这群山村非专业幼师来说，"临摹阶段"尚待完善，更上一个阶层的"理论"到"实践"的转换，可能还需要具有更丰富实践教学经验和扎实专业基础知识的教师对他们进行指导才能够有效完成。当然，在活动开展的"无头绪"下还有着老师对孩子安全的忧虑："我们这山多，河多，经常有蛇……加上我们老师人太少了，孩子又多，根本就管不住。前两天村小就有两个三年级的小女孩在外面的时候掉进河里就死掉啦。真的不敢带孩子们出去，怕出事情。"

孩子们生于大自然之中却难以长于大自然，这是愿景与现实的冲突，也是老师们窘迫的专业能力与实际需灵活多变的教育素养之间矛盾的体现。

二、山村园的"特色课"

在山村，父母都希望自己的子女能够通过"读书"走出大山，真正跃出"农门"。因此有些家长勒紧裤腰带，也要把自己的孩子送去县城读书，但对于绝大多数山村孩子来说，接受大山的教育似乎是写进自己命运之册无法抹掉的一章。因此，家长把所有的希望都寄托在了老师身上，每次家长把孩子送来幼儿园或在家门口送去坐校车时都会嘱托老师一番："老师，我把满崽①就交给你啦，有什么不懂的就多教教他。"孩子到家后问得最多的也是"今天都学到了什么啊？""教"和"学"似乎是他们最关心的事情。

村里的孩子多由老一辈的大人照看，虽然老师们也时刻宣传着"去小学化"的教育理念，但他们根深蒂固的认知取向和教育观念始终支配着他们的行为，对老人们而言，即时的、看得见的教育成果才是能够抚慰他们不安心灵的一剂良药，这让Z老师在开展活动时也倍感艰难："我希望孩子们在幼儿园是快乐的，对他们来说，通过自己的努力在幼儿园画一幅画，或者做个什么手工带回去给爸爸妈妈欣赏也是一件非常有成就感的事情，但是很多时候我都没办法开展这些活动，因为很多家长连胶水都不愿意给孩子们准备。昨天你也看到了，我们班只有两三个孩子有自己的水彩笔，其他的孩子都只能在那等着，哪里还有兴趣去画画呢？开展的活动也没办法达到效果。我有时候也困惑，培训的内容与现实之间差距太远，无法实现，我们不知道该做些什么来改变这种局面。"

---

① 方言，指孩子。

在这股家庭愿景与传统观念交织而成的力量的驱使下，园内的"特色课程"几乎每日按时展开：下午的集体教学活动后，孩子们会自觉拿出自己的本子和铅笔，等待 Z 老师为他们布置今天的课堂作业，有时是写数字，有时是拼音练习，有时是汉字书写。对于掌握还不熟练的孩子，Z 老师会关注更多一些。离园之前每个孩子的课堂作业都必须让 Z 老师检查批改，因为"如果看不到作业，家长意见就会大着呢"。对此，Z 老师也做出了自己的抵抗："在家长的要求下，我每周会有写字活动，一次活动半个小时，但是最多我也只会开展半个小时。像我们大人，我每次写教案和报告的时候，写太久手都会疼，更别说孩子了，而且孩子的手骨、腕骨要到十二岁左右才能完全发育成熟，所以不能让孩子久写字。作业我也只会让孩子们写个一两行就行，能够掌握正确的握笔姿势，养成良好的书写习惯就可以了。我其实是不赞成小学化的，但是有时候也不行，只好把小学化的程度降到最低。"

当问到 Z 老师为什么也认为在农村非小学化不可的原因时，她提到了幼小衔接的问题："大班之后孩子就要读一年级，我观察了，很多没读过幼儿园的孩子或者说完全没学过的孩子，一年级，有的甚至到了二年级连自己的名字都不认识，不会写字也不会拿笔，这样就赶不上班级进度。因为小学一进去就是教汉字的，而且老师又不像我们幼儿园老师一样对孩子那么耐心，教得很快。不过那些在小学之前就学了太多字的孩子，上小学后也会失去学习的兴趣。所以我觉得到了大班教会孩子写自己的名字，认识一些简单的汉字，简单的笔画和偏旁部首，学会正确的握笔姿势就可以了，不要求掌握太多，但是中班我就不会安排写字活动。"

因此，如何使山村幼儿园去掉"特色"，不仅需要老师们在专业上有自己的理论建树，还需要各阶段的教育相互衔接。孩子的成长是一个连续且不断变化的过程，而不是分割的阶梯式突变，只有各方力量共同努力，才能给孩子提供更优质的教育。

三、尴尬的"教材下乡"

2018 年 9 月 21 日，Z 老师邀请我去她家住，说是昨天妹妹在山上摘了些杨梅要我去吃，我盛情难却，就答应了下来。回家的路上，Z 老师和 B 老师就教材的问题开始讨论起来：

Z：有时候我也真的不知道该怎么去教了，现在大班的数学活动，教师用书上面都有连加连减了，可是有的孩子连 1～10 都不太认识。

B：是啊，我去问园长说现在要怎么教，反正就是一句话"快乐教学嘛，随便教教就可以了"，唉，现在对我们是这么说，到时候家长要问起来，责任还不是在我们身上嘛！

她们讨论的烦恼 Z 老师前两天曾和我提到过。H 园在加入 X 县学前教育协会之前怎么上课都是老师们自己定，那个时候 Z 老师非常渴望能有专家指导或者有一套教参供自己学习。但自从有了这份教材，Z 老师却觉得自己安排活动的难处更多了起来："这套教材其实感觉很小学化，像社会、语言、健康、艺术这些都还好，以诗歌、故事为主，我有时候也能借鉴一些内容上课，但是孩子的数学教材就像是小学生的教材一样，什么连加连减、数的分解这些，还不是借助于形象，是直接填空的。这对大班的孩子当然有难度啊。所以如果我们不按教材上，家长回去看到了说我们什么都不教；如果教了吧，孩子们完全听不懂，这又有什么意义呢？还会让他们丧失以后学习的兴趣。我们好多新老师拿到这个教材也是没办法上的，根本上不了。"

对于山村非专业幼儿教师来说，教参是她们很好的参考、学习材料。一本好的教材不仅能为她们开展活动提供支撑材料，而且能对她们的专业素养甚至是教育理念产生潜移默化的影响。学习总是从模仿开始的，当模仿形成了牢固的联结变为一种习惯，外在的知识经验就会内化为自己认知结构的一部分，成为指导自己后续行动的指南。我们一方面在强调要提升农村学前教育的质量，另一方面却又给教师施压，完全忽视了非专业幼师在成长过程中需要得到多方支持，合适的文本知识就是其中之一。

对于教材的使用，我自己也深有体会。在园的几个月，我作为志愿者老师也参与到 H 园的日常教学中，在为孩子准备教学活动时我深深地感受到了教材结构与内容的不合理：大部分的活动内容只有标题和图片，缺乏教育目标和教学重难点的说明，对于非专业山村幼师来说难以设计合适的教学流程，很容易就根据自身成长经验去模仿小学教师的上课模式，"小学化"自然也就避无可避；除此之外，园内使用的教材划分成了语言、艺术、健康、社会和数学这五个领域，但是每个领域所包含的内容并不十分合适。比如在中班语言领域的教材中出现了这样一个活动，活动名称为"反义词"，书上只陈列了几对相反的图片：大和小、上和下、薄和厚、胖和瘦、哭和笑、粗和细，并在书页的结尾附上了一个问题："小朋友，你还知道哪些反义词？"此外，没有其他任何的说明。

《指南》和《纲要》曾明确指出，3~6岁儿童在语言领域的学习重点是"倾听与表达""阅读与前书写"，这段时期是孩子口语发展的关键期，创造一个良好的、能够让孩子充分表达自己意愿与想法的环境非常重要。但这个活动从呈现的内容来看，很容易让人理解成词汇的学习，而这些词汇对正处于不可逆思维的学前期儿童而言，掌握起来是非常有难度的。如果真想让孩子掌握，就应该要结合生活实际，让孩子通过探索和操作的方式去理解，所以把这部分内容划分进科学领域要更为合适，这也是《指南》中曾明确提出的"感知和理解数、量及数量关系"里的内容。因此，教材划分不明确，教师的专业性又不够，缺乏甄别教学内容的能力，坏的"习惯"与"联结"一旦形成，后续想要再改变则又多了一道难关。

第四节　孤掌难鸣心中愁

一、"能者多劳"你来干

一个人的行为处事方式总离不开其生长与生活之地文化的影响。费孝通先生曾在《乡土中国》中对中国乡村社会文化做过详尽的描述，中国的乡村社会结构就如同一个巨大的"face to face group"，生活在这个社群里的人虽各有各的家庭，但是他们对待彼此就如同自己的亲人般，每天都能互相见上一面，去谁家中也不需要打上招呼，所以在"面对面社群"里，甚至可以不见面而知道对方是谁。[1]"听声辨人"，是生活在这个社群中的人熟

---

① 费孝通. 乡土中国 [M]. 北京：人民出版社，2013：12.

稔于心的技能，因此大家在生活中总是互相帮衬。

通过走访S村，研究者发现村民都集中在"邹姓"和"罗姓"这两个姓氏族群，H园的老师们也不例外。Z老师在谈到自己与同事的交往时，表示大家在平时的生活中都能够友好相处："一般谁家里种的猕猴桃熟了，或者谁家里做了好吃的，都会带到幼儿园里面和大家一起分享，从来不小气，看我们吃得越多就越高兴。"通过Z老师还有园内其他老师的社交平台，研究者也看到她们经常分享大家一起出去踏青或相聚做农活的照片。研究者在幼儿园的数月时间里，老师们带着自家种植的果实或小吃来园分享也是常事。老师们除了在平时的生活中亲如一家，在教育生活中也是互相帮助。

因此，作为园里的业务园长，Z老师总是给其他老师做着模范与榜样："我觉得不仅老师与孩子之间是平等的，老师与老师之间同样也是平等的。有什么事情她们不会的，只要我能做，我都愿意去帮忙。"

园内有老师表示，虽然Z老师不是专业出身，但是她已经有了较丰富的工作经验，而且她非常努力上进，因此有很多值得她们学习的地方。她们在工作中有什么都会事先问Z老师，或者要Z老师给"打个样"供自己参考学习："我是今年才入职的，有很多都不懂，所以开学之前Z老师主动给我们进行职前培训……内容就是像幼儿园的一日活动流程啊，还有《指南》和《纲要》这些文件精神之类的。后来开学了，我一遇到不会的，就去请Z老师帮我，她也从来没有拒绝过，回去之后还给我找资料，第二天再带给我。有时候我们不敢上课，干脆会让Z老师给我们临时代一堂，我就做笔记学习她是怎么上的。反正她能干嘛，她现在多干一些，我们先向她学习……我还是很感谢她的。"

老师们间的关系是否融洽，是决定教师教育生活是否幸福的重要因素。从对Z老师和园内其他老师的访谈可以看出，Z老师非常乐于在教育工作中向其他教师伸出援助之手，而其他教师也非常乐意向Z老师发出"求助信号"。但她们由于自身能力的不足，无法仅通过言语的指导就独立完成某件在她们眼中看来十分困难的任务，因此"现身打样"成了Z老师帮助其他老师的主要模式，"能者多劳"在有些老师眼中看来，不仅是对Z老师专业能力的一种肯定，也是自己学习的最好方式。但我不禁思考，本来繁杂的工作已让Z老师分身乏术，这一波又一波的"打样"是否又会给她的教育生活带来新的困扰呢？

二、木秀于林风必摧

中国人的人际交往仍旧保持了比较浓厚的乡村特点，且具有较强的亲缘性和人情味。① 从 Z 老师和园内其他老师的交往中可以看出，在中国农村，由地缘和血缘牵连而成的关系让人与人之间的交往透露出特有的人情味。但当现代化的层级工作制度走入乡村，这种富有人情的交往模式却无形中对这群山村幼师的专业成长形成滞阻：习惯性的"求助—帮忙"在工作中变成一种理所当然的交往模式，安于现状的心理也不出意外地滋生出了懒惰："有时候帮其他老师做事并不是因为我很闲，而是因为大家乡里乡亲的，又都有点亲戚关系，她们开口，我也不好意思拒绝，要帮忙我也就帮了……但是后来慢慢的，很多事情好像都变成是我一个人的任务一样，上面有领导来检查，也是我去上公开课，要交什么心得反思也是我来写，有时候因为没有教具，我一个人做不来，但其他老师也不太愿意做……"

"木秀于林，风必摧之；行高于人，众必非之。"不出我所料，Z 老师作为 H 园内唯一的幼师资格证持有者，她主动承担着超出自己精力的责任，本是想带动全园老师共同成长，出乎她意料之外却带来了来自其他老师的非议："我虽然是业务园长，但我从来没在其他老师面前摆过架子，她们也根本没把我当成一个业务园长来看待……曾经有次开会我提了某个老师在教学上面的不足之处，给她提了一些建议，但是她竟然因为这个对我有意见了，就觉得说'既然你这么厉害，那就都你来啊……'所以后来我就再也不提了，有些事还不如我自己做来得快些，说多了也伤和气……现在就是我要她们定期学一些东西，然后开会的时候一起讨论分享她们都不愿意了。哎……有时候园长说要我带老师们一起学习，要我来抓教学任务，但是他平时又不怎么管，大家也都不配合，我也很难办啊……"

在 Z 老师讲述这些事情的过程中，研究者能感受到她话语中流露出的无奈与费解：无奈的是自己的一片好心最后竟然被误解成在人前炫耀的资本；费解的是园长为什么不能在教学工作中给自己伸出援手解决困难。

---

① 陈向明. 旅居者和"外国人"——留美中国学生跨文化人际交往研究［M］. 北京：教育科学出版社，2004.

通过对园内老师进行访谈，研究者发现 H 园的老师们鲜少有外出工作的经验，因此停留在她们思想观念中的依旧是传统乡土社会的权力结构，即长老统治①——一种基于尊卑有序的具有教化性的权力。因长期浸润于这种服从于年龄和辈分的观念，她们难以对同龄的同事形成上下级关系的认同，因此需要服从的现实对心理造成的冲突也难以在短时间抚平。因此其他老师在面临任务时，最先想到的不是如何去完成解决现有的问题，而是把 Z 老师当成挡箭牌，她们常常挂在嘴边的一句话就是"你比我们懂，你去，你去"。但"尊卑有序"的观念在园长与教师的交往中又体现得特别明显。用费孝通先生的话来解释就是"经济所有者享有站在金字塔顶端的权利"。因此，在老师们口中，对园长的称呼是"老板"，仿佛是资产阶级压迫下的工人。而园长和老师们几乎没有对教学单独进行过交流，在园长面前，老师们也不太敢说出自己在教学中的意见，特别是涉及到幼儿园本身时，如教室的规划、环境的布置等，除了怕园长对自己的切身利益产生威胁外，还有一点就是怕别人误以为自己打小报告，"影响彼此之间的关系"。在老师们眼中，园长是决策者，高高在上，自己需要和领导保持一定的距离，而园长也觉得自己只需要负责决策的制定，老师负责教学执行，"这样挺好的，彼此减轻负担……Z 老师很优秀，我也不太懂教学上的事情，她竟然是业务园长，就有责任把教学弄好"。

因此当园所中的"权威"——"老板"把"业务园长"的头衔安在 Z 老师头上时，就是 Z 老师教学工作中矛盾的开始，不仅让 Z 老师与同事无法在工作中形成双方互助的成长模式，也无法在工作推进中得到上级的有力扶持，加之深受传统观念影响的老师们难以对她心悦诚服，让她在工作中很是愁苦。

---

① 费孝通. 乡土中国 [M]. 北京：人民出版社，2013：79－85.

第四章
驻足田野：展望诗意远方

在回顾 Z 老师的教育生活故事时，我既让自己的双脚尽情踩在其教育田野之中，又时而思绪飞扬飘于田野上空，在沉浸与抽离的过程中，我为一名山村非专业幼师在这片土地上洒下的心血而感动，但同时也感叹人与人之间的差距有时大得像没法跨越的生命断层，苦难的颜色总是在她们坚强的臂膀上落下浓重的一笔。"苦难一直伴随着人类社会的产生与发展。虽然人类一直孜孜不倦以求于克服和消除苦难，享受社会发展带来的幸福和快乐，但社会发展始终无法真正解决苦难问题，甚至还不断滋生出新的苦难。同样苦难在教育中也是普遍而客观的存在的。只要教育相关者处在底层化的生存境遇，就一定会产生相应的教育苦难。"① 但我相信，生命若从苦难开始，那么在苦难中必定能诞生出灵魂的歌声，作为一名教师，她们在"育人"与"求索"的道路上走着，回首过去，历史中的失与得让其学会反思，认清自我，但当看向未来时，就意味着拥有了更远的前方。因此，我驻足于从过去绵延至今的教育故事中，在思考中憧憬未来，以续写出山村非专业幼师更灿烂的教育诗篇。

第一节　山村非专业幼师的素描

山野小径，农家乡舍，这里有现代人追求的宁静与平和；一碗白粥，一碟咸菜，最原始的味蕾刺激让人们感受大自然对生命的馈赠，体味生命

---

① 李红婷. 跨越生命的断层——四代人的教育梦 [M]. 北京：光明日报出版社，2013：101.

最真实的烟火气息。当文明的脚步踏遍每一寸它所能及之地时，群山环绕的小山村也为孩子圈出了一片属于他们的天地，而那群生于此、长于此的人，则用她们最原始的冲动迈入乡村幼师的队伍，一种因地缘而结的关系就此产生，在这关系中，日出而作但日落不息，她们经历多重身份的转变，在理论与实践中辗转徘徊，驾着历史的马车孤勇向前。

一、明暗交织：身份的裂变与融合

人处于社会网络之中，注定要扮演多种不同的角色，承担着多重身份带来的社会职责，山村非专业幼师也不例外。她们是老师，虽是"非专业"出身，但这顶帽子并没有让她们少一份担当和责任，反而给了她们更多的压力，为了对得起"园丁"的称号，她们必须付出更多的努力使自己得到成长；她们是妈妈，需要承担起哺育儿女的义务，管住孩子温饱，为他们撑起一片幸福成长的蓝天；她们还是女儿，赡养父母是自己应尽的孝道，下班后收拾农舍，给猪圈投食，下地割草是常态。不同于我们脑海中所想的八面玲珑的都市精英，这群山村非专业幼师的身份裂变下是承担更多的社会责任，与城市的教师相比，她们要在更艰苦的环境中执行辛苦加倍的工作，这样的多面体展现给我们的不是人生的绚烂多彩，而是犹如一条被海藻缠身负重而游的鱼，逃不脱纠缠，也跃不出海面，用尽最大的努力也只能在最接近海平面的地方看着投射下来的斑驳光影，转瞬又没入海底。

从幼儿园一日生活流程安排表上可以看出来，幼儿园的保教环节是非常多的，而且环环相扣，"动静交替"的原则要求教师合理安排不同类型活动的顺序，"一日生活皆教育""保教结合"等教育原则要求教师要在教育活动之间组织孩子们进行日常生活活动，使孩子养成良好的卫生保健习惯，但由于山村幼儿园条件的局限性，我们可以看见 Z 老师的教育生活更为夸张的琐碎与繁杂。在山村，幼儿园出现超级大班实为平常，教学老师兼任保育老师也是常态，她们在职业的迷茫中不得已还需兼任多职，而山村较为简陋的教育环境也为她们在组织各类活动时增添了难度，带来更多的是除去专业成长外的心理压力。除了兼任教学老师和保育老师，她们可能还要充当保健医生和厨师，孩子摔倒或磕碰要及时进行紧急适当的处理；孩子们就餐所需的食物需要赶早去购买；随着政府对乡村学前教育的重视的加深，行政检查工作也加入了老师们的日常工作之中，制作各种表格、汇总各项材料也是无可避免……山村非专业幼师除了角色的裂变，在面对现实时却又不得不把某些角色进行融合，而通常被融合的角色就是"母亲"和"教师"。

据现有关于我国中部以及西北贫困地区幼儿师资的调查，农村幼儿教师年龄结构偏向于年轻化，多集中在 20～35 岁，且农村家庭妇女普遍早婚早孕，这些非专业幼师多为已婚并育有多个子女的年轻母亲，孩子年龄普遍较小，且孩子们的岁数相差不大。在 H 园期间，我多次看到有老师的孩子出现在园内，有次 B 老师抱着自己的女儿在教室开展活动，对此，她也表示很无奈："这个小的才 2 岁，她发烧了就只要妈妈，没办法，我婆婆只好把她送到幼儿园来了。"这样的情况也同样出现在新来的 R 老师身上："孩子年纪小，离不开我，主要家里也没人带，但是幼儿园里还有这么多孩子，也离不开我，不然就没老师带啦，只好把自己的小孩给放到幼儿园，放到我班上坐着。"

当孩子出现在自己视线中时，老师们的注意力会被一颗母亲的心带走一半，往往在这种时候，班上的活动秩序就会因此改变，"小学化"的重复诵读以及书面作业的撰写成了这群老师在手忙脚乱下的"制胜法宝"，非专业性带来的教育智慧的缺失在这时显现无疑。因此，在繁杂的工作中，这些非专业幼师除了需要承担教师角色下裂变出的多重职责，有时还需将母亲这一角色融合进这多面体之中，为原本忙乱的工作添上了一笔不可推卸的家庭责任。虽然她们知道工作与生活不能混为一谈，但是现实总是无法让她们平衡这两者间的关系，时常也为此感到疲惫不堪，不知道如何来定位自己的工作。

二、艰难抉择：理论与实践的博弈

作为一名非专业幼儿教师，她们职业所应具备的专业理念、专业知识以及专业能力一般都是在就职与培训的过程中逐渐建立的，由这些组成的专业知识结构体系也是她们教育活动得以顺利开展的重要方面，但是理论教育与实践的差距时常让她们感到困惑，这些都在老师们言语与行动上的不适配中表现出来。

2018 年 6 月 11 日，集体教学活动结束后是幼儿园孩子们的户外活动时间，几乎全园的孩子和老师都在前坪玩，但中二班却有几个孩子坐在教室不出去，其中一个小男孩腰板挺得直直的，但眼睛却不时望向窗外，好像期盼着谁的赞许和肯定。我走进教室问其中一个小女孩为什么大家不出去玩，她们只是不好意思地笑笑。于是我继续追问，是否因为太累想在教室休息，这时，另一个小男孩有点坐不住，开始在教室里面走动，一个小女孩突然指着他说："你没坐好，你不能出去玩。"这时我恍然大悟：原来这些孩子都是被老师惩罚了。C 老师看见我一直在她班上，就从操场走进来，一进教室就大声和孩子们说："你们和老师问好了吗？见到老师来要怎么说啊？"孩子们好像士兵般个个大声地和我问好，这突如其来的阵仗弄得我有些不知所措。让孩子们问完好，C 老师打断刚刚那个准备告状的女孩子，用放大的音量说："你们告诉老师啊，你们是因为知道自己刚刚表现得不好，所以在教室里反思对不对？我看你们现在都坐好了，那就出去和其他小朋友玩吧。"说完，就和孩子们一起出去了。

在此之前，我就一些教学上的看法和 C 老师进行过交流，当时她说的全都是诸如"游戏是幼儿园最主要的教育手段""我们要爱孩子，教师与学生是平等的"这样的话，表达熟练，虽然说出口时有一种背书的嫌疑，但我当时也并没有多想，直到看到这一幕我才明白，老师们接受的培训和她们自身的观念还是存在矛盾和对立的，是言语上服从，潜意识却反抗。简单线性思维认为，事物的变化服从机械因果律，即一个原因必然决定一个结果，而这个结果作为原因又必然决定下一个结果。① 但后现代思想大力提倡复杂性理论，在复杂性理论中提出了偶在性思想，认为教师的发展线路并不是简单的由外部因素决定，因为每位教师的发展都是在教育教学活动、日常生活中面对各种潜在因素，加之主观世界的活动综合而成的。② 对于乡村非专业幼师的专业发展，很多人依然抱着简单线性思维，把"培训＝专业成长"当成了一种固有模式，教师的个体差异性则被抛诸脑后：城乡区域的差异、个体能力的差异、现实境况的差异……忽视这些现实差异因素的外部培训在内容上过于空洞并脱离农村教育实际，无法使老师们发自内

---

① 姜勇，何敏. 复杂性理论视野中的教师发展研究 [J]. 外国中小学教育，2006（10）：25 - 29.

② 陈妍，姜勇，纪萍. 与一线幼儿教师对话——激发反思，共同成长 [M]. 北京：北京师范大学出版社，2010：193 - 194.

心去接纳这些教育理念，而幼儿园内部也缺乏合理的跟进培训效果的监督机制，教师容易产生惰性心理。除此之外，作为主要组织培训的县级教育部门，为老师们订购的教材与培训内容也相互矛盾，培训总是锣鼓喧天宣传"去小学化"，但是教材里却满满当当地写着"小学"二字，加之山村家长"技能取向"的教学观深深影响着老师们活动的开展。Z老师曾和我坦言："我们农村幼儿园有时候还是要考虑生源问题的。"因此，面对家长的需求，老师们即使知道自己有些做法违背了科学的教育原则，但是在此境遇面前，却又不得不违背意志。在这场理论与实践的博弈当中，矛盾体就这样悄然诞生。

三、文化传承：在历史变迁中重生

"仁义礼智信"是我国传统儒家文化所倡导的主流思想，"礼"是等级制度，"仁"是上位阶级统治下位阶级并维持秩序手段，虽然是宣扬"爱民如子"，百姓也把地方官称呼为"父母官"，但和谐统一的表面下却缺失了西方"人人平等"的思想，而这种传统观念在自给自足的小农社会，在面朝黄土背朝天、安于所生之邦的农民心中始终有着无可取代的地位。即使这种礼教制度已经被抛进历史的滚滚潮流之中，但是文化的碎片还是随着土地，随着血脉，一代又一代流传下来。

正因如此，这群生于此长于此的山村幼师，无时无刻不在受着这些思想的浸润，并且身体力行这一原则，影响着她们的意识、行动和言语。但随着不同于传统观念的制度走入她们的生活，骨子里虽仍受影响，但她们似乎感觉到了一些差别，在传承文化的同时也被这些文化所冲击着。

Z老师虽然一直遵循"尊卑有别、长幼有序"的原则，与同事和园长和平友好相处，但却认为这种隐形的隔阂对于教学的改善没有帮助："单位肯定要有秩序和制度，但是我觉得不是任何一个人专制的权利，也不是说压在你头上硬要你去做什么，人人都是平等的，什么事情都可以大家一起来商量。如果有什么事都不讲都憋在心里的话，我们的（教学）活动怎么能够进步呢？大家提的意见也不是针对某个人，是真心想一起互相成长的。"

由此可见，"在漫长的历史中，人类通过社会实践逐渐形成了一定的约束和各种潜在的发展可能，同时，每一代人又根据其所处的现实环境不断地调整和适应着这种历史文化和传统"①。因此，山村非专业幼师文化承载体的身份不只意味着对传统一成不变的延续，她们在承载中孕育自己的文化，在不断与环境互动、与人交往的过程中构建并生长着，在失衡与平衡之间不断地重建孕育出新的思想与生命，尽管受着乡土人情文化的影响，但只要有改变的契机，就能获得重生。

第二节　山村非专业幼师未来成长之径

教育，归根结底是一种人类的社会活动，教育的主体是人，就必然包含了一切人类对生存和发展的需求。对山村非专业幼师群体而言，落后的起跑线与较差的地域环境并不意味着需要理所应当地接受由此带来的待遇偏差，她们享有同其他教师一样的生存与发展的权利。因此，山村非专业幼师若要继续书写教育生活故事，就必须联动社会与个人的力量，扎根山村实际，在支持与反思中成长，在精神关怀与自我调节中拓展生命的宽度。

一、造生命砥柱：立足基本需求实现有效发展

人的生存权是每个人最基本的权利，只有最基本的权益得到保障，才能开发更多的能力去承担多面体所带来的多重职责。对于山村幼儿教师来说，历史和现实把她们雕刻成各种形状，若想要她们的角色互不冲突，充分履行一名幼儿教师的教育职责，我们则应该为其生命提供温度，为其坚持提供支撑，让其扎实立于山村的教育田野之中。

（一）填温饱：卸下沉重生存压力

从对 Z 老师和其他老师的访谈中可以看出，许多农村家庭妇女愿意留在家乡并从事幼师这一行业是缘于浓厚的家庭观念与家乡情结，但是山村幼儿教师的流动性依旧居高不下，这与较低的工资待遇有着莫大的联系。研究者曾走访了很多的村民，也去过好几位幼儿园老师家中做客，朴实简易中透露出了平时生活的拮据。虽然现在的农村相比过去在经济方面得到

---

① Rogoff, B. The cultural nature of human development [J]. Psychology, 2007, 82 (5): 59 - 64.

了长足的发展，但随着经济发展而上涨的物价，以及人们不断提升的物质需求，都在迫使这群朴实勤劳的山里人背负谋求生存的重担，而与许多老师的访谈也证实了这一点：大部分的老师在幼儿园放假时，都会在农闲之余寻找另外一份零工以填补家用，繁杂琐碎的幼儿园工作与兼职使得她们的空余时间一再被压缩。那些因谋求生存而被占据的时光本可以用来学习与成长，但现实压得她们只能低头前进。"教育"于她们渐渐变成一份程式化的工作，眼光因此变得狭隘，只盯住"收入"二字而忘记思考，忘记成长。因此若想加快这群非专业幼师的专业成长速度，就必须卸下谋求生存的重担，当眼界变得开阔，这一教师群体对自己的职业责任就更加明确。

"国十条"中曾明确提出"采取政府购买服务、减免租金、以奖代补、派驻公办教师等方式"来支持普惠性幼儿园，在我国中西部贫困农村，国家除了加大资金投入筹办公办幼儿园外，也申请开办了一大批普惠性幼儿园。在H园的这段时间，我就老师们的工资问题和园长进行过交流。园长表示幼儿园老师们的工资虽是由自己发放，但是有时候没有按时发放老师们的工资也是有因可循："我们园2013年就加入了普惠幼儿园，上面应该是有一项资金资助的，我每年都写申请，每年都去县教育局问，每次上面的人回复说已经把材料报上去了，这个钱需要逐级下来。哎……所以那笔钱我还是到去年才拿到手。"由此可见，针对农村普惠性民办幼儿园，政府的财政扶持应该精准迅速，这不仅关系到校舍建设和教学设施配备的问题，而且关系到教师温饱问题，为了减少层级下放资金带来的时间延迟，政府应该把投入学前教育的专项财政资金进行分权，打破层级隔阂，直接将专项教育资金发放到市、县、镇（乡）相关部门，偏远山村民办幼儿园的财政补贴可直接由乡政府进行管理和分配，以此为农村幼儿教师的工资提供有效保障。

除此之外，研究者在与教师们访谈的过程中发现她们都是属于"非编制教师群体"，因此很多老师觉得"这个工作感觉就像和外面打工一样的，不知道哪天就被辞退，也不知道能做到什么时候"，制度保障不足让她们的安全感极度缺乏。对于这群山村非专业幼师而言，本就因"非专业"的帽子受过委屈和刁难，为她们的生活带去了不少的压力，加上较低的工资待遇，更无法在这份职业中找到归属感。因此，如果有多余编制，教育部门可组成专业考核小组定期按照《幼儿教师专业标准》对这些教师进行专业考核，如若通过，则按相关规定核定编制；聘任程序也应严格规范，按照《劳动法》和《教师法》等法律法规的要求，签订劳动合同，明确双方的权利、责任和义务，其在职称评定、工资福利等方面也应与在编教师保持一致，以此保障她们应得的合法权益。

（二）充师资：多方补充缓解负荷

在偏远山村，幼儿园超级大班的现象在村民眼中都已是见怪不怪，究其原因，最主要是因为山村幼师资源缺乏导致这种情况一直难以消除。以 H 园为例，全园 147 名孩子只有 7 位教师，而 X 县的 N 村与 G 村也多为一位教师负责二三十名幼儿。[①] 因此，当非专业幼师面临严重失衡的师幼比时，超额的工作与巨大的精神压力让她们身心俱疲。研究者在 S 村生活的这段时间发现，山村非专业幼师群体有一个非常突出的特色，即几乎全都是本地已婚家庭妇女，并都有了自己的孩子，园长们也把这个作为聘任教师的硬性标准，究其原因，是因为"一般这样老师们走的可能性就小了，毕竟有孩子牵绊着嘛，也不会出去做事了。好不容易培养出的老师，不想就这么让资源白白浪费"。这样的择人标准虽然是出于对现实因素的考量，但是不免局限了补充师资的眼光，充师资最根本目的不是为了解决山村幼师"量"的问题，而是"质"的问题，虽说众人拾柴火焰高，但教师的成长并不是一蹴而就的，为了能迅速有效地缓解非专业山村幼师的工作压力，应该抓住关键因素，对症下药。

研究者在观察和访谈的过程中发现山村非专业幼儿教师在教学中普遍存在的一个问题就是实践性知识获取的速度慢且效果差，因此地方政府和教育部门可以把目光放到城市幼儿园，利用优质的条件吸引城市幼儿园中经验丰富的教师到山村幼儿园进行定期的顶岗援教。援教老师的到来不仅能够缓解幼儿园人手紧缺的压力，也能够手把手地对山村非专业幼师的教育教学实践起到指导作用，为山村学前教育事业的发展获取更长远的收益。不仅如此，援教老师在深入山村教学的过程中能更全面地认识和了解山村幼儿教育的现实状况，返回城市后，可以通过多元的途径让外界了解真实的山村非专业幼师群体，为她们寻求更多的关注与帮助。除此之外，非专业幼师的专业结构单一且失衡，这也是她们在缺少人手时难以顾全教育教

---

① 关于 X 县其他贫困村幼儿园的资料均来自研究者的访谈记录。

学各方面的重要原因，因此，园长可以招聘具有专业特长的村民为园内的孩子开展相关的活动，如美术、音乐、体育等，或者聘任村小的专科教师，定期给园内孩子开展专门活动，并与园内非专业老师组成学习共同体，教学相长，长善救失，在对话中碰撞，在对话中成长。

（三）补配置：填资源缺口造教育绿洲

对教师而言，如果没有一个良好的教学工作环境和基本可利用的教学资源，就如同无米的巧妇、无针的裁缝，不仅要承受巨大的心理负担，无法全身心投入工作，而且也无法保证山村幼儿园基本的教育质量。在偏远山村，利用老旧房屋或者小学多余校舍改装成幼儿园的情况十分常见，从结构上来说很多地方都不符合幼儿园开展各项活动的标准，这也为教师组织一日生活增添了许多的难处。

2018 年 9 月 20 号，孩子们被校车陆续接到了园内，我正在办公室准备上课的教具，突然 C 老师带着一个孩子走了进来，表情严肃，仔细检查着孩子的嘴和手。摸摸孩子的额头后，C 老师和我说："这个孩子应该是发烧了，你看，手和嘴巴里面还长了泡，可能是手足口，要赶快告诉园长才行。"说完就马上给那位孩子的家长拨通电话说明了这一情况。各班老师知道后，只是在早上搞卫生时才有哗哗水声的洗手池一下子热闹起来。Z 老师在接完最后一趟车的小朋友后来到办公室，脸上情绪很复杂，紧张、生气和无奈夹杂着，正当我想开口，Z 老师表示自己已经在校车上得知了这个消息。"今天幼儿园肯定得放假休息了。哎，你看，果然是出问题了。我每次都和老师们强调便后饭前一定要带孩子们去洗手，干净卫生是最重要的。我也和园长反映过的，在洗手池那里准备几个肥皂盒子和几坨肥皂，没想到现在真的出事了，哎……"

H 园的厕所空间狭窄，没有专门的冲水装置，需要老师们自己用铁桶接水冲厕所，但每次一个人需要管三四十个孩子，因此没法做到每次组织完孩子上厕所就冲一次，长年累月，厕所的味道越来越难闻，在这闭塞的空间里，孩子们既没办法一个个在里面排队洗手，难受的味道也让孩子们上完厕所就迫不及待地想往外走。在此种境况下，老师也没办法组织孩子一个个地去洗手，而紧挨操场的洗手池通常是老师们清洗拖把和饮水杯的地方，这种暴露的环境也让园长对于放置肥皂的提议存有顾虑："操场上小孩子走来走去的，洗手池又挨着游戏区，放两块肥皂在那里，小孩子一跑就碰掉了，搞来搞去就用不得了嘛，而且万一被孩子吃掉怎么办呢？"

窥一斑而知全豹，很多的不安全因素都隐藏在改造房幼儿园的各个角落里，不合适的房屋结构不仅不利于孩子一日生活的正常开展，危害孩子的健康，还加重了老师的心理负担，甚至有时想要为教学做出改变都是有心无力。因此，政府应该加大投入建设适合幼儿的校舍，或者对已有校舍进行相关改造，符合学前儿童的需求，排除门、窗、厕所等设施的不安全因素，促进乡村学前教育更健康的发展。除了环境资源的完善，作为教育活动三大基本元素之一的教育媒介的缺乏也让山村幼师开展活动时举步维艰，这不仅影响孩子在幼儿园接受的教育的质量，而且还"助推"了山村非专业幼师"小学化"教学。为此，地方政府和教育部门应该对贫困农村幼儿园给予定期的教学辅助材料补助，还应对山村非专业幼师进行培训，帮助她们学会发现生活当中的可利用材料，补充教育资源缺口。

二、铺适宜路径："对症下药"向专业幼师转型

教师的职业天性就是教书育人，但是"人原则上是，并且始终是需要教育的，因为人在整个一生中始终是向着更新的阶段发展，而在这些阶段中又始终在产生新的任务。人的整个一生都需要不断接受教育"①。因此，在教授学生的过程中，教师自己也需要不断学习和成长。对于山村非专业幼师来说，专业成长和发展与其教育生活息息相关，因此她们必须在教育生活中促进自身的专业发展，形成正确的教育观念，掌握正确的专业知识与能力，这不仅是孩子们得以健康成长的重要保证，还影响着农村家长对待学前教育的态度，这些都对推动我国山村学前教育的发展具有重要意义。因此我们必须立足于山村非专业幼儿教师的特点与成长困境，为其铺设合适的发展路径。

（一）城乡联动：扎根实际的送教下乡

一谈到幼儿教师的"发展"，肯定有很多人会跳出来说"送去培训啊"。确实，单纯依靠自身在教学实践中的摸索，山村非专业教师的成长速度不仅缓慢，还可能因为"无头苍蝇"式的学习而造成"失之毫厘，差之千里"的局面。因此山村非专业幼师们都盼望有能够走出大山的学习机会，但是

---

① ［德］博尔诺夫. 教育人类学［M］. 李其龙，等，译. 上海：华东师范大学出版社，1999：15.

好不容易盼来后，结果却和理想有所差距：

"老师讲得是很好，但是很多太高深了，完全听不懂。"

"有时候都是些旧东西，感觉出去一趟也挺辛苦的，不如在家带带孩子。"

"看那些老师上课蛮轻松的，孩子也听话，但是我们自己上还是不会搞，也没那么多花样和材料。"

"……"

我想，这些声音都是我们意料之外的事情，也正是因为这些声音的出现，我们应该意识到，不仅是孩子的学习存在个体差异，不同教师群体也有其生动、独特的成长路径，偏离路径的生长无异于"南辕北辙"。因此，相比于一味地让山村非专业幼师"走出去"，不如把"走出去"和"走进来"相结合，城乡联动，形成立足于山村教育实际、立足于山村非专业幼师实际的培训成长体系。

必须明确的是，山村非专业幼师在进入幼儿园工作之前不仅对学前教育缺乏全面、正确的认识，在专业理论方面也存在缺陷，更不用说实践经验了，加之自身能力的不足，她们对于晦涩难懂的专业术语或原则条例的学习难以消化吸收，与其让她们"囫囵吞枣"，消化不良，不如以老师们教育生活中碰到的实际问题作为培训突破口，通过鲜活的案例分析让其在透彻地理解专业理论知识的同时获取实践性知识。另外，培训内容要系统，除了理论与实际相结合，保育内容也应与教育内容相结合。"非专业"的帽子并不等于"保姆"的代名词，山村幼儿教师应该拥有和其他教师同等的地位，培训不应总以保育知识为培训重点，要循序渐进，逐渐将这些非专业的老师领进门，让其对自己的职业有一个正确的定位。除此之外，多由城市幼儿园或者是师范类高等院校来承担的送教下乡，应该采取"先考察后送教"的模式，以山村幼儿园实际出发，开展适合的范例教学活动，并有针对性地对园所的教师进行"听课""磨课"，避免山村幼师盲目模仿城市幼儿园教师的教育教学方式与方法。除了教师培训，园长培训也应该放在重要位置。园长作为幼儿园的核心领导人，他的思想和行为会对园内的老师产生潜移默化的影响，也会对他制定园内培训制度产生影响，因此园长不仅要懂得如何管理分配资源，也同样要懂得学前教育的专业知识，只有懂得了事物发展的规律才能更好地运用规律去促进其更好地发展。

当我们对涌进的新鲜血液振奋不已时，不要忘记脚下踩着的这片土地，因为这是最亲近大自然，也是最受大自然亲近的地方，也是未被污染、异化的地方，一切文明都起源于这里。它是人类文明持续性发展的"姥娘土"，离开了它的滋养，人类的生命和文明最终将会枯萎。① 山村非专业幼师既然立足于这片土地，就要充分利用好这片黄土地上的一切可利用资源，从城市"走进来"的专家学者也要"入乡随俗"，走进教育田野实地，帮助其归纳、整理适合山村幼儿教育的课程内容，并引导山村非专业幼师敞开心灵，学会自己在这片儿童成长的沃土上寻找一切能用于自身教学的事物，像地方特色小吃、农作物、植被、民俗风情、传统节日等都是鲜活的教育素材，只有使"人"和"物"在对话中不断进行意义的构建，立足生活实际，才能避免"东施效颦"的尴尬境地。对于乡土资源的利用与开发，并不仅是幼儿园与幼儿教师的专属行为，而是整个乡村教育都应该共同积极响应的，因此可以联合小学和中学一起举办乡土资源利用宣传大会，邀请家长共同参与，了解本地的乡土风俗和自然文化资源，并宣传乡土资源的对孩子的重要意义，将本土资源融入幼儿园课程中，以此在课程中获得家长的支持，形成教育合力。

（二）园所自治：滋润心灵的制度文化

幼儿园是幼儿教师教育生活进行的主要场所，幼儿园的制度文化、物质条件以及人员结构等都会潜移默化地影响着教师的教育生活。山村非专业教师的发展除了依靠幼儿园以外的培训来学习成长，幼儿园内部是否有合理的制度文化也成为影响农村非专业幼师专业发展的重要因素。但这个制度文化环境并不是天然存在的，需要园所内所有的能动主体共同努力创造。一个能为教师教学生活提供幸福可能的学校，应当是一个能让教师感受到学校教学生活是教师主动性与创造性得以绽放的最大空间与舞台。② 因此，肩负着促进非学前教育专业幼儿园教师专业发展责任的幼儿园，制定一个有序的园内管理制度是必不可少的，通过制度的执行，在一定程度上

---

① 刘晓东. 解放儿童 [M]. 南京：江苏教育出版社，2013：67.
② ［德］康德. 纯粹理性的批判 [M]. 邓晓芒，译. 北京：人民出版社，2009：426.

可以提高山村非专业幼儿园教师自主专业发展的意识，对她们的专业发展起着非常重要的督促作用。但制度的形成必须保证民主和公正，让老师们拥有话语权和决策权，形成一个使老师们内心感到舒适、安心的环境，让她们想说、敢说、能说，只有做到"人人参与、人人献计"，才能在保证公平的情况下使制度有效运行，并且能让教师们在语言和思想的碰撞中得到成长，在交流中拉近彼此的距离。

因此，园长需充分发挥自身的推动作用，带动幼儿园的全体教师，牢固树立科研兴园的理念，制定合理的定期教研制度，这将有力地促进全园学习钻研，提升专业素养。除此之外，幼儿园可结合实际情况，通过物质奖励的方式激发幼儿园教师专业发展的积极性与主动性，使幼儿园教师产生更高层次的自我实现需要，从而主动提高自身的专业发展水平；可以以非物质性的精神力量来激发幼儿园教师专业发展的积极性，制定周期性的评鉴制度，为园内优秀的幼儿园教师颁发证书和奖章等来激发非专业幼师的专业发展动机；幼儿园还可以通过比赛等多种形式使教师们的专业化水平在你追我赶中得到提升，并对表现突出者给予奖励；另外，把全园老师的意见考虑进日常管理工作中来，让幼儿园教师感受到幼儿园的民主管理精神，体会到幼儿园对自身的重视，也能增强教师专业发展的信心，促进其专业发展的决心。

（三）众志成城：创造乡村教育共同体

幼小衔接一直是我们关注的一个问题，学前教育作为我国教育制度体系的奠基部分，它与小学教育的联系最为紧密，特别是学前大班与小学一年级的联系。

通过与村里家长的访谈，我们发现小学与幼儿园的衔接在山村做得并不是很好："（一年级）一开始第一个星期是学的汉字，直接就是汉字'天地人你我他'这些，学了一些汉字后，老师又开始教声母，像小学没其他的时间去唱歌啊，舞蹈啊，绘画啊，都没时间，我孩子在幼儿园学习很多舞蹈，会唱歌啊，但是读了小学之后全都忘了。每天在家长群里也是布置各种作业，老师教得也很快，所以很多家长看重成绩自然就很着急，把这些压力就全放在我们幼儿园老师的身上了。"

根据皮亚杰的认知发展理论，儿童的认知发展需要经过四个阶段。其中，学前期儿童的认知发展正处于前运算阶段，他们是依靠动作和表象进行思维与学习的，并且皮亚杰还进一步指出，每一个阶段都建立在前一个阶段发展完成的基础之上，所以这些阶段是不可能跳过的。① 小学老师由于有班级成绩评优等压力，对孩子们的教学往往采用灌输式和填鸭式的教学方式，这与幼儿园重情感态度和能力的做法很不相同。家长因受自身教育成长经历和这种脱节的教育模式的双重影响，对孩子入小学学习产生的焦虑与担心全数化成压力落到了幼儿园教师的身上。对此，地方教育部门应该以教育共同体的形式来促进正确教育理念在山村的传播，这个教育共同体不仅应包括幼儿教师和小学教师，还要把家长囊括在内。

于山村幼师和小学教师而言，了解各自教授的不同年龄阶段孩子的学习特点、了解各自课程内容的特点，能帮助她们在差异中寻找共性，共同商定出适合的教学方法和教学策略，还可以开展"走进幼儿园"和"走进小学"的对接观摩活动，让老师们直观感受课堂，这些都能让两个学段的教师更加系统地了解孩子不同阶段的身心发展特点，从而促进山村教育幼小衔接健康有序地进行。于家长而言，加入教育共同体不仅能让他们在了解孩子身心发展阶段特点的同时理解幼儿园禁止小学化教学的原因，同样也能意识到自己在孩子成长过程中的重要性，在正确教育观念的引导下与学校教育共同努力，拧成一股教育之绳，给孩子一片自由、无忧的成长天地。

三、抚精神困顿：在关怀与反思中收获教育幸福

我曾在一本书中看到过这样一句话："假如我只有两片面包，我会用其中的一片去换一朵水仙花。"这是一种诗意的生活，同样也是一种智慧的人生态度。当我们立足于世界面对种种艰难与困苦时，给我们最大支持的往往不是华丽的服饰或可口的饭食，而是扎根心灵深处的精神世界，它充满着个人的立世态度与人生哲学。对教师来说，她们的精神状态决定着教育教学境界的高低，在这个境界里不仅装着课堂、学生、专业、事业，也应装着生命、道义、时代、社会和家国，因此教师需要不断地对其提质扩容，因为境界有多大，舞台就有多大。② 那么在我们把眼光紧紧地盯在山村非专

---

① 周念丽. 学前儿童发展心理学 [M]. 上海：华东师范大学出版社，2014：67－68.
② 徐勇. 积极建设教师的精神世界 [J]. 教育科学论坛，2019（1）：73－74.

业幼师与显性指标相差的距离时，不妨怀着一颗关怀的心走进她们的精神世界，让她们拥有更广阔的教育舞台。

（一）构建信念：让教育阳光照进心灵

从古至今，有关理想与信念的故事不计其数：夸父追日、精卫填海、愚公移山、越王勾践卧薪尝胆……而从人类跨越到动植物界，理想和信念依旧是一盏不灭的明灯，吸引着万物追逐：向日葵对太阳光的仰望、鲑鱼跨越海洋洄游至出生地生产……把这些事物作为自己的理想和信念，是出于自身对该事物积极肯定的判断，这种判断的理性是超越实然生活走向理想应然生活的理性，它引导着人们的生活并让人们不断走向发展和升华。教师的教学生活作为一种在走向发展与升华中追求幸福的生活，必然接受教育应然世界的引导，这个应然世界可以称为教育理想。① 教师职业的具体表现在于教书育人，因而教育理想和教育信念在本质上都是教师个体对于其所追求和热爱的事物做出的价值判断，但生活不会总一帆风顺，信念也并非一块"免罪金牌"，痛苦、矛盾、冲突总在预期与非预期中到来并让我们选择。每当此时，信念则化身为教师前进的动力和希望，让其在痛苦中重获新生。如若教师失去教育信念，教育生活则失去了价值的方向引领，任何付出的努力不再是为了获得幸福，而成为一种让生活免于困顿的机械作业，功利性的价值取向会日趋明显：教育变成了一种养家糊口的工具，抑或是一块谋取利益的踏板。

如果教师缺失正确的教育信念，而外界仅仅依赖和期望通过教师培训这样的外部力量来提升该教师群体的专业发展水平，可以说是本末倒置了。农村非专业幼师要想提升自己的专业水平，构建教育信念是引领其教育生活走向完满与幸福的关键。对于农村非专业的幼师群体而言，其成长过程深受僵硬固化的传统教育观念影响，且其中大部分既没有接受过系统的学前教育专业学习，也没有从事过学前教育工作的实践经历，加上山村家长强求知识和分数的功利性价值取向，使得这一教师群体教育信念的建构面临危机，自我发展意识也相对淡薄。所以，对"幼儿教师"这一职业有清晰的认识是山村非专业幼师构建教育信念的首要任务，当面对农村家长对职业的偏见与误解时，她们应该意识到幼儿教育对人发展的意义不只取决

---

① 孙志富. 教师教学生活如何走向幸福 [J]. 现代教育科学，2018，10：81 - 85.

于知识的单纯累加，而在于孩子获取知识的过程和教师教授知识的方法，教师的职责不仅在于"育人"，还要"育心"，因为教育说到底是为了追求长久幸福、永恒价值和人生意义而存在的。在这一方面，幼儿教师有着不可替代的重要意义。在面对实际的功利追求时，老师们也需要不断地反思和自省，平衡理想和现实的天平。要做到这点，我们就必须意识到，调动山村非专业幼师工作的主动性与积极性是一个长期且需要多方共同努力的过程。因此，幼儿园应发挥主体精神，在园所内部形成一个积极良好的氛围，大力弘扬积极正确的教育信念，让老师们在充满"爱心、敬业、奉献、自律"芳香的花园里徜徉，那些已在花园里孕育满园花香的"老园丁"不妨把自己过去的成长故事与同事分享，让彼此在对话中交流和反思，多鼓励非专业幼师看到自己工作的成效，增强其职业成就感，促进教师教育信念的构建与完善。

（二）重塑信心：在宽容与理解中绽放生命力

当我们讲到"生命力"时，我们会想到什么？是那悬崖峭壁上钻出的一抹新绿？还是鸟窝里一个个伸长脖颈张开嘴巴乞食的雏鸟？抑或是无尽戈壁中扎根而生的沙棘？不管我们脑海中浮现出的是什么，这些事物传达出的总是一种欣欣向荣与蓬勃灿烂的生机，这是一种对生活的热爱和希望，也是一种源自生命的激情和对幸福的渴望。教师之所以被赋予"人类灵魂工程师"的称号，不仅是因为他们总是为人类打开一扇扇探索世界的大门，而是他们的精神世界潜移默化地影响着孩子面对世界的态度，因为一个被热爱与希望包裹的教师必定会为孩子塑造出一个积极良好的精神世界，这些散发出来的热爱与希望就来源于教师内在的生命力。

研究者在与山村非专业幼儿教师相处的过程中发现，其天性中带来的容易满足当下的处事态度让他们在生活中总是充满着激情与希望，但是在职场中，一旦需要面对所谓的专业考量时，那种讨论农活与养殖之道时侃侃而谈的自信神情就荡然无存，在这场情绪的战争中，"自卑"显然占据了上风。她们在实际的教学中总是不能大胆地说出自己的见解，问其原委，"害怕说得不好（不专业）被别人笑话"是这群老师给出最多的解释。我不知道当她们在成为一名精通农活与养殖之道的农村家庭主妇之前，面对实际操作中的困惑是否也会表现出像如今一样的羞涩与胆怯，但面对那样的"无知"，周围的人们总是会给出宽容的态度，可一旦涉足"幼儿教师"这个全新领域时，她们头上这顶"非专业"的帽子却如同千石重的担子，一旦有丝毫的差错，这顶帽子所带来的"无知"就要承担着比那些"无知"多千百倍的质疑。如此的外部环境让她们生性"乐天"中带来的对生活的激情被一点点消磨，生怕说错做错而一遍又一遍地提醒自己只是一个"半吊子"，大部分的山村非专业幼师因此丧失了"教师职业"的内在生命力。

因此，当一名农村家庭妇女向"幼儿园教师"转变身份时，当其职业生命力孕育之初，外界的包容、鼓励和肯定是克服意识上的虚无和不确定，使信心扎根内心最好的支持。为此，要让农村非专业幼师重获教育的生命力，在向农村大力宣传科学学前教育重要性的同时，向人们揭开幼儿教师这份职业背后所承担的责任与实际工作面貌也成为必需。因为这样不仅能增强外界对幼儿教师工作的理解，同样也为这群非专业教师争取家长、家人和社会的支持，为她们建造心灵的避风港、成长的阳光和雨露。而作为教师，她们也应保持自身的主动性，努力让自己"脱帽"，与家长保持一种持续、深入的"交流—学习—合作"的双边关系，广泛开拓与家长的沟通渠道，改进家园关系，在共同促进孩子的健康发展的同时一步一步挖掘职业内在的生命力，重获激情与信心，有了驾驭舞台的信心就能在这个教育舞台充分发挥自身的创造力，让生命在整个教育生活中绵延激荡，逃脱生活的乏味枯燥，走向幸福。

（三）遵守信条：百花齐放胜一枝独秀

在乡村，"尊卑有序"的观念是始终深入人心的，遵守"礼制"的礼教传统让"面子"在园长心中成为稳固其"领袖"地位的重要一环。中国社会是一个讲究"面子"的社会，"个人的行为必须符合某种社会规范，否则会被认为'丢面子'"①。所以园长努力保持着与教师们在工作岗位中等级上的差距，但"一花难成春，滴水难成泉"，园长作为一名领导者，下属的"惧怕"也许是他"面子上"的胜利，但却是"里子上"的失败。作为一个团队，人与人之间需要的是"尊敬"，而这种"尊敬"则是建立在"相互"的基础上的。对于一名山村非专业幼师而言，在资源缺乏的山村，如果想要获得更好的发展，团结合作、互助成长，是她们取得成功的关键所在。

---

① 陈向明. 旅居者和"外国人"——留美中国学生跨文化人际交往研究［M］. 北京：教育科学出版社，2004：324.

若要建立和谐有序的关系，园长作为幼儿园的核心，就必须做出表率，当好教师们的精神领袖，抛下等级的面子，走进老师们的教学生活中，切身体会教师的日常教育生活，倾听老师们的烦忧，与教师进行平等对话交流。通过园长的亲身示范，让老师们明白，幼儿园的教育教学工作并不是某一个人的任务，而是处于集体之中的所有人都应承担起的责任，面对问题时需要大家共同解决。马斯洛在其需要层次理论中提到了个体有自我实现的需要，对于教师来说，最能激发其继续就职意愿和职业幸福感的就是自我实现的需要得到了满足，也就是说自己能在工作岗位上发挥自己的才能从而创造出价值。因此园长要努力为老师们创造一个能充分挖掘自身潜能、体现自我价值、不断达到自我实现体验的氛围，让每个教师都充分意识到自己在工作中有着不可替代地位，进而承担起自己在工作中的责任。而教师们在敢说敢讲后，彼此间隔阂的冰山也会在交流的光芒下渐渐融化，在对话中互相理解，互相包容。"百花齐放胜一枝独秀"，遵守"互助成长"的信条，让山村非专业幼儿教师在自我实现的同时，带动整个山村幼儿教育质量的提高，让鲜花漫山遍野开放，留芳香永存耕耘者心田。

（四）创造幸福：在反思与调节中成长

在Z老师所面临的现实的教育实践中，大量机械、被动、被剥离意义感的教育行为始终存在，这使她的教育生活背负沉重的负担，甚至常常处于被异化的状态，幸福体验一度缺失。而人生活的终极指向是获得幸福，费尔巴哈认为："尘世生活就是幸福之所，人的本质就是追求自我保存、自我需求、自我幸福。"① 所以，幸福如何成为教师教育生活的可能，是我们应该思考的问题。德国哲学家约瑟夫·皮帕提出了闲暇是文化的基础这一观点，认为闲暇是一种寻常的人生哲学，闲暇时的倾听、观看、沉思、默想状态会让人获得对世界的了解而感到巨大的快乐，没有闲暇，人就不可能有思想活动，文化就无从产生。② 在忙碌的教育生活中，多面体的身份承担着的多重角色任务让这群山村非专业幼师被桎梏在"老师""母亲""女儿"的身份中，从而忘记自己只是一个"人"，一个独立的"人"，一个完整的"人"。如若想重构对自我的认知，恢复作为人的本真、自由与独立，那么她们在生活中就该拥有属于自己的闲暇时光。

---

① 刘次林. 幸福教育论 [M]. 北京：人民教育出版社，2003：68.
② [德] 约瑟夫·皮帕. 闲暇——文化的基础 [M]. 刘森尧，译. 北京：新星出版社，2005.

纵观 Z 老师的一天，从家到幼儿园，又从幼儿园到家，随着钟表上时针与分针的步伐，她好像一分钟也没有停过。但仔细回想，有相当大一部分时间——那些本可以被抓住完成自我蜕变的机会，往往在 Z 老师的迷茫与无措中悄然溜走。研究者在与 H 园的老师们相处的这段时间，目睹了她们教育生活中的不易和坚持背后的付出，但是也感受到了这群教师的真实和善良，爬树摘杨梅、下河捉泥鳅是这群已是为人妻为人母的女人的拿手活，那时的笑容也是发自内心的喜悦与清爽。我想，如果在工作时，她们也能始终保持如此团结合作和"处变不惊"的话，那么那些被慌乱、焦躁、无助所占据的时间也就都能被自己所把握了。因此，若想抓住时间的缝隙，拥有属于自己的闲暇时光，除了外部力量的支持，教师要学会时刻反思和调节自己的行为，把握自己时刻表中的每一分每一秒，充分利用时间的容量来充实自己，这样才能在繁复的教育生活中寻着一片净土，还原教育生活的丰富与生动，从而发现自己的不足与缺陷，寻找存在的意义，才能创造教育生活本该拥有的幸福。

结 语

　　教育是鲜活的，是流动的。在山村幼儿园这个教育领域，我们可以看到各式各样的人物、思想与行动，它们交织在一起，构成了值得我们去考察的真实事件，而这些事件的流动性及其复杂意义只有通过叙事的方式才能更好地表达。因此，我们试图从庞杂的原始资料中梳理出一个既保留实践中的复杂又不失清晰意义的文本，来呈现并解读这些不同视角下的故事，尽可能避免用既定的理论框架来切割我们所看到的事实。虽然我们走过的地方仅仅是中西部贫困山区山村的狭小范围，但在一定程度上代表着山村学前教育的缩影。我们希望能将山村幼儿园、山村幼儿、山村幼儿教师的面貌原汁原味地呈现给读者。第一篇《走进山村幼儿园》以山村幼儿园为视角，由杨莉君和吴蓉调研、整理成文，第二篇《山区幼儿的视界》以山村幼儿为视角，由杨莉君和胡杨玉调研、整理成文；第三篇《大山深处孩子王》以山村幼儿教师为视角，由杨莉君和陈佳琪调研、整理成文。

　　深入田野，在这里，没有城市的车水马龙，伴随着农耕文明跳动的脉搏，日出而作，日落而息，山村幼儿园静谧地坐落于大山深处，周而复始，迎来送往一群又一群孩子。走进交通闭塞的山村幼儿园，硬件上可谓"囊中羞涩"，它承受着家长根深蒂固的认知取向和教育观念下的质疑，保存着"学前班"的运行模式，处于生存与发展的困境之中。但我们也可见它那丰富的课程资源，它那艰苦环境中奋发向上的力量。不可否认，山村幼儿园始终是整个山村的希冀。

　　我们感受着山村文化的厚重，感受着人民劳作的血汗，感受着山村的留守孩子的寂寞和向往。凝视着他们晶亮的眸子，你会发现那里面看不到对艰辛生活的悲伤和自艾，或许是因为已经习惯，或许是因为孩子幼小的心灵并不知道什么是苦，也或许因为他们并没有感受过城市的繁华，他们的眼神里满满的都是童趣与天真，对外面的世界好奇又渴望。

当我们还在对群山环绕的寂静山村里是否有学前教育的存在抱有疑问时，不曾想有那么一群人已经默默地在山野田埂中穿梭了几千个日夜，为给孩子营造一片抹去生命沉重的理想天空而忙碌，为撑起这片生养自己的土地的希望而坚守。这就是山村学前教育的曙光，而山村幼儿教师正将这光亮延续。对大多数山村教师而言，从一个门外汉到逐渐蜕去"非专业"的外壳，这个华丽变身的背后必定伴随着钻研的痛苦与现实的不断考验，那些来自外界的非议也让她们的蜕变之旅异常艰辛。也庆幸有她们的坚持与守候，山村留守儿童才能在缺乏父母的陪伴之下找到精神依托。

我们无法将山村幼儿园的面貌一言以蔽之，而是通过深入田野潜心观察向读者呈现山村幼儿园、幼儿、幼儿教师真实的生存与发展现状。因此我们在研究过程中也经历了一定的困难。

第一，存在语言沟通上的障碍。首次进入山村幼儿园时，幼儿对陌生人的来访充满了警惕，不敢或不好意思与我们接近，加之山村幼儿大多说方言，不会普通话，甚至一些幼儿言语发展缓慢，口齿不清。因此，较长一段时间内，我们对幼儿的言语存在一定的理解障碍。

第二，缺乏足够的"共通性"。由于地理位置和交通条件的限制以及出于安全的考虑，对山村教育变迁的认知有限，家长每日在外劳作，不能进行专门性的家访。此外，我们与当地村民在思维方式、价值观念以及表达方式等方面有差异，不易与被研究者产生共鸣，对被研究者表达的意义理解不深入。

中西部贫困山区由于其特殊的地理环境和独特的历史原因，与其他一般农村地区相比，具有一定的特殊性。当然，正是因为这些困难的存在，我们了解到难以被外界所知的山村学前教育现状，向山村教育关注者呈现原生态的风貌。但不置可否的是，由于山村教育线长面广，山村学前教育历史欠账多、底子薄仍是我们无法回避的问题，其与"有质量"的学前教育更存在较大差距。可喜的是，山村学前教育正在被更多人关注与扶持。

陈鹤琴先生曾说："我们知道幼稚期是人生最重要的一个时期，什么习惯、言语、技能、思想、态度、情绪都要在此时期打一个基础，若基础打得不稳固，那健全的人格就不容易建造了。"山村幼儿的发展不容忽视，让贫困农村幼儿接受有质量的学前教育，有利于儿童的健全发展，同时也是科学扶智、阻断贫困代际传递的紧迫任务，是实现"幼有所育"的重要途径。教育是一种慢活、细活，它来源于生活。所谓润物细无声，正反映了教育的变化过程是极其缓慢细微的，它需要生命的积淀，需要深耕细作式的关注。经过深入田野观察，我们可见山村幼儿园的落后与觉醒，山村留守幼儿的苦难与期盼，山村非专业教师的无奈与奉献，根植于山村大地，处境艰难却曙光依在。山村学前教育的希望需要我们用爱守护，我们也清醒地认识到打破困境需因地制宜，其任重道远，仍是我们应该持续关注与努力的方向！